激荡中的台湾问题

十年观察

许世铨 著

九州出版社

图书在版编目(CIP)数据

十年观察：激荡中的台湾问题/许世铨著．—北京：九州出版社，2007.5
ISBN 978-7-80195-686-6

Ⅰ.十… Ⅱ.许… Ⅲ.台湾问题—文集 Ⅳ.D618-53

中国版本图书馆 CIP 数据核字(2007)第 067374 号

十年观察：激荡中的台湾问题

作　　者	许世铨　著
出版发行	九州出版社
地　　址	北京市西城区阜外大街甲 35 号(100037)
发行电话	(010)68992190/2/3/5/6
网　　址	www.jiuzhoupress.com
电子信箱	jiuzhou@jiuzhoupress.com
印　　刷	三河东方印刷厂
开　　本	720×1020 毫米　16 开
印　　张	19.5
字　　数	270 千
版　　次	2007 年 5 月第 1 版
印　　次	2007 年 5 月第 1 版 1 次印刷
书　　号	ISBN 978-7-80195-686-6／D·173
定　　价	48.00 元

自　序

和台湾研究领域的前辈与同行相比，我是后进。

1996年我从《人民日报》驻联合国首席记者任上届满回国后，对我从事了31年的国际新闻记者生涯，做了新的思考。我想，年过半百的我如果继续做我喜爱的驻外记者工作，浪迹异国他乡，虽然会是驾轻就熟，也能随遇而安，但毕竟年纪不饶人，不可能再像年轻时那样十几个小时不吃不喝也能坚持工作。我必须理性地、负责任地规划退休前这段宝贵时光。而且，我从工作中深切体认到，要当好驻外记者，就必须对所报道的国家和地区做扎实的基础研究。但是，由于忙于跟踪形势、采访报道，很难有充裕的时间坐下来系统地研究问题。因此一直希望有机会到一处清静学府，潜心研究问题，弥补自己的不足。

可谓机缘巧合。我在《光明日报》供职时的前辈和朋友、时任中国社会科学院台湾研究所所长的姜殿铭教授找到我，建议我接替他的工作，他已经不得不"超期服役"多年了。这对我是个意外，我从未涉足过台湾问题研究。但是，我是十分关心台湾问题的。任何一个了解一个半世纪以来中国被列强宰割、蒙受割地赔款之辱的中国人，谁不关心台湾问题，谁不热望两岸早日统一！同时我想，台湾问题是中国人自己的事，总不会比国际问题更复杂，而且看中文资料总比看外文资料要方便。于是我抱着试试看和可能要踏入一个"新世界"的忐忑心情接受了殿铭兄的举荐。1996年11月，我真的走进了台湾研究所。

踏进了台湾研究领域后就发现，我开初的想法是天真无知的。台湾问题绝对不比国际问题简单。作为上世纪40年代中国内战遗留下的问题，它是中国的问题，海峡两岸的问题；研究台湾，也要研究大陆。同时，由于台湾问题拖到今天仍未解决，外国，主要是美国的插手和干涉是重要原因，因此还必须研究台湾问题的国际环境。如果说有什么“台湾学”的话，台湾、大陆及主要是美国的国际因素是它不可或缺的三个组成部分。

社科院台研所是“智库”型的研究机构，侧重政策研究。它是1985年在中央领导的直接关心下成立的，是大陆成立较早，规模较大的研究台湾的专门机构。20余年来，研究所汇聚、培养了一批批优秀的研究人员。深受大家敬重的汪道涵老先生生前曾说台研所是“藏龙卧虎之地”，给予过很多支持和鼓励。

我到台研所后，在前辈和同事们的帮助下，边工作边学习，在繁忙的行政工作之余，慢慢把自己研究的一些心得纪录为文。同时，为参加学术会议、或应报刊之约，也陆陆续续写了些论文和文章。这些为数不多的论文、文章和研讨会发言稿，涉及到对台湾岛内问题的评述，对大陆对台政策的理解和阐述，对重大涉台历史事件的回顾，以及对美国、日本等国对台政策的分析。归纳起来，仍然是台湾、大陆及国际因素这三大部分的内容。由于我有在非洲、中东、欧洲和美国的记者工作背景，自认为对台湾问题国际因素研究有些“优势”，因而也着力较多。使我受到鼓舞的是，有些论文和文章引起国外一些学术刊物的兴趣，被它们所刊用，使得外国学者得以更直接地了解大陆学者在台湾问题上的研究成果。

2003年初，我年过六十，从台研所所长岗位上退下来，把主要时间用在我同时担任的全国台湾研究会副会长工作上。闲暇之余，把过去写过的东西拿出来翻一番，深感自己研究功力之不足，更深切地体验到“活到老学到老”这句话的真谛。同时，这些文字也记录了我所经历的两岸关系的跌宕起伏，国际环境的风云变幻，我想，如能把它们编辑整理成集，可能会为关心台湾问题的人们留下一个回顾这段历史的小小窗口。在台研会的支持下，我抱着“丑媳妇不怕见公婆”的心情，将这些文字付梓出版。

同时，台湾问题也是两岸媒体十分关注的问题。由于它关系到台海乃至亚太地区的和平与稳定，自然也是不容国际媒体忽视的问题。因此，来到台研所后，我虽然离开了媒体工作，但却又因为新的工作得以继续和媒体的不解之缘，只是地位置换了，从采访别人的记者，变成了记者采访的对象。这对我来说是一项严肃的挑战。实际上，对每一个研究人员来说，答记者问都是对他研究功力的考验。庆幸的是，记者的经历使我对新闻采访并不陌生，这帮助我绕过了不少“陷阱”，但我在答记者问时一直排除不掉如履薄冰的那种小心与谨慎。把保留下来的部分答记者问也刊印在这本集子里，是想立此存照，使自己和别人都看到我研究工作的心得和不足，实事求是地总结自己的工作。

从事台湾研究已经十年，人们说“十年磨一剑”，我至今没有仗剑在手的感觉，体悟到的是在台湾研究领域，只有学生、没有先生。台湾问题纷繁复杂，研究工作要做到由此及彼、由表及里、去伪存真是需要功力的；而且往往是细节决定政策，如涉及到主权和领土完整这样的核心问题，如果台湾有人把“固有领土”改变为“现有领土”，一字之差则可能决定战和。

我踏入台研所后的十年中，大陆对台研究已成“显学”，队伍不断扩大，成果日愈丰硕，对台湾问题的了解日愈深入全面。这一喜人形势对构建和平稳定的两岸关系、推动祖国和平统一，无疑是大有助益的。因此，我为能把十年的光阴贡献给台湾研究工作感到欣慰。

许世铨

2006年11月22日　于北京

目　录

自　序 ………………………………………………………… 许世铨（1）

第一部分　两岸关系

祖国和平统一进程中的重要里程碑 ……………………………………（1）
“一国两制”在香港的实践及对两岸关系的启示 ……………………（4）
李登辉在一个中国问题上的立场变化 ………………………………（15）
一个中国原则是和平统一的基础和前提 ……………………………（18）
两岸和平的关键是确认一个中国原则 ………………………………（21）
1992年共识——海协海基两会协商之回顾与评析 …………………（25）
1992年共识是两岸恢复对话的现实途径 ……………………………（46）
“一国两制”支持率在台湾因何不断上升？ ………………………（51）
台湾“立委”及县市长选举简析 ……………………………………（56）
对台湾“立委”及县市长选举影响的几点看法 ……………………（65）
一份顽固坚持“台独”立场的辩解书 ………………………………（69）
中共新领导人对台政策面面观 ………………………………………（79）
珍视历史成果 重开两岸协商 ………………………………………（85）
选举后的台湾局势和两岸关系 ………………………………………（88）
“台独”在，常不忘于武备 …………………………………………（93）
一部维护两岸和平的法律 ……………………………………………（96）
坚定不移地贯彻寄希望于台湾人民的方针 …………………………（100）
海峡潮涌向谁边 ………………………………………………………（105）
卫我中华 休戚与共 …………………………………………………（112）

和平与发展——两岸关系主旋律 …………………………… (115)
斯人逝逝 遗憾两岸 …………………………………………… (118)
德高望重 风范长存 …………………………………………… (120)

第二部分 台湾问题的外部环境

简评冷战后美国对台湾政策的调整 ……………………… (123)
中美关系中的台湾问题 ……………………………………… (134)
检视布什政府对台政策 ……………………………………… (140)
布什第二任期对台政策 ……………………………………… (153)
营造有利国家统一的国际环境 …………………………… (157)
对近期中美关系中台湾问题的评估 ……………………… (160)
美国对台军事关系中的“软件”问题 …………………… (163)
中美经济关系与台、港因素 ……………………………… (169)
中日关系中的台湾问题 ……………………………………… (175)
亚太格局发展趋势及对两岸关系的影响 ………………… (177)
东亚区域经济合作及对两岸关系的影响 ………………… (192)

第三部分 台海楼札记

蓝绿对决 鹿死谁手 ………………………………………… (201)
阿扁惯技 两手策略 ………………………………………… (204)
陈水扁又在挑衅 ……………………………………………… (206)
美对台政策向中间摆动 ……………………………………… (209)
民进党每日一骂宋楚瑜 ……………………………………… (211)
美国缘何“关注”台湾“公投” ………………………… (214)
陈水扁要把台湾推向灾难 ………………………………… (216)

第四部分 答记者问

台海实习后，中美关系政党化 …………………………… (218)
展望“汪辜会”后两岸关系前景 ………………………… (222)

建设性政治对话　两岸双赢 …………………………………………（227）
中共有信心解决“台独”问题 ………………………………………（229）
TMD 应纳入两岸结束敌对谈判 ……………………………………（232）
台湾与科索沃问题性质不同 …………………………………………（236）
两岸关系发展基石不容破坏 …………………………………………（238）
一个中国是和平统一前提 ……………………………………………（240）
回到一中共识　两岸才有转机 ………………………………………（244）
两岸关系　球在台湾这边 ……………………………………………（247）
关键是确认一个中国原则 ……………………………………………（248）
大陆从未在两岸间讲“谁代表一中” ………………………………（251）
若无一中原则　两岸难以对话 ………………………………………（254）
美国无论谁上台都会遵守“一中”政策 ……………………………（257）
台湾当局搞“小三通”自欺欺人 ……………………………………（261）
只要接受“一中”两岸即可复谈 ……………………………………（264）
接受一个中国原则　两岸问题迎刃而解 ……………………………（265）
陈水扁言论已“毫无意义”大陆要看陈水扁的行动 ………………（270）
大陆只要陈水扁承认是中国人 ………………………………………（274）
大陆对台湾大选做好准备 ……………………………………………（276）
解读台湾“民主”政治 ………………………………………………（278）
《反分裂国家法》应是推动两岸关系发展的和平法律 ……………（284）
通过反分裂法适逢其时 ………………………………………………（286）
两岸关系最大危险来自“台独”分裂活动 …………………………（288）
对台工作进入新阶段 …………………………………………………（291）
台湾水果热销　热了两岸民众心 ……………………………………（292）
2005 年的两岸关系浓墨重彩…………………………………………（295）
倒扁非关两岸　大陆不干涉 …………………………………………（298）
“台独”分裂势力难阻两岸关系和平稳定发展 ……………………（300）

第一部分　两岸关系

祖国和平统一进程中的重要里程碑

——纪念《告台湾同胞书》发表二十周年

1999年1月1日，是全国人民代表大会常务委员会发表《告台湾同胞书》二十周年纪念日。这是祖国大陆完成祖国统一大业的历史进程中，具有里程碑意义的重大事件。以邓小平同志为代表的中国共产党第二代领导核心，在《告台湾同胞书》中，明确地提出了和平统一祖国的方针，第一次展示了邓小平同志“和平统一，一国两制”对台基本方针的框架。

和平统一祖国的方针，是紧接着1978年底召开的党的十一届三中全会提出的。这次中央全会恢复了我党实事求是的思想路线，邓小平同志的理论成为全党的旗帜，这为新方针的提出奠定了思想理论基础。同时，新中国成立近三十年，中国在世界上的地位日益提高，中国在反对霸权主义、维护亚洲和世界和平稳定中发挥着举足轻重的作用，国际社会莫不对中国寄予殷切的期望。每一个中国人都为祖国的强盛感到自豪，民族的凝聚力大大加强。1978年，中日签订了和平友好条约，在《告台湾同胞书》发表的同时，中美两国实现的邦交正常化；这些都标志着国际社会已普遍承认只有一个中国，承认中华人民共和国是唯一合法政府。国际形势的发展总体上有利于实现中国的统一，为立足于以和平方式实现统一提供了有利的国际环境。另一方面，十一届三中全会在邓小平理论的指导下，拨乱反正，确立了以经济建设为中心的改革开放路线，不但为中国经济的新腾飞构筑了政治航道，而且为日后两岸经贸、人员交流开辟了崭新的前景。在台湾岛内，要求改变当局执行的和祖国大陆“不接触、不谈判、不妥协”的所谓“三不”政策的呼声越来越高，这种僵硬陈腐的政策随着祖国大陆和岛内政经局势的发展变化已难以为继。总之，由于国际环境出现了有利的变化；祖国大陆的发展壮大，开始了改革开放的进程；台湾岛内政经局势也在迅速变化；立足于以和平方式实现祖国统一的历史契机已经出现，以邓小平同志为首的中国共产党盱衡全局，抓住契机，适时提出了和平统一祖国的大政方针，使祖国统一大业踏上了顺应历史潮流的康庄坦途。20年后的今天，回顾《告台湾同胞书》发表的时机及所产生的影响，人们更深切地认识到邓小平同志作为伟大政治战略家，对时局的深邃洞察力和多谋善断的高超水平。

《告台湾同胞书》发表之后，邓小平于1月30访美期间，又明确宣布：“我们不再用‘解放台湾’这个提法了。只要台湾回归祖国，我们将尊重那里的现实和现行制度。”1981年9月，叶剑英委员长又代表党中央提出了处理台湾问题的“叶九条”，进一步阐述了《告台湾同胞书》的思想和内容。1982年1月，邓小平在接见一海外友人时说，“叶九条”实际上是“一个国家、两种制度”。1983年6月，邓小平同志进一步提出了包括6项基本内容的“一个国家、两种制度”的完整构想，从理论上和政策上确立了和平统一祖国的大政方针。“和平统一、一国两制”的基本方针是针对台湾提出的，但因历史的机缘却在香港获得了首次实践。1997年7月1日，香港顺利回归祖国后，随即经受了亚洲金融风暴的冲击，经济发展遭际到多数人没有预期到的困难，但是无论从抵御这次风暴的能力与表现看，还是从“新闻自由”、人权法制、对外事务等各项人们关注的政经指标来看，《基本法》确定了“一国两制”、“港人治港”、高度自治的基本方针，都得到了认真地贯彻和执行，受到香港同胞充分肯定和世界舆论的积极评价。虽然仅根据一年多的实践即做出结论还为时过早，但香港的实践必将为两岸的最终和平统一起到垂范作用。

澳门继香港之后将于明年底回归祖国，与台湾统一的问题将更突出地摆在全体中国人的议事日程上来。在《告台湾同胞书》发表20周年的前夕，中断了三年多的海峡两岸关系协会和海协交流基金会的高层接触恢复了。汪道涵和辜振甫两位老先生在上海进行了5年多来的再次会面，是自1949年以来两岸高层授权人士在大陆的首次会晤。

江泽民总书记在北京会见辜振甫夫妇，更具有重要的政治指标意义。虽然台湾当局的高层领导人最近的言行表明，在一个中国原则、两岸政治谈判、“三通”等重大问题，都没有改弦易辙的迹象，两岸关系的发展前景不容不切实际的乐观。然而随着中美关系的改善，一个中国的原则进一步成为国际社会普遍信守的政策；台湾岛内要求两岸接触、对话，协商的呼声越来越高，工商界对“戒急用忍”政策强烈不满；祖国大陆坚持改革开放，集中精力于经济发展，稳步推进民主建设，进一步发展和壮大已不可阻遏。在这种大的格局下，台湾当局应当审时度势，顺应历史潮流，这样做才符合台湾同胞的根本利益。如若一意逆势操作，只能使自己越来越被动，形势比人强。

在纪念《告台湾同胞书》发表20周年之际，我们一方面更加深切地感受到“和平统一、一国两制”的对台基本方针的正确性和可行性，另一方面也对祖国最终和平统一增强了信心。

（1998年10月4日）

“一国两制”在香港的实践及对两岸关系的启示

一

香港在 1997 年 7 月 1 日回归中国后，立即受到亚洲金融危机急风暴雨般的洗礼。《基本法》所确定的“一国两制”、“港人治港”、高度自治的基本方针，几乎是在“极限状态”的条件下，受到了全面的检验。本文拟以新闻自由、人权与法制、对外事务、港台关系以及特区与中央关系等五个问题为主要指标，对“一国两制”在香港一年来的实践试做分析，并就其对两岸关系的启示提出不成熟的看法，供大家商榷。

二

（一）新闻自由。香港 97 回归后能否延续其出版和言论所执行的制度是西方国家普遍关注的焦点之一。不少香港同胞对此也疑虑重重。一项民意调查显示，72％受访者担心，“97”后新闻自由会受到限制。

有人认为，新闻自由是香港最重要的“制度支柱”之一。然而在英国殖民统治的一个半世纪的绝大部分时间里，港英当局一直严密地监控着新闻媒体。例如，在各种广播条例中均规定，港督和行政局有权在广播节目播发前，对其进行预检和限制。直到 1991 年，才将这种权力交给广播事务管理局，减少了港督直接干预新闻及言论自由的权力。无论人们对香港新闻自由的看法如何，在世界已步入信息时代的今天，信息资源的大量顺畅流通，对于香港的繁荣和发展以及维持强劲的竞争力是不可或缺的重要因素。香港作为亚洲的“资讯中心”，在这方面拥有雄厚的实力和优势。据有关统计，截至 1997 年 2 月，在香港注册的“本地报刊”共有 714 份，其中报纸 50 份，电讯新闻稿 5 份，期刊 659 份。报纸中，中文报 35 份，外文报 15 份。按报纸的发行量计算，香港每 4 个居民即拥有 1 份报纸，这在世界上也是名列前茅的。此外，世界重要国家的报刊、通讯社、电台、电视台等，都在香港设有分支机构或派驻记者，总计约 120 余家，其中美国为 31 家，位居首位，其次为日本，共 16 家。

为了维护香港作为亚洲“资讯中心”的地位，并进一步发挥其在促进香港发展繁荣的作用，《基本法》第 27 条明文规定：“香港居民享有言论、新闻、出版的自由……”香港特别行政区行政长官董建华在其就任后的第一个施政报告中也郑重宣告：“不论现在还是将来，特区政府都会是一个开放而又尊重新闻自由的政府。”回归后的实际情况表明，香港的媒体运作一切照旧。97 年停刊的报刊杂志，如《新晚报》、《九十年代》等都是因为经济原因而非政治原因而停刊的。特区政府政务司司长陈方安生 1997 年 12 月 1 日在香港举行的《第四届海峡两岸及港澳新闻研讨会》上指出：香港“新闻界依然生气勃勃，百花齐放与 7 月 1 日前无分别，所谓自我检查亦稍有减少。”美国国务院 1998 年 4 月 2 日向国会提交的所谓香港问题年度报告中也承认，香港的新闻界依旧是自由的，继续以批评的态度评论中华人民共和国和它的领导人，尽管报道出现了一些自我审查的现象。① 这里必须坦率地指出两个问题：一是媒体对中央和特区政府的批评问题，二是媒体的自律问题。在怀疑香港 97 后将失去新闻自由的人中，有一部分人，主要对香港回归持抵触甚至反对态度的人，惧怕 97 后将失去批评、攻击中央和特区政府的“自由”。实际上，邓小平早在 1984 年就说过：“1997 年以后，台湾在香港的机构仍然可以存在，他们可以宣传‘三民主义’，也可以骂共产党，我们不怕他们骂，共产党是骂不倒的。但是在行动上要注意不能在香港制造混乱，不能搞‘两个中国’。他们都是中国人，我们相信，他们会站在我们民族的立场，维护民族大局，民族尊严。在这样的基础上，进行他们的活动，进行他

① 美新署华盛顿 1998 年 4 月 2 日

们的宣传，在香港这种情况下是允许的。”① 这里讲的是台湾在香港的活动，就宣传而言，实际上也包括了香港的媒体。应当讲，在香港回归前后，香港媒体的批评性报道大部分是建设性的，有利于香港平稳过渡和维持繁荣稳定；一小部分攻击、诋毁甚至是无中生有的不实之词，随着时间的推移也已不攻自破。这种情况过去如此，现在依然，将来还会照旧，香港媒体将继续保持其活跃的多元特质。关于媒体的自律问题，如果是由于某种疑虑甚至是恐惧而不敢直抒胸臆，这当然是要避免的。有关当局应多做增信释疑的工作。但作为新闻从业人员，依照法律和新闻道德而自律则是天经地义的事。笔者在海外做过多年外交记者，深知各种媒体都有自己的“报道方针”（Editorial Line），无论记者还是编辑，违背这一方针，不是自己辞职就是被解雇。正常的自律应当是一种必须的行为规范，而不应视作对新闻自由的限制。

（二）人权与法制。这个问题既是人们观察“一国两制”贯彻情况的另一个焦点，也是香港保持繁荣稳定的重要方面。

在讨论这个问题之前，有必要对港英当局统治下的香港人权和法制状况做一个简单的回顾。从英国开始对香港的殖民统治，直至1976年英国加入《公民权利和政治权利公约》之前，香港不但没有保障人权的司法制度，而且出于反共的目的制定了名目繁多的限制和违反人权的条例。《英皇制诰》和《皇室训令》这两份制宪文件中，都没有保障香港人基本权利的条文。而到了1948年，在中国共产党节节胜利、全国解放已成定局的情况下，港英当局却在反共的借口下制定了一系列限制香港人权的法律和条例。1949年8月17日，香港立法局通过了《人口登记法》，除香港的海陆空三军人员和警察、港督特许者、年未满12岁等三种人外，其他人一律要向当局登记、交照片、按手印，然后领回编了号的身份证。香港身份证制度从那时即开始。其后，港英当局又制定了诸如《驱逐不良分子出境条例》、《修订1922年的紧急法》、《社团条例》等一系列有损基本人权的法规。台湾政治大学国际关系中心研究员张虎在一篇文章中指出：

“在这一系列条例中，以1949年《驱逐不良分子出境条例》最为

---

① 《保持香港的繁荣和稳定》，《邓小平文选》第三卷，第75页，人民出版社

严苛，对当时的人权伤害最大。它规定的内容很多，从第 4 条规定所谓‘不良分子’的 14 项标准中，仔细研究，从中可以发现，实际上只要香港政府认为要驱逐某一个人，便可在 14 项中找到一项加以入罪。例如第 1 项：‘有病的、残废的、瞎眼的、残老的、疯子、呆子，倘他们无人供养、且不能谋生者。’第 3 项：‘可能变成流氓、乞丐或将加重公私慈善团体负担的人。’第 4 项：‘有可怕的传染病的人。’第 9 项：‘没有入境防疫证的人。’第 11 项：‘在隧道洞穴或公共场所搭屋居住的人；或在任何不合法的建筑居住；或卫生帮办宣布为不合卫生的地方居住的人。上述各种人物，苟其不能证明他可能取得正当的房子居住，即为不良分子。’第 14 项：‘依靠不良分子生活的人’等等。香港政府都可以随时加以逮捕并驱逐出境。《修订 1922 年的紧急法》更进一步规定：‘港督会同行政会议，依据紧急法令所颁布的各种法令在与其它法令相抵触时，可以凌驾其它法律。’既然港督可以‘凌驾法律’，当然可以为所欲为。”①

人们从这里不难看出，殖民统治下香港的人权状况到底如何了。然而，1991 年当香港日近回归时，港督却指使立法局通过了所谓的《人权法案》。法案公然规定，香港所有法律中如有和人权法相抵触处，将依循人权法。这就使人权法凌驾于其它法律之上地位，包括香港回归后的根本大法《基本法》。这是对中国恢复对香港行使主权的挑战，也是违背了中英之间就香港问题发表的联合声明，理应遭到中国的强烈反对。中国外交部发言人当时即声明，“中方保留在 1997 年适当的时候按基本法的有关规定，对香港现行的法律包括人权法案进行审查的权利”，并表示：“写在中英联合声明中和基本法的规定对特别行政区的人权保障已经足够”。诚如张虎指出：“英国一向吝于赋予港人人权，却在临撤退之前通过人权法案，其心不良，不言而可知。”②

《基本法》的第 3 章“居民的基本权利和义务”18 条，为维护香港居民的权利和义务提供了全面的法律依据和保障，这在香港的历史上是鲜有的。《公民权利和政治权利国际公约》、《经济、社会与文化

① 张虎：《香港人权的回顾与展望》，台湾《政策》月刊，1997 年 7 月 1 日，第 24 期，第 2 页

② 同①，第 5 页

权利的国际公约》也继续适用于香港。一些人所特别关心的集会、结社、游行、示威的自由，在回归后不但得到了法律的充分保障，而且比回归前有过之而无不及。从1997年7月1日至1998年4月底，示威活动超过1400次，平均每周40次。中央政府还提前1年向联合国提交了香港"人权报告"，表明了中央政府在维护香港人权问题上是光明磊落和严肃认真的。回归后，特区政府在广泛征询民意的基础上，着手对殖民政府遗留下来的"恶法"进行了清除或修订，如废除和停止使用7项劳工法律，修订了《社团条例》和《公安条例》，受到香港广大居民的支持。

在立法、司法机构的建设上，特区政府也严格按照"一国两制"和"港人治港"的基本方针，使香港的民主进程向前迈出重要的一步。1996年12月21日成立，1997年6月30日任期届满的临时立法会，尽管受到了一些政治性的阻挠和非难仍然为制定特区政府正常运作所必需的法例，监察特区政府的工作，以及保持过渡期的平稳，做了大量的工作。据临立会主席范徐丽泰的回顾，临立会在深圳共举行了11次全体大会及46次委员会会议，审议、修正及通过了13项保证特区成立时正常运行的法案，辩论和通过了1997/98年度过渡期的财政预算案动议，以及通过了终审法院法官和高等法院首席法官委任的议案。在亚洲金融风暴开始后，议员们反映了市民的忧虑和困难，否决了政府提出的增加部分燃油税的议案，受到市民的欢迎，显示了立法机关与行政机关之间"既配合又制衡"的关系。① 1998年5月24日特区第一届立法会的选举和产生也是香港回归后为人瞩目的大事，"一国两制"经历了一次成功的考验。这次选举创下了参与候选人人数（166人）、登记选民人数（280万）和实际参选人数（149万，占53.3%）的历史纪录。而且这个纪录是在选举当天下了多场暴雨，多处选举站被淹的情况下创造的。各方普遍承认，这是一次公开、公正和公平廉洁的选举。香港工会联合会主席李泽添特别指出，香港的劳工阶层作为"港人治港"的重要力量，通过立法院这次选举进入了最

---

① 参见范徐丽泰：《为特区平稳运作发挥应有作用》，人民日报海外版，1998年6月29日

高决策机构，“这在殖民统治时期是完全不可想象的”。① 香港的最高司法机构终审法院已从1997年7月1日开始顺利行使职权，香港有史以来第一次享有了终审权利。各级法院也和过去一样运作，未受任何干扰。高等法院曾就临立会的合法性作出公正的判决，维护了回归后的香港社会稳定。内地的法律，除了依据《基本法》附件3和全国人大常委会关于《基本法》附件3所列全国性法律增减的决定，有10个体现国家主权意义的全国性法律在香港实行外，其他的都不在香港实行。

（三）对外事务。香港在英国的殖民统治下从来没有对外关系权，外交完全由伦敦直接掌控。随着香港经济的日益发展，国际间的经贸、金融等方面的往来日益增多，英国政府逐步在经贸事务方面给予了香港一定的自主权。这些权利主要是通过所谓“扩大原则”赋予的，即在英国缔结或参加的国际条约中明文规定该条约扩大适用于香港；或者由英国政府代表香港宣布某项英国缔结的或参与的国际条约适用于香港；或者由香港立法局根据英国的法律和有关的国际公约制定相应的条例。“97”回归前，大约有400多项以英国为缔约一方的双边和多边国际条约、协议以上述方式适用于香港。

为了维护香港的繁荣，特别是它作为金融、贸易、航运中心的地位，《基本法》第5章（经济）、第7张（对外事务）和其他章节中，对香港在经贸、海关、科技、民航、商船、知识产权、资源、环保、邮政、劳工等方面的对外事务权限作了明确的定位，提供了周全的法律保障。如第153条规定：

“中华人民共和国缔结的国际协议，中央政府可根据香港特别行政区的情况和需要，在征询香港特别行政区政府的意见后，决定是否适用于香港特别行政区。

“中华人民共和国尚未参加但已适用于香港的国际协议仍可继续适用。中央人民政府根据需要授权或协助香港特别行政区做出适当安排，使其他有关国际协议适用于香港特别行政区。”

实际上，中央政府授权香港特别行政区自行处理的对外事务的领域十分广泛，现时适用于香港的绝大部分多边国际条约，都继续适用

---

① 李泽添：《港人对“一国两制”充满信心》，人民日报海外版，1998年7月6日

于香港。这些条约总计有200余项，其中80多项中国目前尚未参加。香港特区政府的代表可以作为中国政府代表团的成员，参加由中央政府进行的同香港特区直接有关的外交谈判；作为代表团成员或以其他适当方式参加国际民航组织、国际货币基金组织等19个政府间国际组织的活动和出席有关会议；以成员、联系成员等身份、以“中国香港”名义参加亚洲开发银行、国际海事组织等15个政府间国际组织的活动。回归一年来，特区代表参加的这种会议和活动超过500余次。世界银行和国际货币基金组织在香港成功地举行了年会。

《基本法》第157条规定：外国在香港特区设立领事等官方或半官方机构需经中央政府批准；已同中国建立外交关系的国家在香港的领事等官方机构可予保留；尚未同中国建交国家的在港官方机构，可根据情况允许保留或改为半官方机构；尚未为中国承认的国家，只能在港设立民间机构。香港回归前夕，中国已按此原则顺利地解决大部分这方面的问题。中国和美国于1997年3月25日正式签署了关于保留美国驻港总领事馆的协议。两国还就“97”后美国海军舰只继续对香港访问问题达成协议。一年来，在港保留的外国机构运作正常。

（四）港台关系。1995年6月22日，中国国务院副总理钱其琛在香港特别行政区筹委会预备工作委员会第5次全体会议上致开幕词时，就“97”后香港和台湾的关系问题宣布了7项基本原则和政策。被人们称为“钱七条”。这些原则和政策在“97”前后，成功地规范和指导了香港涉台事务的运作，从一个侧面保证了香港的平稳过渡以及过渡后港台关系的正常延续。“钱七条”的基本精神是：“97”后香港特别行政区与台湾地区的关系，是两岸关系的特殊组成部分。“97”后香港的涉台问题，凡属涉及国家主权和两岸关系的事务，由中央政府安排处理，或由特区政府在中央政府的指导下处理。港台两地的民间交往，香港同胞台湾同胞的正当权益应予维护，以促进两地共同繁荣。台湾在港机构及人员可继续留存，他们在行动上要严格遵守《基本法》，不得违背“一个中国”的原则，不得从事损害香港的安定繁荣以及与其注册性质不符的活动。

“97”前后，在“钱七条”的指导下，中央和特区政府各司其职，顺利地处理和解决了诸如港台民航续约、港台航运、台湾驻港机构等问题。台湾当局为因应“97”，采取了通过《港澳关系条例》立法等措施，在大势所趋之下，总的来说态度务实。应当指出的是，祖国大陆的海协会委托香港船东会赵世光等人与台湾海基会就海运问题进行的谈判，务实地处理了在两地注册的商船进出两地港口的挂旗问题，为处理具有明显政治含义的问题提供了有益的借鉴。

港英当局统治时期，香港的涉台事务是由伦敦的外交部决定的。特区政府成立以后面对复杂的台湾问题，表现出的能力和智慧给人深刻印象。特区行政长官董建华上任不久即任命特别顾问叶国华协助处理涉台事务。随即在坚持“一个中国”原则的基础上，妥善处理了所谓“10月10日”的挂旗问题。1998年5月，叶国华对新闻界表示，香港回归后，除了国防、外交和“1/2”的台湾政策，即涉及中国主权或“一个中国”的问题由中央政府处理外，其余港台之间的事务完全由特区政府自行决定。① 1998年6月，特区政府进一步放宽了台湾同胞来港的有关规定，持有台胞证的台湾旅客可免签证在港停留7天。

（五）特区与中央的关系。香港回归后，中国政府能否不折不扣地贯彻《基本法》，严格按照“一国两制”、“港人治港”、高度自治的基本方针行使对香港的主权，是全世界普遍关注的核心问题，也是“一国两制”在香港能否成功的关键。香港回归后一年来的事实雄辩地表明，中国政府说话是算数的，中国政府的诚信经受住了考验，可以说是有口皆碑。美国国务院的香港问题年度报告承认：没有迹象表明中国中央政府干涉了（香港）当地事务。香港公务员系统仍然是独立的。一些高级官员——包括那些曾经对中华人民共和国持批评态度的官员——得以留任。② 从香港报刊公布的多次民意调查结果来看，香港居民对“一国两制”的信心，在回归后平均上升了近10个百分点，保持在30%以上；对香港政治前景持悲观态度的只有12%，而在回归前则超过了30%。

中央政府对以董建华为首的特区政府给予了充分的信任和支持。江泽民主席在香港回归祖国一周年庆祝大会上讲话时说，以董建华为首的特区政府施政有方，“具有管理香港社会、驾驭复杂局势的智慧和能力。中央政府对你们取得的显著政绩，表示满意和赞赏”。特区

---

① 中央社香港1998年5月17日电

② 同①

政府一年多以来的施政表现，不但使香港居民对“港人治港”感到自豪，也使内地广大群众对“港人治港”增强了信心。诚然，香港的经济目前正遭遇到巨大的困难，特区政府的民意支持度也受到影响，但人们公认，目前的困难主要是受亚洲金融危机冲击，国际金融投机客对港元的一再阻击，以及港英时期实行的“高通胀、高地价、高工资”政策所隐含的泡沫破裂的结果。由于香港经济的基本面仍然是健康的，特区政府所采取的因应措施坚定得当，加上祖国内地的强有力支持，香港在亚洲诸国和地区中，受金融危机的影响还是比较小的。这里要特别指出，金融危机的冲击同时也凸显了香港回归后，两地唇齿相依、患难与共，在共赴危难中表现了强大的合力。中央政府以巨大的决心保持人民币不贬值，一方面是因为中国经济的基本面能保持人民币的币值不贬，另一方面也有支持港元和港元联系汇率制的考量。回顾一下香港回归路程上所经历的风风雨雨，如果亚洲金融危机发生在“97”之前，香港经济能否维持目前的状况实在令人怀疑。

三

从香港回归后一年多时间里执行“一国两制”、“港人治港”、高度自治的实践来看，笔者认为海峡两岸可从中得到以下的启示：

（一）祖国大陆信守“一国两制”的承诺。

邓小平提出“一国两制”的构想是针对台湾的，却因历史的机缘在香港首先进行实践。一年多来有目共睹的事实是，香港的“马照跑、舞照跳、股票照炒”，社会制度、生活方式一切照旧，而社会治安比回归前还更好。中国政府的信誉有口皆碑。当然，仅仅经过一年多的时间就对“50年不变”的政策下完全肯定的结论还为时过早，但是中国政府出于民族和国家的根本利益和历史责任，是有决心和信心不动摇地贯彻“一国两制”的政策并接受任何考验和挑战的。时间将继续给予肯定的答案。

（二）在和平统一后的中国里，台湾同胞能够真正当家做主。

回归后，香港充分享有了《基本法》规定的行政管理权、立法权、独立的司法权和终审权。祖国大陆，从中央到地方，都没有干预特区政府依法自行管理的事务。香港原有的法律大部分予以延续和保留。香港同胞对回归后“港人治港”、高度自治的状况普遍表示满意。台湾同胞将会从香港的实践中越来越清楚地看到，国家和平统一不会损害他们当家做主的愿望，而会使他们享受到作为一个统一富强大国的尊严和荣耀。

（三）国家统一后，台湾的“国际生存空间”会更广阔。

上文已经提到，香港回归后，中央政府授权特区政府自行处理的对外事务，范围是十分广泛的。更为重要的是，香港政府的代表现在是以一个日益发展壮大的大国的代表进行国际交往的，享有前所未有的礼遇和尊敬。特区首长董建华外出访问，都受到极高的礼遇和热情的欢迎。台湾当局目前所追求的所谓“国际生存空间”，实际上是在坚持“两个中国”、“一中一台”的分裂路线，这是行不通的。在国家统一后，台湾自然会和祖国大陆、香港的同胞一起，共同活跃在广阔的国际舞台上。

（四）国家统一后，台湾不但可以按照自己选择的制度和政策发展经济，而且可以发挥和祖国大陆及香港间的互补互利的优势，进一步提升经济实力和生活水平。

回归后，香港继续保持了金融、贸易和航运中心的地位，保持了财政独立，实行独立的税收制度和金融货币制度，继续执行自由贸易政策，继续作为单独的关税区进行对外贸易。与此同时，香港又利用回归后的有利条件，发挥内地在资源、市场、劳动力以及科技力量等方面的腹地作用，提升香港的经济结构和竞争力。这种优势在抵御亚洲金融风暴中发挥了巨大的作用。台湾和香港经贸关系在祖国大陆执行改革开放的政策之前是微不足道的。台港之间之所以有现在如此密切的经贸关系，祖国大陆的因素实为主要的成因。实际上，台湾经济的发展也和祖国大陆的发展息息相关。台湾“监察院长”王作荣在《联合报》上著文指出：“我们有一个大陆市场作为我们调节经济的吞吐港，这一点十分重要。自从大陆经济实行改革开放后，台湾经济便很少有严重衰退局面出现，这是因为为大陆所吸收了。”① 这一事实在亚洲金融危机中再次凸显出来。试想如果人民币贬值，台湾的境遇又将如何？所以作为经济学家的王作荣又说：“大陆经济都曾一而再

---

① 台湾《联合报》，“民意论坛”版，1998 年 9 月 1 日

的扮演了台湾经济危机的消化者，与维持适度繁荣的支持者。即以当前的经济情况来说，我们常自夸经济政策正确健全，才有如此稳定的局面。其实这其中很大一个因素是大陆经济给予我们一个靠背。假如不相信，将与大陆经济的交往除掉，再看看我们的经济是个什么样子。”可以预期，中国统一后，祖国大陆、台湾、香港三地必然能发挥互补互利的优势，创造出中华民族历史上从来没有过的富强与繁荣。

四

香港回归后，立即受到亚洲金融危机的无情冲击，“一国两制”、“港人治港”、高度自治的政策也受到严峻的考验。然而，正如孟子所云：“天将降大任于斯人也，必先苦其心志、劳其筋骨、……”新生的香港特别行政区经过此番洗礼，必将增强体质，焕发出更加旺盛的生命力。人们必将从香港的发展中越来越清楚地看到“一国两制”作为完成中国统一大业的基本方针在香港的实践，他们会实事求是地对待这个问题，并随着时间的推移得出恰当的结论。

（1998 年 9 月 7 日）

李登辉在一个中国问题上的立场变化

1988年李登辉主政以来，国民党在一个中国问题上的立场大体经过四个阶段的变化。第一阶段是从1988年到1991年，李登辉口头上基本延续了蒋经国的一个中国立场，即世界上只有一个中国，“中华民国”是其唯一合法代表。第二阶段是从1991年“修宪”和公布“国统纲领”到1994年公布的“台海两岸关系说明书”，李登辉实际上确定了“两个中国”的政策，但用“两个对等政治实体”来定位两岸关系，在宣示上仍表示“中华民国”主权及于全中国，治权仅及台、澎、金、马。第三阶段是从1994年到1999年7月，李登辉将一个中国定位为“历史、文化、血缘”的中国，否定了其法律地位，把一个中国定位为1949年以前和未来统一以后的中国，执行所谓“阶段性两个中国”政策，但仍有所遮掩，有人称之为“隐性台独”。1999年7月，李登辉接受“德国之声”记者采访时，则完全抛弃伪装公然宣称两岸关系是“国与国”的关系。

1988年7月召开的国民党第13全大会仍坚持“反共复国”的口号，12月通过的“中国国民党现阶段大陆政策”决议中称：“我们的大陆政策应体现‘立足台湾，放眼大陆，胸怀全中国’的一贯精神。”“我们应坚持‘不接触、不谈判、不妥协’的政府立场。”同年12月25日，李登辉在主持庆祝“行宪”纪念大会时说：“中国只有一个，而且必将统一于自由民主的制度之下。”1990年3月30日，李登辉在国民大会8次大会闭幕式致辞时，针对“当前若干言论主张，求变心切”的情况强调：“我们的国体不容变更，我们的国土不容分裂，我们统一中国的目标，尤不容动摇。”

蒋经国在其执政的晚期开始调整大陆政策。1987年7月2日，宣布开放大陆探亲；同月15日正式解除长达39年的“戒严令”。李登辉所继承的蒋经国大陆政策实际上已处于变动中，在其政治地位稳固之后，他的真实理念立即借助这种变的动力显现出来。1990 年 5 月 20 日，李登辉在“总统”就职仪式上虽然表示：“台湾和大陆是中国不可分割的领土，所有中国人同为血脉相连的同胞。”但他同时表示“今后必将以更主动务实的精神，开拓国际活动空间”，明确提出“务实外交”。但在这一阶段，李登辉的“分裂、分治”主张仍以“潜台词”形式出现，极力遮掩。1990 年民进党通过“主权决议案”，公然提出“我国事实主权不及中国大陆及外蒙古”（1007 决议文），岛内哗然。当日，国民党中央委员会发言人祝基滢发表谈话称：“中华民国政府基于宪法一向坚持对中国大陆的主权完整与谋求国家统一是我国基本国策，也是中华民国的基本主张。本党坚持此一主张，过去不曾改变，今后也决不改变。”然而时过不到半年，1991 年 2 月在李登辉主持下制定的“国家统一纲领”中即公开提出两岸“不否定对方为政治实体”；在“进程一交流互惠阶段”的第 4 条中提出，两岸“在国际间互相尊重，互不排斥”，实际鼓吹“双重承认”。

在“国统纲领”颁布不久，民进党 5 全大会于 1991 年 10 月 12 日通过了“台独条款”。在民进党气焰嚣张的挑战下，李登辉于 15 日对“台独条款”表示“痛心与遗憾”，强调“中国只有一个”，“我们一切的努力，无不是在一个中国前提下，以整个民族的前途与发展为着眼”。“行政院长”郝柏村则强烈斥责民进党“祸国殃民”，并指责李登辉对民进党“宽容宽厚”。国民党中常会也通过声明稿，支持“政府”依法严办民进党，但其后李登辉并没有采取行动。1994 年 7 月 5 日，台湾当局公布“台海两岸关系说明书”时，李登辉即明文放弃在法律意义上的一个中国主张。

“台海两岸关系说明书”，标志着李登辉一个中国立场的重大转变。从那时到 1999 年 7 月 9 日，李登辉实际上推行所谓“阶段性两个中国”的政策，但仍以所谓“创造性模糊”遮遮掩掩，有人称之为“隐性台独”。“说明书”称，李登辉 1991 年 4 月 30 日宣告终止动员戡乱时期、废除动员戡乱时期临时条款、不再将中共视为叛乱组织，有两个重大含义：“第一，它表示中华民国政府正式且率先片面放弃以武力方式追求国家统一；第二，中华民国政府不再在国际上与中共竞争‘中国代表权’。中华民国政府认为‘中国只有一个’，但台湾和大陆都是中国的一部分’，‘中共不等于中国’，在中国尚未达成最后的统一以前，两者既处于分治局面，理应各自有平行参与国际社会的权利。”“在两岸关系的处理上，双方既不属于国与国间的关系；也有别于一般单纯的国内事务。”

这里，李登辉已经将两岸关系定位为“两个中国”，但为掩人耳目，采用了含混其词的既非国际也非国内的表述。李登辉的女婿赖国洲在1996年底举行的“国家发展会议”上即提出两岸关系是“准国际关系”。“说明书”对“两个对等政治实体”的解释是：“所谓‘政治实体’一词含义相当广泛，可以指一个国家、一个政府或一个政治组织。”其实早在1993年11月，在美国西雅图举行的亚太经合组织会议上，台湾一位代表就说出了李登辉立场的真意：“以一个中国为指向的阶段性两个中国政策。”

1995年4月8日，李登辉在“国统会”上发表的谈话（即李六条）中说，自1949年以来，“台湾与大陆分别有两个互不隶属的政治实体治理，形成了海峡两岸分裂分治的局面”。

1996年7月，台湾“外交部”发表的“中华民国参与联合国”说帖更明确地称：“中国系一历史、文化及地理之中性名词”，“唯有在两岸统一后，才有真正的一个中国’”。

1997年2月邓小平同志逝世后，台湾当局以“行政院新闻局”的名义发表“透视‘一个中国’问题”说帖，开始以“一个分治的中国”代替一个中国。说帖称：“我们认为，与其去说‘一个中国’，不如说‘一个分治的中国’（one divided China），就像现在的韩国、过去的德国或越南一样。”

1999年7月9日，李登辉在接受“德国之声”记者专访时公然称：“1991年修宪以来，已将两岸关系定位在国家与国家，至少是特殊的国与国的关系，而非一合法政府，一叛乱组织，或一中央政府，一地方政府的‘一个中国’的内部关系。”至此，李登辉完全抛弃过去所谓“创造性模糊”的伪装，在他下台前9个月，公开表明了他上台来实际推行的“两个中国”和“一中一台”的基本政策。

（1999年7月）

一个中国原则是和平统一的基础和前提

——纪念江主席八项主张发表五周年

1995年1月30日，江泽民主席发表了《为促进祖国统一大业的完成而继续奋斗》的重要讲话。江主席根据邓小平同志“和平统一、一国两制”的思想，提出的推动现阶段两岸关系和祖国和平统一进程的八项主张，准确地把握了解决台湾问题所面临的内外形势，充分考虑了台湾同胞的现实利益和长远利益，既高瞻远瞩地指出祖国和平统一“这光辉灿烂的一天必将到来”，又实事求是地就两岸关系和统一进程中的重要问题提出了明确的主张。5年来的实践充分表明，江主席的八项主张是反对台湾“台独”分裂势力的有力武器，是团结海内外热望民族振兴的中华儿女为国家统一而努力的旗帜，是推动两岸关系稳定发展的理性、务实的途径。

江主席在讲话中指出，近年来台湾岛内分离倾向有所发展，某些外国势力进一步插手台湾问题，干涉中国内政；但另一方面，我国即将恢复对香港和澳门行使主权，已经到了中华民族完成祖国统一大业、实现全面振兴的时候了，“这对台湾是个机会，对整个中华民族也是个机会”。八项主张正是在这样的历史性时刻适时提出的，因此在海峡两岸及海外华侨、华人中引起强烈的反响，国际社会也期待两岸以此为契机积极发展关系，并为亚太地区的和平与稳定作出贡献。然而，台湾岛内的分离势力慑于这一形势的发展，却更为猖獗地进行分裂活动，妄图阻遏两岸关系朝着八项主张所倡导的方向迈进。1995年初，李登辉一方面抛出“李六条”回应江主席的八项主张，另一方面又利用美国对外政策处于摇摆不定的调整期的时机，以及国会和行政当局的矛盾，耗费巨金进行游说，跑到美国的康奈尔大学大肆鼓吹他的分裂主张，妄图把美国作为突破一个中国原则的缺口，在国际上制造“两个中国”，从而引发了1995—96年的台海危机。1998年10月，海协会汪道涵会长和海基会董事长辜振甫实现了上海会晤，打破了持续3年多的僵局，开启了两岸政治对话，使两岸政治关系重新回到接触和协商的轨道上来。人们期待着汪会长能在1999年秋天顺利访台，期待着汪辜台北会晤能在上海会晤达成的4点共识基础上，进一步取得建设性和实质性的进展。两岸关系的恢复和发展却使将于2000年5月交出权力的李登辉感到惶恐不安。他忧虑他所推行的分裂路线在其下台后难以为继，于是在1999年5月出版《台湾的主张》一书，公然鼓吹分裂国家的“七块论”；7月9日进而撕下最后的伪装，抛出“两国论”，阻止汪会长访台，阻挠新的台湾地区领导人在一个中国的原则下改善两岸关系。

根据江主席八项主张中“任何制造‘台湾独立’的言论和行动，都应坚决反对”的基本立场，祖国大陆先后开展了反“分裂”、反“台独”和反对“两国论”的坚决斗争，充分展示祖国大陆捍卫国家主权与领土完整的决心和能力，沉重地打击了“台独”势力在国际上制造“两个中国”的分裂活动。台湾同胞进一步认识到“台独”对他们切身利益的危害；国际社会也进一步认识到恪守一个中国政策的重要性。1995～96年台海危机之后，中美两国领导人实现了互访，中美两国决定共同致力于建立建设性战略伙伴关系，美国重申坚持一个中国政策，遵守中美三个联合公报的原则，不支持“台湾独立”，不支持台湾加入联合国，不支持制造“两个中国”、“一中一台”。在我严正的批评下，“两国论”不仅在台湾岛内引发了新的政治斗争和矛盾，在国际上更受到普遍的抵制，一百多个国家重申坚持一个中国政策的立场。在去年联合国大会的总务委员会上，安理会5个常任理事国第一次全部发言反对台湾“参与联合国”的活动。李登辉的“两国论”使他在国际上成为不受欢迎的“麻烦制造者”。反“分裂”、反“台独”斗争的实践表明，江主席八项主张所确立的基本原则是维护国家主权和领土完整的有力武器。

在坚决进行反分裂、反“台独”斗争的同时，祖国大陆根据八项主张中“不以政治分歧去影响、干扰两岸经济合作”的政策，继续大力推动两岸经贸关系的发展及各领域内的人员交流。两岸经济联系的领域和规模都不断扩大，人员往来逐年增加，直接通邮、通航取得局部进展，台湾同胞更强烈地要求早日实现“三通”，工商界更强烈呼吁改变台湾当局执行的“戒急用忍”政策。两岸经济相互合作、互补互利的趋向进一步发展。

在我们纪念江主席八项主张发表5周年之际，台湾正在进行更换地方领导人的选举，处在复杂的政治演变时期。回顾过去5年两岸关系走过的跌宕起伏历程，有必要强调八项主张中的第一项主张：“坚持一个中国原则，是实现和平统一的基础和前提。”破坏一个中国的原则就破坏了和平统一的基础和前提。全体中国人民决不会坐视不管分裂祖国的言论和行动。目前，台湾的一些政治势力仍然在鼓吹“两个中国”的“台湾独立”，仍未放弃将“两国论”入“宪”入法的图谋，仍在谈论以“公民投票”决定台湾的前途。祖国大陆的经济在发展，综合国力在增强，国际地位在提高，这些危险的言论和图谋过去未能得逞，现在更不会得逞，永远也不会得逞。它们只能给台湾同胞带来灾难，严重地损害台湾同胞期望过安居乐业日子的根本利益。

展望未来，我们深信，两岸同胞及海外一切爱国人士，一定会以中华民族振兴为最高利益，共同努力，发展两岸关系，推动祖国和平统一进程。台湾问题一定能够解决，祖国最终统一一定能够实现。

（2000年1月26日）

两岸和平的关键是确认一个中国原则

在两岸关系处于严峻、关键的时刻，能有机会向大家请益如何为了两岸同胞的共同福祉，使两岸关系和平、稳定地发展，使所有炎黄子孙所企盼的国家统一、民族复兴的愿景早日得以实现，十分高兴。

3月18日，台湾产生了新的地方领导人，民进党执政。对民进党及其领导人的历史及言行稍有了解的人，对台湾新当局将把台湾引向何处，将把两岸关系引向何处，产生忧虑是很自然的。两岸确实面临着是稳定，还是激荡；是发展，还是倒退；是战争，还是和平的重要抉择。在选举前后，新的台湾领导人一方面在其亲笔签名的政策白皮书中，坚持其一贯的“台独”立场，声言“台湾是一个主权独立的国家”，“台湾不是中华人民共和国的一部分”；另一方面，又出于赢得选票及其它政治需要，使用“温和”的语言，摆出“柔软”的身段，表示要“改善”两岸关系，甚至提出要在今年内实现“三通”等等。尽管人们看得很清楚，这些“和解”的表示，仍停留在口头上，缺乏变成行动的条件和诚意，其主要目的是争取舆论的同情，但祖国大陆出于对台湾同胞求和平、盼稳定、要发展愿望的理解，采取了“听其言、观其行”的立场，冷静、耐心和克制地处置两岸当前所面对的问题。然而，两岸当今的严峻现实却不允许我们蹉跎岁月，延宕时光。人们对新的台湾当局所期待的，不只是“和解”“善意”的语言，而是切实改善两岸关系的行动。行动胜于雄辩，在当前行动尤为重要。然而，台湾新当局领导人却继续提出一些似是而非的主张和“理由”来为其拒绝采取切实行动进行辩解。因此，这里有必要就这些主张和“理由”谈一下本人的看法，并就教于各位。

一、台湾发生的政党轮替，并没有改变台湾问题是中国内战遗留问题的事实；两岸之间的敌对状态不但没有因此而消失，还面临着进一步加剧的危险

国民党败选，民进党执政，于是，岛内一些分裂势力就声言政党轮替了，国共内战的历史旧账就此结束了，作为内战遗留下的台湾问题也不存在了。这种说法当然是站不住脚的，不过是自欺欺人。作为中国内战遗留下来的台湾问题，在最终重新统一之前，即不会因为时间的拖延而消失，也不会因台湾地方政权的更迭或政党轮替而不复存在。散布这种论调的人无非是想利用似是而非的“道理”为所谓“台湾已是主权独立国家”，“中国是中国，台湾是台湾”的分裂主张提供“论据”。这种做法当然不可能改变两岸的现实，也很少能影响公众舆论，但它却会产生危险的后果，也就是有些“台独”分子在欺人不成而自欺的情况下，会不理性地采取“台独”行动，从而给两岸关系带来严重的损害，进一步恶化两岸尚未结束的敌对状态。因此，对这种论调必须予以澄清。

二、“一个中国、各自表述”不是当年两会的结论，但有具体内容，不能任意“表述”

1992年海协、海基两会在香港达成的共识是“双方均坚持一个中国的原则”，而不是“一个中国、各自表述”。这8个字是1995年才出现的。海协会副会长唐树备先生4月27日在深圳举行的记者招待会上已做了再次澄清，我不再赘述。我想说的是，当时两会同意以口头声明方式表述一个中国原则，表述的内容是经双方认可的。海基会的表述是：“在海峡两岸共同努力谋求国家统一的过程中，双方均坚持一个中国原则，但对一个中国的涵义，认知各有不同。”海协会的表述是：“海峡两岸都坚持一个中国原则，努力谋求国家统一。但在海峡两岸事务性协商中，不涉及‘一个中国’的政治含义。”很清楚，两会对一个中国的口头表述是有特定内容的，不是开放性的。如

果把“一个中国、各自表述”说成是“台湾已经是主权独立国家”，“两岸两国”，“两个华人国家”，不承认台湾同胞是中国人等等，60%以上的台湾同胞已经用他们的选票表示不能接受，大多数的海外华侨、华人也不能接受，大陆的12亿5千万同胞同样不能接受。同意“台独”势力对一个中国做出他们的“表述”，就等于同意他们公开地进行分裂国家的宣传和活动，这样做的后果绝不会是所有中国人所期待的和平、发展、繁荣，而是动荡、冲突、甚至战争。因此，在这个问题上我们必须采取认真、负责任的态度

三、一个中国只能是前提，而不能是议题

台湾新当局提出一个中国原则可以作为议题讨论，但不能作为谈判的前提。它显然认为，这样说，可以使它表现得态度“温和”、立场“灵活”，有利于争取舆论的同情。其实，这样做恰恰会在世人面前表明，它在处理两岸关系上既不尊重事实，也无视国际法则和宪政原则。中国政府发布的“一个中国的原则与台湾问题”的白皮书已就为什么世界上只有一个中国，从历史、现实和法理上做了详细地阐述。一个中国是不以人的意志为转移的事实。台湾新领导人要把一个中国当作议题来讨论，显然是无视国际上绝大多数国家都承认中国只有一个，台湾是中国一部分的事实，因而也是无视国际法则所确认的事实。此外，作为一个政治领导人，他也没有任何的法律授权来把国家主权、疆域这样的重大宪政问题作为议题来讨论。即使根据台湾的地方法律，这样做也是没有法律授权的。维护中国的主权和领土完整是包括台湾同胞在内的所有中国人的神圣职责，是全体中国人民的共同义务，它当然容不得作为议题来讨论。

四、一个中国原则是两岸经贸关系发展的基础

民进党在其为竞选而发布的“中国政策白皮书”中，把“发展经贸合作关系”作为其大陆政策的一个主轴。白皮书一方面说“不要再为了主权之争妨碍双边关系的发展”，另一方面又说“两岸经贸关系必须兼顾国家安全与经济利益”。这就是说，在发展两岸经贸关系方

面，民进党一方面要大陆放弃对台湾的主权，另一方面又在“国家安全”的借口下，坚持它自己的分裂立场。这种态度既无诚意，更无道理。在这种情况下，说什么“年内实现‘三通’”，显然意在宣传，是为欺骗内外舆论。试问，如果台湾新领导人真的想年内开放“三通”，他是不是准备取消台湾为阻挠“三通”而制定的所有“法规”？鉴别是真“三通”还是假“三通”，不只是听其言，更重要的是观其行。两岸同胞都真诚地希望台湾当局采取实际行动，消除对“三通”设置的障碍，在一个中国的基础上，早日实现“三通”，使两岸经贸关系蓬勃发展，惠泽两岸同胞。其实，对台湾当局来说，这并不是很困难的事。在香港回归祖国前，港台航运、航空协议的达成可以作为先例来参考。

总之，两岸问题的关键是一个中国原则，这是一个回避不了，否定不了的问题。台湾当局必须现实地面对这个问题。在过去50年中，两岸同胞均坚持一个中国原则。李登辉主政后，开始时也不敢否定一个中国原则，在其执政后期提出“两国论”，企图破坏一个中国原则，结果是提早结束了自己的政治生涯。台湾新领导人最近表示，他至少不会制造新的麻烦，很好，那就不要违背两岸50年来存在的、也是国际社会所普遍承认的一个中国原则，拿出行动来改善两岸关系。如果这样，两岸和平有望，两岸发展有望，两岸繁荣有望。

（讲话稿，2000年5月9日）

1992 年共识

——海协海基两会协商之回顾与评析

1999 年 7 月 9 日，李登辉抛出“两国论”，破坏了两岸授权对话与协商的基础，使原拟于 1999 年秋天成行的海峡两岸关系协会（以下简称海协会）会长汪道涵访台计划流产，两岸关系继李登辉 1995 年访美之后再次陷入僵局。2000 年 3 月 18 日，民进党候选人陈水扁当选为台湾当局新领导人。由于民进党的“台独”立场和陈本人的“台独”主张，两岸的政治僵局不但进一步恶化，而且浮现出严重危机。尽管如此，祖国大陆出于对台湾问题外在环境的研判和对掌控台湾问题大局的能力和信心，对台湾新领导人采取了“听其言、观其行”的政策，警告“台独”势力不得采取极端行动，从而稳住了台海地区局势并为两岸僵局的转圜预留了时间和空间。大陆的这一政策体现了其尽最大努力和平解决台湾问题的一贯立场。出于同样的目的，本文试图探讨突破目前两岸政治僵局的可能途径。

一个中国原则是突破僵局之基础

一个中国原则是中国政府对台政策的基石。两岸政治僵局只有在一个中国原则的基础上才有可能取得突破。回顾 1949 年以来的两岸关系史，人们可以清楚地看到，在大部分的时间里，尽管两岸经历军事对峙并多次发生严重冲突，但两岸均坚持一个中国的立场，斗争围绕在谁代表这个中国问题上，是中国内战的延续。台湾没有一条法律表明中国的主权和领土完整已经分裂，台湾已不是中国的一部分，存在着所谓“两个中国”。在这一共同政治基础上，大陆的海协会和台湾的“海峡交流基金会”（以下简称海基会）于 1992 年达成了各自以口头方式表述海峡两岸均坚持一个中国原则的共识，排除了两会开始接触和会商以来所遇到的主要障碍，使双方很快就海峡两岸公证书使用和海峡两岸挂号函件遗失查询及补偿问题达成协议，并为海协会长汪道涵和海基会董事长辜振甫1993年历史性会谈铺平了道路。

然而，随着李登辉更为露骨地推行他的“分裂”、“分治”路线，台湾当局逐步篡改、背离1992年共识，单方面、简单化地把它归结为所谓的“一个中国，各自表述”，企图迫使大陆接受其对一个中国做出的“开放性”的解释，从而使李登辉“合法”地公开鼓吹他的“两个对等政治实体”、“阶段性两个中国”、“两国论”等分裂中国的主张。台湾当局的新领导人则不顾事实公然否认1992年共识，声称1992年达成的是“没有共识的共识”。① 虽然1992年两会共识已被李登辉和台湾新当局蜕变为两岸争议，但1992年共识对推动两岸关系的发展所做的贡献是有目共睹的。它是在一个中国的框架下，海协会抱着解决问题的诚意，经过和海基会的谈判和让步达成的双方都可以接受的妥协，来之不易。从岛内各党派的统“独”立场看，1992年共识是除民进党之外的台湾主要政党和主流民意可以接受的突破两岸僵局最现实的途径。主要的障碍是民进党内的“台独”原教旨主义者。但他们不可能永远阻挠台湾主流民意的伸张。因此，本文将对1992年两会达成共识的过程做历史的回顾和评析，希望从中能够看到两岸回到这个共识的必要与可能。

1992年两会协商之回顾

1990年11月21日台湾海基会成立，于次年3月9日正式挂牌工作。台湾当局成立这一“民间中介机构”的原因是，自1987年11月2日开放大陆探亲之后，两岸间的往来日趋频繁，也衍生了许多问题，台湾当局不接触、不谈判、不妥协的“三不政策”又无法立即抛弃，因此有意设立这一民间单位来解决当局不能直接出面处理的问题。② 1991年12月16日大陆成立了海协会，其宗旨是为了促进海峡两岸交

① 陈水扁2000年6月20日记者招待会，见“中国时报”2000年6月21日

② 参阅欧阳圣恩：《再见，白手套——海基会2000日》17页

往、发展两岸关系，实现祖国和平统一。海协会亦把解决两岸交往中的具体问题视为其“授权进行的重点工作之一”。①

北京商谈。出于共同愿望，两会于1992年3月下旬在北京进行了首次事务性商谈，就“海峡两岸公证书使用”和“海峡两岸挂号函件查询、补偿”两项议题进行工作性商谈。

两岸就交流中出现的问题进行接触和商谈后即发现，虽然双方商谈的是事务性问题，但要顺利地解决问题，一个重要的事实必须首先明确：两岸间的事务性问题是一个国家内的事情。这就涉及到一个中国原则的问题。

1991年4月28日，当时的海基会副董事长兼秘书长陈长文率海基会代表团首次访问大陆。4月29日，国务院台湾事务办公室副主任唐树备在会见陈长文时，授权提出了处理海峡两岸交往中的具体问题应遵循的五条原则，其中第二条是：“在处理两岸交往事务中，应坚持一个中国原则，反对任何形式的‘两个中国’、‘一中一台’，也反对‘一国两府’以及其他类似的主张和行为。”11月3日至7日，陈长文再次率团到北京，就合作打击台湾海峡海上走私、抢劫犯罪活动问题进行程序性商谈。在商谈中，唐树备再次希望海基会表明坚持一个中国原则的态度，争取双方达成共识。双方首次讨论了在事务性商谈中坚持一个中国原则的问题，但未能达成共识。②

1992年3月22日两会北京商谈开始后，海基会和它的上级机关台湾的“大陆工作委员会”（以下简称“陆委会”）即坚持，一个中国原则和文书使用等问题会谈的“技术性事务无关”。③ 此外，台湾方面开始还坚持使用“文书验证”的措辞，搬用国家间驻外使馆认证的做法来处理大陆公证书在台湾的使用。关于挂号信函的查询、赔偿问题，海基会开始的用语是“开办两岸间挂号信函的查询补偿事宜”，并援引国家间通邮的做法，坚持两岸的邮件往来是“间接”的，查询和补偿问题由海基、海协两会来处理，而不是由两岸邮政部门直接处

---

① 唐树备常务副会长在海协会成立一周年座谈会上的讲话，见《海峡两岸关系协会1992年重要文件汇编》

② 刘墨、肖之光：《为历史留下公正的注脚》，见《两岸关系》杂志1999年9月（总第27期）

③ 见1992年3月24日台湾《联合报》

理。海基会代表许惠祐（时任海基会法律服务处处长）的解释是，台湾当局实行的是和大陆“官方不接触”的政策，“两岸发展情势还不到直接通邮的阶段”。① 海基会的这些做法和主张明显违反了一个中国原则。

时任海协会常务副会长的唐树备在北京商谈结束后于 3 月 30 日举行的记者招待会上阐述了大陆的立场。他说：“双方分歧的关键在一个中国的提法上。我们认为，一个国家里不存在文书使用的困难，也不存在挂号函件查询问题的。现在，由于两岸没有统一，有必要就两岸文书的使用和两岸开办函件的查询、赔偿业务问题找出一些特别的解决方法。在这点上我们愿意和台湾有关方面积极配合。但是，由于现在两岸没有统一，所以首先应明确我们商谈的或要解决的是一个国家内的事情。众所周知，国共两党都认为只有一个中国，台湾方面通过的有关统一的文件也承认只有一个中国，一个中国既然是双方的共识，为何双方不能本着这个原则来处理两岸具体事务性问题呢？一个中国问题不应成为双方会商的困扰。”他还指出：“我们并不是要和海基会讨论政治问题，我们只是要确认一个事实。就是只有一个中国。至于一个中国的涵义，我们并没有准备也不打算和海基会讨论。两岸没有统一，但我们是一个国家，这个原则我们是坚定不移的。至于用什么形式来表达这么一个原则，我们愿意讨论。”②

对于北京会商的结果，时任台湾“陆委会”副主委的马英九对于大陆坚持一个中国原则和文书使用、挂号函件问题是中国内部事务，“感觉十分遗憾”。然而他重申，“我方本来就坚持‘一个中国’政策”，并认为，“经过此次协商，两岸的意见已逐渐拉近，有助于问题的解决”。③ 唐树备则认为，工作商谈“是有成果的，双方在很多方面取得了共识。但由于时间比较短，双方对某些问题的认识还有一些分歧，这是自然的。我们期待着双方在方便的时候进行进一步的商谈”。④

---

① 见 1992 年 3 月 25 日《联合报》

② 海协常务副会长唐树备在记者招待会上的谈话，见 1992 年 4 月 1 日《人民日报》海外版

③ 见 1992 年 3 月 28 日《联合报》

④ 见 1992 年 3 月 25 日《联合报》

海协、海基两会北京商谈是这两个授权的民间机构成立后首次进行的正式会谈，虽然没有达成协议，但双方通过面对面的直接沟通，更清楚和准确地了解了对方的立场，在分歧一时难于化解的同时，在一些问题上取得了共识。分歧的症结是一个中国原则问题，台湾方面虽然表示坚持一个中国政策，但强调双方在其涵义上的分歧，提出用"各说各话"的方式说明一个中国的涵义。台湾方面的这一立场意在凸显其"主权"和"司法管辖权"，谋求所谓"对等政治实体"的地位。大陆方面则坚持一个中国的原则，坚持两会商谈的事务性问题为一个国家内部的事情，意在维护国家的主权和领土完整。然而，考虑到双方在一个中国涵义上的分歧，特别是这一分歧一时难以解决，为了使商谈取得进展，大陆方面主张，既然双方都奉行一个中国的政策，可暂不讨论一个中国的涵义。由于台湾方面坚持"各说各话"，大陆方面表明了坚定不移地维护一个中国原则的立场，但愿意讨论用什么形式表达这一原则。

北京商谈后，海协会将自己的态度概括为：海峡两岸交往中的具体问题是中国的内部事务，应本着一个中国原则协商解决；在事务性商谈中，只要表明一个中国原则的基本态度，可以不讨论一个中国的政治涵义；表述的方式可以充分协商，并愿意听取海基会和台湾各界的意见。这种态度始终贯穿在海协解决这一问题全过程中。①

北京商谈未竟全功，但海协会即根据双方磋商后修改的协议草案文本提交给海基会代表，希望双方提出书面修改意见或提出草案，对最终达成协议持积极态度。另一方面，台湾当局出于其为两会协商所设计的政策目标，也希望商谈能继续下去并取得进展。据《联合报》一篇报道分析，从解决民间交流问题着手正是台湾当局"大陆政策设计的主轴，因此海基会（北京）此行成败，也间接考验大陆政策这套设计是否奏效"，"更可能动摇民众对'政府'的信心"。② 因此，台湾当局"为因应两岸谈判进程最新发展情势"，决定通过"国家统一委员会"（以下简称国统会），"重新完整地对'一个中国'的具体定义，提出政策性的诠释，并作为台湾谈判代表在两岸谈判桌上的论述

---

① 刘墨、肖之光：《为历史留下公正的注脚》，见《两岸关系》杂志 1999 年 9 月（总第 27 期）

② 见 1992 年 3 月 22 日《联合报》

依据”。“国统会”随即在1992年8月1日通过所谓“关于‘一个中国’的涵义”的政策文件。① 该文件有关一个中国涵义的叙述是：

“海峡两岸均坚持‘一个中国’之原则，但双方所赋予之涵义有所不同。中共当局认为‘一个中国’即为‘中华人民共和国’，将来统一后，台湾将成为其管辖下的一个‘特别行政区’。我方则认为‘一个中国’应指1912年成立迄今之中华民国，其主权及于整个中国，但目前之治权，则仅及于台澎金马。台湾固为中国之一部分，但大陆亦为中国之一部分。”②

海协会对台湾“国统会”“8·1”决议文随后作出回应。该会一位负责人对新华社记者表示：“8月1日，台湾有关方面就台湾海峡交流基金会与我会商谈事务性协议时有关‘一个中国’涵义问题做出的‘结论’中，确认‘海峡两岸均坚持一个中国之原则’。我会认为，明确这一点，对海峡两岸事务性商谈具有十分重要意义，它表明，在事务性商谈中应坚持一个中国原则已成为海峡两岸的共识。当然，我会不同意台湾有关方面对‘一个中国’涵义的理解。我们主张‘和平统一、一国两制’，反对‘两个中国’、‘一中一台’、‘两个对等政治实体’的立场是一贯的。”但这位发言人也重申，“在事务性商谈中，只要表明坚持一个中国原则的基本态度，可以不讨论一个中国的涵义”。③

从上述双方立场可以看出，虽然双方对一个中国的涵义有重要分歧，对如何处理这一分歧也各有主张，但在坚持一个中国原则这个实质问题上有着重要交集和共识，这为双方继续进行商谈并达成某些协议奠定了基础。1992年9月17日，当时的海协会副会长兼秘书长邹哲开和海基会秘书长陈荣杰因工作之便在厦门进行了会面，就一个中国原则的表述问题非正式交换意见。邹哲开对陈荣杰和在场的许惠祐表示，“台湾方面关于一个中国原则的结论，说明双方在事务性商谈中坚持一个中国原则已有共识。但我们不同意台有关方面对一个中国内涵的解释，也不可能与海基会讨论关于一个中国的内涵”，建议海

---

① 王铭义：《两岸和谈》120页

② 见附件3

③ 海峡两岸关系协会负责人就台湾当局关于两岸事务性商谈中“一个中国”涵义的文件发表谈话，新华社北京1992年8月27日电

基会认真考虑径直引用“海峡两岸均坚持一个中国原则”的表述。① 其后，两会正式同意在香港进行工作性商谈，海基会由许惠祐主谈，海协会由咨询部副主任周宁主谈，时间定在 1992 年 10 月 28 日至 29 日。

香港商谈。这次商谈的主题实际上是如何排除双方在事务性协商中在一个中国原则问题上的分歧。双方都被授权讨论这个问题。② 应该说，双方都表现出一定程度的灵活性，海基会不再完全排拒讨论一个中国原则；海协会同意讨论海基会表明坚持一个中国的表述方式。商谈开始后，海协会周宁提出关于表述海峡两岸均坚持一个中国原则的 5 种文字表述方案：

1. 海峡两岸文书使用问题，是中国的内部事务。

2. 海峡两岸文书使用问题，是中国的事务。

3. 海峡两岸文书使用问题，是中国的事务。考虑到海峡两岸存在不同制度（或国家尚未统一）的现实，这类事务具有特殊性，通过海峡两岸关系协会、中国公证员协会与海峡交流基金会的平等协商，予以妥善解决。

4. 在海峡两岸共同努力谋求国家统一的过程中，双方均坚持一个中国之原则，对两岸公证文书使用（或其他商谈事务）加以妥善解决。

5. 海峡两岸关系协会、中国公证员协会与海峡交流基金会依海峡两岸均坚持一个中国之原则的共识，通过平等协商，妥善解决海峡两岸文书使用问题。

许惠祐则依据“陆委会”的正式授权先后提出 5 种文字表达方案，和三种口头表述方案。他所提的 5 种文字表述方案是：

1. 双方本着“一个中国，两个对等政治实体”原则。

2. 双方本着“谋求一个民主、自由、均富、统一的中国，两岸事务是中国人事务”原则。

3. 鉴于海峡两岸长期处于分裂状态，在两岸共同努力谋求国家统一的过程中，双方咸认为必须就文书查证（或其他商谈事项）加以

---

① 刘墨、肖之光：《为历史留下公正的注脚》，见《两岸关系》杂志 1999 年 9 月（总第 27 期）

② 王铭义：《两岸和谈》，122 页

妥善解决。

4. 双方本着“为谋求一个和平民主统一的中国”的原则。

5. 双方本着“谋求两岸和平民主统一”的原则。①

双方对各自提出的5种文字表述方案没有达成一致可以接受的方案。海基会根据“陆委会”的授权，又提出了3项口头表述方案：

1. 鉴于中国仍处于暂时分裂之状态，在海峡两岸共同努力谋求国家统一的过程中，由于两岸民间交流日益频繁，为保障两岸人民权益，对于文书查证，应加以妥善解决。

2. 海峡两岸文书查证问题，是两岸中国人间的事务。

3. 在海峡两岸共同谋求国家统一的过程中，双方虽均坚持一个中国的原则，但对于一个中国的涵义，认知各有不同。惟鉴于两岸民间交流日益频繁，为保障两岸人民权益，对于文书查证，应加以妥善解决。②

双方经过交换意见，立场虽有所接近，但并没有达成协议。应海基会的要求，海协会同意将商谈延长半天至10月30日，但双方仍没有立即达成协议。然而，海协会对香港商谈给以了积极的评价，认为“这次工作商谈，不但在具体业务问题上取得了相当大的进展，而且也在海峡两岸事务性商谈中表述一个中国原则的问题上取得了进展”。③ 因此，海协会于10月29日和11月2日两次致函海基会，建议对商谈结果进行评估，在北京或台湾、厦门或金门就有关问题进行进一步商谈，并由两岸负责人签署协议。④ 11月1日，海基会代表发表书面声明表示，有关事务性商谈中一个中国原则的表述，“建议在彼此可以接受的范围内，各自以口头方式说明立场”。海协会研究了海基会的第三个口头表述方案，认为这个方案表明了海基会谋求统一、坚持一个中国原则的态度，虽然提出对一个中国涵义“认知各有不同”，而海协会历来主张“在事务性商谈中只要表明坚持一个中国

① 王铭义：《两岸和谈》，124至125页

② 同①，126至127页

③ 新华社1992年11月4日电：海协会负责人建议与海基会负责人继续会商

④ 新华社1992年11月4日电：海协会负责人建议与海基会负责人继续会商

原则的态度，不讨论一个中国的政治涵义"，因此，可以考虑与海基会以上述各自口头表述的内容表达坚持一个中国原则的态度。海协会希望海基会能够确认这是台湾方面的正式意见。① 11月3日，海基会致函海协会，正式通知海协会，"以口头声明方式表达"一个中国原则。当日海协会副秘书长孙亚夫打电话通知海基会秘书长陈荣杰，两会于10月28日至30日在香港进行的工作性商谈已经结束，建议有关问题的进一步商谈，在北京或台湾、厦门或金门进行，并由两会负责人在上述四地之一签署协议。孙亚夫在电话中还通知陈荣杰，海协会充分尊重并接受海基会以口头声明方式表述一个中国原则的建议，并建议以口头声明的具体内容进行协商。② 11月3日当天，海基会发布了一新闻稿确认，海协会亦表示尊重并接受"本会日前所提两会各自以口头声明方式表达'一个中国'原则的建议"，并称："本会经征得主管机关同意，以口头声明方式各自表达，可以接受。至于口头声明的具体内容，我方将根据'国家统一纲领'及'国家统一委员会'本年八月一日对于'一个中国'涵义所做决议，加以表述。"③

海基会11月3日致海协会的函件和孙亚夫同日打给陈荣杰的电话，使两会关于文书使用和挂号函件查询、赔偿商谈出现"突破性发展"。④ 11月16日和30日，海协会又两次致函海基会，以书面形式表明其立场。海协会在16日的函件中表示："在这次工作性商谈中，贵会代表建议在相互谅解的前提下，采用贵我两会各自口头声明的方式表述一个中国原则，并提出具体表述内容（见附件），其中明确了海峡两岸均坚持一个中国原则，这项内容也已于日后见诸台湾报刊。"函件正式通知海基会，海协会口头表述的要点是："海峡两岸都坚持一个中国的原则，努力谋求国家的统一。但在海峡两岸事务性商谈中，不涉及'一个中国'的政治涵义。"该函件所附海基会的口头表述内容是该会10月30日下午在香港提出的第3项口头表述案，即"在海峡两岸共同努力谋求国家统一的过程中，双方虽均坚持一个中

---

① 刘墨、肖之光：《为历史留下公正的注脚》，见《两岸关系》杂志1999年9月（总第27期）

② 见附件4

③ 见附件5

④ 见1992年11月4日《联合报》

国的原则，但对于一个中国的涵义，认知各有不同。”[①] 12月3日，海基会复函海协会，对海协会16日和30日的来函做了答复。该函件对海协会“愿以积极的态度，签署协议”、“使问题获得的完全解决”，表示欢迎，并重申11月3日发布的新闻稿中对口头表述一个中国原则的立场，即根据“国家统一纲领”和“国家统一委员会”“8·1”决议文加以表达。[②] 海协会建议两会约定时间同时发表双方口头表述的具体内容，海基会当时的副秘书长李庆平表示“对此还要再进一步研究”。

从上述两会商谈过程可以看出，经过一年多的努力，双方在香港工作性商谈后，最终原则上排除了事务性商谈中的主要障碍，双方以口头声明的方式确认海峡两岸均坚持一个中国的原则，同时在事务性商谈中不涉及在一个中国涵义上的分歧。这应当是1992共识的本来面目。

1992年共识之评析

1992年共识，是海协、海基两会“在相互谅解的前提下”，抱着解决问题的诚意，认真协商、相互妥协的结果，并得到了双方上级主管单位的充分授权。对共识的任何歪曲和否认，都是对事实的歪曲和否认，也是对双方所付出努力的亵渎。回顾两会达成共识的过程，人们都会看到共识来之不易，应予珍视。

两会商谈的事实清楚表明，明确坚持一个中国原则的态度是两岸事务性商谈中不可回避的问题。海协会从一开始即抓住了问题的症结所在，指出无论是推动两岸交流，还是处理交往中产生的具体问题及进行事务性商谈，都离不开一个中国的原则。双方只要在这个问题上达成谅解和共识，其他问题则可迎刃而解。海基会则坚持“两岸事务性商谈，应与政治性议题无关”，强调双方在一个中国政治涵义上“认知显然不同”。因此，海基会在北京商谈时未被授权讨论和表明对一个中国原则的态度问题，因而采取回避甚至拒绝的立场。由于在这一根本问题上的僵持，双方开始讨论文书使用及挂号函件查询、赔偿

---

① 见附件6

② 海基会海文陆（法）字81—1045F号

的具体事务时，从使用的语汇到处理问题的办法上都出现明显分歧。这可从下表中略见一斑：

议题	项目	海基会立场	海协会立场
两岸文书使用	协议名称	使用"两岸文书查证协议"	使用"海峡两岸文书查证使用协议"
	协议前言	有关一个中国原则的文字与本协议并没有关连，应予删除。	双方应在约旨部分强调一个中国原则，或本着"中国内部事务"之原则签订协议。
	联系主体	主张以协议之双方作为联系主体，或大陆方面指定机构与海基会进行业务联系。	两岸使用公证书的单位可以直接联系，也可透过海基会协助。
	开办范围	各类文书都应通盘处理。	只获授权处理公证书部分。
	相互提供副本查证项目	除对方所提三类公证书之外，应以日常案例，纳入学历、身份证明、出生证、课税证明等项。	原则以婚姻、继承、收养三类公证书相互提供副本，以供使用部门核对之用。但愿协商增加项目。
	查证期限	以三十天为原则	以三十天为原则
	查证费用	可不必收费	应收取费用
两岸挂号函件遗失之查询与补偿	大体讨论	不赞成由两岸邮政部门进行直接的业务接触。有关赔偿方式、查询、及邮资计费标准等问题仍待再议	函件查询及补偿非两会业务，应由两岸邮电部门执行相关业务为宜

（参照 1992 年 10 月 29 日《中国时报》）

上述所列分歧看上去多是技术性的，但追本溯源还是对坚持一个中国原则的态度问题，即必须首先确认两会商谈的问题是中国内部事务，否则双方必然是南辕北辙，难以达成协议。大陆维护国家主权和领土完整的立场是容不得半点让步的。在香港商谈中，海基会被授权讨论如何表述一个中国原则，并先后提出8项表述方案，这体现了该会表示的“相互谅解”精神。海协会抱着解决问题的诚意，立即予以积极回应，做出相应让步，同意双方以口头声明方式表述一个中国原则，并以函件形式书面确认口头声明的具体内容。由于香港商谈使双方在坚持一个中国原则问题上取得共识，排除了事务性协商的主要障碍，当时的海协会常务副会长唐树备和海基会副董事长邱进益于1993年4月8日至10日在北京进行了汪辜会谈的预备性磋商，并就会谈的时间、地点、人员、议题及有关问题达成8项共识。同年4月27日至29日，汪辜会谈在新加坡成功举行，签署了《两会联系与会谈制度协议》、《两岸公证书使用查证协议》、《两岸挂号函件查询、补偿事宜协议》以及《汪辜会谈共同协议》等4项协议。

令人遗憾的是，在两岸同胞都期待着两岸关系朝着汪辜会谈开辟的新前景继续发展时，台湾当局领导人李登辉却反其道而行之，加快了分裂国家的步伐。台湾当局单方面地把1992年共识归结为所谓“一个中国，各自表述”，避而不谈它曾白纸黑字确认的对一个中国原则的口头表述，即1992年10月30日海基会提出的第三项口头表述方案和“国家统一纲领”、“国统会”1992年8月1日对于一个中国问题所作的决议，将1992年共识歪曲为“各说各话”，误导人们相信，台湾当局可以对一个中国原则做“开放性的”解释，从而为其鼓吹分裂国家的主张提供依据。此后，李登辉对一个中国的“表述”即越来越明目张胆地背离一个中国的原则。1993年11月20日，台湾当局出席在美国西雅图举行的“亚太经济合作会议”的人员公然提出了“阶段性两个中国政策”。1994年7月5日，台湾当局公布“台海两岸关系说明书”声称：“‘一个中国’是指历史上、地理上、文化上、血缘上的中国，”明文放弃在法律意义上的一个中国主张。“说明书”对台湾当局所说的两岸是“对等政治实体”的解释是：“所谓‘政治实体’一词涵义相当广泛，可以指一个国家、一个政府或一个政治组织。”“在两岸关系的处理上，双方既不属于国与国间的关系，也有别于一般单纯的国内事务。”李登辉的“特殊国与国关系”此时已隐然纸上。1995年4月8日，李登辉在“国统会”上发表的谈话（即所谓的‘李六条’）中说：自1949年以来，“台湾与大陆分别由两个互不隶属的政治实体治理，形成海峡两岸分裂分治的局面”。1996年7月，台湾

“外交部”发表的“中华民国参与联合国”说帖更露骨地称：“中国系一历史、文化及地理之中性名词”，“唯有在两岸统一后，才有真正的‘一个中国’”。1997 年 2 月，台湾“行政院新闻局”发表的“透视‘一个中国’问题”说帖，开始以“一个分治的中国”代替一个中国。说帖称：“与其说‘一个中国’，不如说‘一个分治的中国’（one divided China ），就像现在的韩国、过去的德国或越南一样。”1999 年 7 月 9 日，李登辉公然抛出“两国论”。声称：“1991 年修宪以来，已将两岸关系定位在国家与国家，至少是特殊的国与国关系。”

上述事实说明，李登辉在“各自表述”的幌子下，背弃了 1992 年的共识，从一个中国政策渐行渐远，破坏了两岸对话与协商的基础，为两岸关系制造了巨大困难，并引发了 1995～1996 年台海危机和 1997 年 7 月之后的两岸危机和僵局。这正是为什么大陆不能同意将 1992 年共识说成是“一个中国，各自表述”，甚至说成“一个中国涵义，各自表述”的原因。这样的说法既歪曲事实，又有害于两岸关系。海协、海基两会从未就一个中国的政治涵义进行过讨论，更谈不上就一个中国的政治内涵“各自表述”达成共识。换言之，双方以各自口头表述的方式表明坚持一个中国原则的态度是共识，而对一个中国的内涵，双方既未讨论，根本没有共识。① 单方面曲解 1992 年共识，必然破坏两岸关系。

这里还必须指出的事，台湾当局的一些人士，特别是台湾新当局的领导人执意否认 1992 年双方均表示坚持一个中国的立场。这也是无视事实。只要再看一看台湾报刊当时对两会商谈的报道，即可了解到当时“陆委会”的负责人和海基会的谈判代表都多次表示，“我方本来就坚持‘一个中国’政策”。② 1992 年 12 月 3 日，国民党中常会通过的国民党版的一个中国涵义声明中，则明确表示：“台独或‘一中一台’是走不通的路，是自取灭亡的路。”《中国时报》1992 年 10 月 29 日的一篇社论也说：“须知，‘一个中国’的立场，两岸并无分歧。”还需要指出的一个事实是，就在海协、海基两会达成一个中国共识之前，台湾发生了国民党惩治党籍“立法委员”违反一个中国原

---

① 刘墨、肖之光：《为历史留下公正的注脚》，见《两岸关系》杂志 1999 年 9 月（总第 27 期）

② 见 1992 年 3 月 24 日《联合报》

则案。9月下旬，台湾“立法院”中国民党次级团体“集思会”的多位“立委”，在总质询时质疑一个中国政策。其中，陈哲男公开鼓吹“一中一台”。时任“行政院”院长的郝柏村“以严峻的口吻一一驳斥”，强调“两个中国政策将会将台湾带至绝路”，“今天若采两个中国政策会给台湾带来立即的灾难”，“一中一台就是台独”，“不认同一个中国就不要作中国国民党党员”。国民党发言人祝基滢表示，国民党坚持一个中国政策，反对“一中一台”。国民党秘书长宋楚瑜明确强调，执政党一个中国政策十分明确。国民党考纪会决定给予违反一个中国案的党员以严重警告处分。① 从上述事实看，1992年两岸两会均确认了坚持一个中国的立场，是不应有任何疑义的。李登辉当时仍着力于巩固自己的权位，需要稳定两岸关系，尚无暇也无力挑战一个中国原则。

结束语

1992年海协、海基两会经过授权和共同努力所达成的海峡两岸均坚持一个中国原则的共识，是两岸都可以接受的对话和协商的基础。没有这个共识，就不会有两岸近20轮的商谈，更不会有汪辜新加坡会晤和4项协议。汪辜会晤后，李登辉慑于两岸关系迅速发展的势头，蓄意歪曲、破坏1992年共识，致使两岸关系跌宕起伏、危机丛生。主张“台独”的民进党执政后，两岸关系则陷于更为危险的僵局之中。尽管如此，大陆仍在尽最大努力和平地化解僵局，使两岸关系能柳暗花明，朝积极方向发展。审视两岸情势，笔者认为，1992年共识仍是两岸能够恢复对话与协商的最近交集点。承认、接受一个中国原则是关键所在。一个中国是改变不了的客观存在。盱衡今日之天下，联合国180多个成员国中，有160多个国家奉行一个中国的政策，这种形势还会进一步发展。“台独”是没有出路的，而且“台独”只会给台湾同胞带来灾难。它绝不是台湾的主流民意，更有悖于海内外中国人的愿望。诚如“国统纲领”开宗明义的第一句话所言：“中国的统一，在谋求国家的富强与民族长远的发展，也是海内外中国人

① 见1992年11月6日《中国时报》

共同的愿望。”在当今世界发展的趋势下，在大陆综合力量不断增强的情况下，台湾同胞将如何面对21世纪的机遇和挑战？两岸合则两利是不言自明的。在过去50年时间里，台湾总体上执行了一个中国的政策，它对台湾同胞造成了什么伤害？郝柏村先生今年5月15日在《联合报》上撰文说：“过去50多年来，我们因主张一个中国，而生存、发展、繁荣、壮大，为什么要放弃呢?”妨碍台湾同胞当家作主的，危害“台湾安全”的，压缩“台湾国际生存空间”的不是一个中国原则而是“台独”!

“识时务者为俊杰”，台湾当局的领导人不妨站得高些，以台湾同胞的现实和长远利益为计，尊重并回到1992年的共识上来，若此，两岸重开对话与协商、从而使两岸关系和平稳定地发展，则可期盼。这是两岸同胞的福祉所在。

（发表于2000年10月）

附件一

关于一个中国原则

在统一之前，在处理两岸关系事务中，特别是在两岸谈判中，坚持一个中国的原则，就是坚持世界上只有一个中国，台湾是中国的一部分，中国的主权和领土完整不能分割。

（摘自钱其琛副总理1998年1月26日在纪念江泽民主席《为促进祖国统一大业的完成而继续奋斗》重要讲话发表三周年座谈会上的讲话。）

世界上只有一个中国，台湾是中国的一部分，目前尚未统一，双方应共同努力，在一个中国的原则下，平等协商，共议统一。一个国家的主权和领土完整是不可分割的，台湾的政治地位应该在一个中国的前提下进行讨论。

（摘自汪道涵会长1998年10月14日在上海与辜振甫先生的谈话）

就两岸关系而言，我们主张的一个中国原则是：世界上只有一个中国，大陆和台湾同属于一个中国，中国的主权和领土完整不容分割。

（摘自钱其琛副总理2000年8月25日会见台湾《联合报》系访问团的讲话。）

附件二

“国家统一纲领”（节录）

“壹、前言：中国的统一，在谋求国家的富强与民族长远的发展，也是海内外中国人共同的愿望。海峡两岸应在理性、和平、对等、互惠的前提下，经过适当时期的坦诚交流、合作、协商，建立民主、自由、均富的共识，共同重建一个统一的中国。……

叁、原则：一、大陆与台湾均是中国的领土，促成国家的统一，应是中国人共同的责任。……"

肆、进程：……四、两岸应摒除敌对状态，并在一个中国原则下，以和平方式解决一切争端……

（1991年2月23日台湾"国家统一委员会"第三次会议通过，1991年3月14日"行政院"第2223次会议通过）

附件三

关于"一个中国"的涵义（节录）

"一、海峡两岸均坚持'一个中国'之原则，但双方所赋予之涵义有所不同。中共当局认为'一个中国'即为'中华人民共和国'，将来统一以后，台湾将成为其辖下的一个'特别行政区'。我方则认为'一个中国'应指一九一二年成立迄今之中华民国，其主权及于整个中国，但目前之治权，则仅及于台膨金马。台湾固为中国之一部分，但大陆亦为中国之一部分。"

（1992年8月1日台湾"国家统一委员会"第8次会议通过）

附件四

海协会负责人建议与海基会负责人继续会商

新华社北京11月4日电，本社记者从海峡两岸关系协会获悉，海协会副秘书长孙亚夫11月3日打电话通知海基会秘书长陈荣杰，两会于10月28日至30日在香港进行的"海峡两岸公证书使用"问题的工作性商谈已经结束，建议有关问题的进一步商谈，在北京或台湾、厦门或金门进行，并由两会负责人士在上述四地之一签署有关协议。

据了解，这次在香港进行的工作性商谈取得了很大的进展。今年3月在北京进行的"海峡两岸公证书使用"和"海峡两岸挂号函件遗失查询及补偿"两项工作性商谈中，台湾有关方面故意把海协会在事务性商谈中坚持一个中国原则，界定海峡两岸交往中产生的问题是中国事务、而不是国际事务的主张歪曲为"附加政治性议题"；接着海基会单方面终止了商谈。三月份工作性商谈结束以来，国务院台湾事务办公室和海协会负责人多次公开表示，在海峡两岸事务性商谈中应表述一个中国原则，但先不涉及“一个中国”的政治涵义，表述方式可以充分讨论协商，这实际上表明表述方式可以是文字的、也可以是口头的。在此次香港进行的工作性商谈中，海基会代表建议采用各自口头声明的方式表述一个中国原则；11 月 3 日海基会又致函海协会，正式通知“以口头声明方式各自表述”。海协会充分尊重并接受海基会的建议，由孙亚夫副秘书长电告陈荣杰秘书长，并建议就口头声明的具体内容，进行协商。由此充分反映了海协会实事求是，相互尊重，不强加于人的一贯态度和对海峡两岸公证书使用问题达成协议的诚意。

据记者从海协会有关方面获悉，3 月份北京工作性商谈结束时，海协会即根据双方磋商后修改的协议草案文本提交海基会代表。在香港恢复进行工作性商谈前，海协会于 9 月 30 日致函海基会，希望对方尽快提出书面修改意见或提出草案，海基会却未予提供。但在这次商谈中，海基会在寄送文书副本方面又提出新的要求。对此，海协会认为需要时间进行研究、评估，并要与有关部门协商，这是合情合理的。而海基会却坚持要求在香港达成协议，显然是不切实际的。

早在 9 月 30 日和 10 月 16 日，海协会即已致函海基会，明确说明于 10 月 28 日至 29 日，与海基会在香港进行一次工作性商谈。应海基会的一再要求，海协会同意延长半天，就有关问题继续磋商。在商谈中，海协会考虑到在香港的商谈取得了很大的进展，但还有一些遗留问题和新的问题需要解决，因此，又于 10 月 29 日与 11 月 2 日函告海基会，建议对商谈结果进行评估后在北京或台湾、厦门或金门就有关问题进行进一步商谈，并由两会负责人签署协议。看来，是否及早进行这样的商谈，是海峡两岸公证书使用问题取得完全成功的关键，值得密切注视。

附件五

财团法人海峡交流基金会新闻稿

（1992 年 11 月 3 日）

据中共海协会负责人本（三）日透露新华社表示，愿意“尊重并接受”本会日前所提两会各自以口头声明方式表达“一个中国”原则的建议，但该会亦表示“口头表达的具体内容，则将另行协商”。

本会认为：

一、“文书查证”及“两岸间接挂号信函遗失查询与补偿”问题之事务性商谈，不涉及政治性议题。惟海协会本次香港商谈中，对“一个中国”原则，一再坚持要有所“表述”，本会经征得主管机关同意，以口头声明方式各自表述，可以接受。至于口头声明的具体内容，我方将根据“国家统一纲领”及国家统一委员会本年8月1日对于“一个中国”涵义所作决议，加以表述。

二、本会希望海协会人员尽速返港，继续与本会在港待命人员完成上述两项事务性议题之商谈。

三、本会今（三）日晚间已责成许处长惠祐等续留香港一至二日，作恢复商谈之准备，至期海协会尽速作出决定，并于11月5日中午以前通知本会。

附件六

有关继续进行海峡两岸公证书使用问题商谈的函件

海峡交流基金会：

10月28日～30日，我会、中国公证员协会人员与贵会人员就海峡两岸公证书使用问题进行了工作性商谈，同时也就开办海峡两岸挂号函件遗失查询及补偿问题交换了意见。这次工作性商谈，不但在具体业务问题上取得了相当大的进展，而且也在海峡两岸事务性商谈中表述一个中国的问题上取得了进展。这是有关各方共同努力的结果。

3月份北京工作性商谈结束后，我会一再表明，海峡两岸交往中的具体问题是中国的事务，应本着一个中国原则协商解决；在事务性商谈中，只要表明海峡两岸均坚持一个中国原则的基本态度，可以不讨论“一个中国”的政治含义，在事务性商谈中表述一个中国原则方式可以充分讨论协商，并愿听取贵会及台湾各界的意见。

在这次工作性商谈中，贵会代表建议在相互谅解的前提下，采用贵我两会各自口头声明的方式表达一个中国原则，并提出了具体表述内容（见附件），其中明确了海峡两岸均坚持一个中国的原则，这项内容也已于日后见诸台湾报刊。我们注意到，许惠祐先生于11月1日公开发表书面声明，表达了与上述建议一致的态度。11月3日贵会来函正式通知我会，表示已征得台湾有关方面的同意，“以口头声明方式各自表述”。我会充分尊重并接受贵会的建议，并已于 11 月 3 日电话告知陈荣杰先生。

为使海峡两岸公证书使用问题商谈早日克尽全功，现将我会拟作口头表述的重点函告贵会：海峡两岸都坚持一个中国的原则，努力谋求国家的统一。但在海峡两岸事务性商谈中，不涉及“一个中国”的政治涵义。本此精神，对两岸公证书使用（或其他商谈事务）加以妥善解决。

我会建议，在贵我两会约定各自同时口头声明之后，在北京或台湾、厦门或金门继续商谈有关协议草案中某些有分歧的具体业务问题，并由贵我两会负责人签署协议。

海峡两岸关系协会

1992 年 11 月 16 日

附贵会于 10 月 30 日下午所提的口头表述方案：

“在海峡两岸共同努力谋求国家统一的过程中，双方虽均坚持一个中国的原则，但对于一个中国的涵义，认知各有不同。惟鉴于两岸民间交流日益频繁，为保障两岸人民权益，对于文书查证，加以妥善解决。”

附件七

海基会致海协会函

海峡两岸关系协会：

关于“两岸文书查证”商谈等事，11 月 16 日及 30 日大函均悉。

鉴于“两岸文书查证”及“两岸间接挂号信函查询与补偿”是两岸中国人间的事务，问题悬宕多时，不但影响两岸人民权益，且使人民对于交流产生疑虑，诚属遗憾！顷接贵会上述二函，显示“愿以积极的态度，签署协议”、“使问题获得完全解决”，对此，我方表示欢迎。

我方始终认为：两岸事务性之商谈，应与政治性议题无关，且两岸对“一个中国”之涵义，认知显有不同。我方为谋求问题之解决，建议以口头各自说明。至于口头说明之具体内容，我方已于11月3日发布之新闻稿中明白表示，将根据“国家统一纲领”及“国家统一委员会”本年8月1日对于“一个中国”涵义所作决议加以表达。我方此项立场及说明亦迭次阐明，香港地区、大陆地区及台湾地区之媒体，对于双方立场及说明，先后已有充分报道。

目前当务之急应在于解决事务性实质问题，我方已依在香港商谈所得初步共识，并充分考虑贵方之意见，整理协议草案，在香港面交贵方商谈代表，贵会对于“两岸文书查证”及“两岸间接挂号信函查询与补偿”二草案若仍有“遗留的分歧”，请速函告以利我方研究。

有关辜董事长与汪会长在新加坡之会谈，我方至为重视。至于会谈之相关事宜，本会当于积极研究后，另函相告。

耑此　顺致

时祺

财团法人海峡交流基金会

十二月三日

1992年共识是两岸恢复对话的现实途径

2000年5月20日台湾政权更迭后，民进党当局拒不承认“一个中国”原则，否认1992年大陆海协会和台湾海基会关于两岸均坚持“一个中国”原则的共识，两岸政治关系陷入危险的僵局中。早日打破这一僵局，使两岸关系健康发展，是两岸同胞共同的企盼。

“92共识”是历史事实

1987年台湾当局开放台湾同胞赴大陆探亲后，两岸人员和经贸往来掀开新的一页，从而也衍生出越来越多需要两岸共同处理的问题。两岸交流中的问题本来是一个国家的内部问题，所以大陆方面主张由两岸相关责任部门来直接处理。例如，邮政问题由两岸邮政部门协商处理，但是，台湾方面囿于其和大陆不接触、不谈判、不妥协的“三不政策”，拒绝和大陆直接接触和谈判，而在1990年1月21日成立了“海峡交流基金会”作为和大陆接触的“民间”中介机构。海基会于1991年3月9日挂牌工作。大陆方面虽然认为两岸应直接接触和谈判，但为了解决两岸往来中出现的问题，推动两岸关系的发展，采取了务实的态度，于1991年12月16日成立了“海峡两岸关系协会”，和海基会进行对口接触和协商。两会随后于1992年3月10日先后在北京和香港就公证书和挂号信查询、补偿等事务性问题进行了磋商。虽然双方商谈的是事务性问题。但协商开始后即发现，要顺利地解决问题，一个重要的事实必须首先明确：两岸往来中的事务性问题是一个国家中的内部问题，这就涉及“一个中国”的问题。面对这一无可回避的事实，海基会同意在香港会商时讨论“一个中国”原则的问题。在会上，海基会就“一个中国”原则提出5种文字表述方案，后又提出3种口头表述方案，其中第三种表述为：“在海峡两岸共同努力谋求国家统一的过程中，双方虽均坚持一个中国的原则，但对一个中国的含义，认知各有不同。惟鉴于两岸民间交流频繁，为保障两岸人民权益，对于文书查证，应加以妥善解决。”但是两会在香港协商结束时并没有就表述方案达成一致意见。然而，海协会对香港协商给予了积极的评价，认为“这次工作商谈，不但在具体事务问题上取得了相当大的进展，而且也在海峡两岸事务性商谈中表述一个中国原则的问题上取得了进展”。因此，海协会于10月29日和11月2日两次致函海基会，建议对香港商谈的结果进行评估，在北京或台湾、厦门或金门就有关问题进行进一步商谈，并由两会负责人签署协议。11月1日，海基会代表发表书面声明表示，有关事务性商谈中“一个中国”原则的表述，“建议在彼此可以接受的范围内，各自以口头方式说明立场”。海协会研究了海基会的第三个口头表述方案，认为这个方案表明了海基会谋求统一、坚持“一个中国”原则的立场，虽然提出对“一个中国”含义“认知各有不同”，而海协会历来主张“在事务性商谈中只要表明坚持一个中国原则的态度，不讨论一个中国的政治含义”，因此可以考虑与海基会以上述各自口头表述的内容表达坚持“一个中国”原则的立场。海协会希望海基会能够确认这是台湾方面的正式意见。11月3日，海基会致函海协会，正式通知海协会，“以口头声明方式表述”“一个中国”原则。当日，海协会副秘书长孙亚夫打电话通知海基会秘书长陈荣杰，海协会充分尊重并接受海基会以口头声明方式表述“一个中国”原则的建议，并建议就口头声明的具体内容进行协商。11月3日当天，海基会发布新闻稿确认，海协会已表示尊重并接受“本会日前所提两会各自以口头声明表达‘一个中国’原则的建议”，并称：“本会经征得主管机关同意，以口头声明方式各自表达，可以接受。至于口头声明的具体内容，我方将根据‘国家统一纲领’及国家统一委员会经8月1日对于‘一个中国’含义所作决议，加以表述。”11月16日和30日，海协会又两次致函海基会，以书面形式表明其立场。海协会在16日的函件中表示：“在这次工作性商谈中，贵会代表建议在相互谅解的前提下，采用贵我两会各自以口头声明的方式表述一个中国原则，并提出具体表述内容，其中明确了海峡两岸均坚持一个中国原则，这项内容已于日后见诸台湾报刊。”函件正式通知海基会，海协会口头表述的要点是：“海峡两岸都坚持一个中国的原则，努力谋求国家的统一。但在海峡两岸事务性商谈中，不涉及‘一个中国’的政治含义。”函件所附海基会口头表述内容是该会10月30日在香港提出的第3条口头表述方案，即“在海峡两岸共同努力谋求国家统一的过程中，双方虽均坚持一个中国的原则，但对于一个中国的含义，认知各有不同。”12月3日，海基会复函海协会，对海协会11月16日和30日的来函做了答复。该函件对海协会“愿以积极的态度，签署协定”、“使问题获得完全解决”，表示欢迎，并重申11月3日发布的新闻稿中对口头表述“一个中国”原则的立场，即根据“国家统一纲领”和“国家统一委员会”1992年8月1日决议文加以表达。海协会建议两会约定时间同时发表双方口头表述的具体内容，但海基会当时的副秘书长李庆平表示“对此还要进一步研究”。

从上述两会商谈的过程可以看出，经过一年多的努力，双方在香港工作性商谈后，最终原则上排除了事务性商谈中的主要障碍，双方以口头声明的方式确认海峡两岸均坚持“一个中国”的原则，同时在事务性商谈中不涉及在“一个中国”含义上的分歧。这就是1992年共识的本来面目。由于当时海基会没有接受海协会关于双方同时发表口头表述具体内容的建议，1992年共识没有落实到文字上，但是两会交换的3封信函，即海基会1992年11月3日新闻稿、海协会1992年1月16日致海基会的信函和海基会1992年12月3日致海协会信函，是1992年共识的文字见证。

“92共识”不容歪曲和否认

由于香港商谈后海协、海基两会就“一个中国”原则达成共识，排除了事务性商谈的主要障碍，两会随后于1993年4月8日至10日进行了安排海协会会长汪道涵和海基会董事长辜振甫会谈的预备性磋商，并就会晤的时间、地点、人员、议题等问题达成8项共识。同年4月27日至29日，汪辜会谈在新加坡成功举行，签署了《两会联系与会谈制度协定》、《两岸公证书使用查证协定》、《两岸挂号函件查询、补偿事宜协定》以及《汪辜会谈共同协定》等4项协议。

汪辜会谈为两岸关系的发展开辟了希望之路，然而台湾当局领导人李登辉却反其道而行之，在汪辜会谈之后加快了分裂国家的步伐。为了背弃台湾方面在“92共识”中所做的坚持“一个中国”原则的承诺，李登辉单方面把“92共识”称之为所谓的“一个中国，各自表述”，以便他可以根据分裂国家的需要对“92共识”做“开放性”解释。其后，李登辉对“一个中国”原则的表述即越来越背离了海基会在1992年10月30日香港会谈时提出的第3种口头表述方案和海基会在1992年11月3日新闻稿、12月3日致海协会函件中所确认的表述内容，即以“国家统一纲领”和“国家统一委员会”1992年8月1日对于“一个中国”含义所做的决议为基准。他先后提出了所谓“中华民国在台湾”、“阶段性两个中国”，甚至1999年7月9日公开提出所谓的“两国论”。

上述事实说明，李登辉在“各自表述”的幌子下，背弃了1992年共识，背离了“一个中国”原则，破坏了两岸对话与协商的基础，为两岸关系制造了巨大困难，并引发1995—1996年台海危机和1997年7月之后的两岸危机和僵局。这正是为什么大陆方面不能同意将“92共识”说成是“一个中国，各自表述”的原因。这样的说法既不符合历史事实，又损害两岸对话与协商的基础。1993年任台湾分管两岸事务“政务委员”的丘宏达教授曾于2000年5月3日在台湾《联合报》撰文澄清了所谓“一个中国，各自表述”并不符合历史事实。他指出：“其实，就连民国83年（1994）7月陆委会自己编印的《海峡两岸关系说明书》，其中都没有提到双方曾有过‘一个中国，各自表述’的共识。”他指出，海基会1992年12月3日给大陆海协会的信函清楚地表明，海基会以口头声明的方式对“一个中国”的表述“将依据‘国家统一纲领’及国家统一委员会本年8月1日对于一个中国涵义所做决议加以表达”。他强调：“不管想把两岸表述成什么，国统会的相关解释文其中很重要的、也很清楚的一点是，‘台湾固为中国之一部分，但大陆亦为中国之一部分’。这样子定义的一个中国，无论如何，是不可能表述成两个中国的。”在提及李登辉的“两国论”之后，丘宏达指出：“如果这个‘一个中国，各自表述’没有澄清是否会再被‘表述’成两个中国，或是海峡两岸一边一国，那又怎能期待中共接受？”他的结论是：“事实是一回事，政治主张是另一回事，不可以政治主张而扭曲甚至虚构事实。”

2000年5月20日，民进党上台之后，坚持“台独”立场，拒不承认“一个中国”，因此拒不接受甚至完全否认“92共识”，进一步破坏两岸对话与协商的基础，致使两岸关系处于更加危险的僵持之中。

结　论

1992年海协、海基两会经过授权和共同努力所达成的海峡两岸均坚持“一个中国”原则的共识，是两岸都接受过的对话和协商的基础。这是不容否认的历史事实。没有这个共识，怎么会有海协、海基两会近20轮的商谈，更不会有汪辜新加坡会谈和4项协定。尽管民进党当局拒不承认“92共识”，但笔者认为“92共识”仍是两岸恢复对话与协商的最现实的基础。在台湾，除了民进党中的极端派之外，其他的政党和政治派别都承认“92共识”。至于有关“一个中国，各自表述”的分歧，只要抱持维护国家主权、领土完整的民族立场和推动两岸关系健康发展的诚意，问题并不难解决。92年两会各自以口头声明的方式所表述的“一个中国”是有特定内容的，那就是双方在所交换的3封信函中所表达的立场。因此双方完全可以通过重申3封信函来化解分歧。海协会重申它1992年11月16日致海基会的“关于继续进行海峡两岸公证书使用问题商谈的函件”；海基会重申它1992年11月3日发布的“财团法人海峡交流基金会新闻稿”和1992年12月3日致海协会的函件。双方在此基础上重开对话、恢复协商。通过这种方式化解分歧、打破僵局，对双方都是公平的。3封函件白纸黑字今犹在，重新发表应是可以做到的。目前两岸的问题是“万事俱备，只欠东风”，这个“东风”就是“一个中国”的原则。只要台湾当局接受“一个中国”的原则，回到“92共识”，两岸的政治僵局即可打破。

（原载香港《海峡》月刊2001年11月第十四期）

“一国两制”支持率在台湾因何不断上升？

在台湾经济不断恶化和百业萧条的境况中，台湾民众对“一国两制”的支持率越来越高。岛内多家媒体如《中国时报》所做调查结果显示，支持“一国两制”比率为29%，《联合报》调查为33%，有线电视TVBS调查也高达31%。台湾一家民意调查基金会所做的调查则显示，台湾支持“一国两制”的民众高达47.5%，创下该项民意调查的历史新高。这一现象的出现，既有台湾民众对“一国两制”与两岸关系的了解与认识越来越全面，也有经济与政治方面的原因。

一、台湾民众对“一国两制”与两岸关系的了解与认识在加深

一方面，随着两岸的交流，人员往来的发展，大家相互之间的沟通越来越多，不少的台湾民众对于“一国两制”的了解也逐步加深。过去台湾当局对于“一国两制”做了很多歪曲性的宣传，比如李登辉当政的时候说“一国两制”就是共产党过来统治，在台湾的民众当中造成了很多的误解。现在，随着相互沟通的增加，很多台湾老百姓都不再相信这样的谎言了，他们逐步认识到“一国两制”就是台湾方面实行台湾的制度，大陆则坚持自己选择的社会主义制度，这样就解决了一个过去长期以来的制度之争，为两岸的统一、两岸关系的良性发展创造了一个非常好的前提，是两岸之间促进统一的最好选择。因此，越来越多台湾民众支持“一国两制”，这也是自然的，是合乎逻辑的。

另一方面，近两年来祖国大陆方面也对“一国两制”的问题加强了解释性的工作。比如说钱副总理曾提出“新三句”，最近又提出

“钱七点”。实际上“一国两制”在很大程度上就是维持台湾现状，可以保留现在的政治制度，台湾自己来管理自己。在政府架构、军队、财政、经济、货币等方面都保持不变。如果台湾方面将来经济有困难的话，大陆还愿意提供援助。很重要的一点还有终审法院，台湾的最高法院有终审权。这些情况加在一起，实际上就是说台湾同胞会享有最大的自主权，这是台湾同胞所期望的，大陆同胞也非常乐见台湾同胞能够自己管理自己。台湾民众越是了解“一国两制”，越会认识到“一国两制”实际上对两岸同胞都是非常有利的一种选择。

此外，目前台湾的年青学子对“一国两制”的支持率也明显上升。过去台湾进行了很多反对大陆的宣传，给年青一代带来一些负面的影响。如今新一代年青人所接受的教育使他们的眼界、视角更加宽阔，站的更高，特别是能在世界发展的大背景下来看两岸关系，从而使他们认识到两岸走在一起、最终完成统一，对于台湾同胞、大陆同胞都是必须的，也是两岸同胞的福祉所在。

二、大陆经济发展给台湾提供的广阔机遇是“一国两制”支持率不断上升的深厚基础

从历史的经验来看，两岸经济应走到一起，两岸应该密切经济合作，发挥互补性。台湾经济的转型第一次是从农业朝着工业化转型。90年代初期则开始从劳动密集型向资本、技术型转化。在这次转型中，台湾的“夕阳工业”因转移到大陆而获得第二春。否则的话，这些工业就会自然死亡，必然给台湾造成失业，造成财政收入与人民收入的下降。转移到大陆之后，不但没有出现经济的衰退，相反他们在大陆上还发展了，反过来又反馈到台湾。

目前台湾岛内又出现了新一轮向大陆投资的热潮。台商为了扩大它们的生产规模，提高他们的竞争力，把生产基地转移到大陆上来，这是一种明智的选择。虽然他们也可以考虑到东南亚，甚至考虑到欧美地区，但是从天时、地利、人和的综合条件来分析，到大陆投资效益是最好的。这是因为两岸是同文同种的一家人，大陆市场这么大，也有各样的技术人才，对他们来讲是最好的选择。

现在有很多台湾的高科技工业转移到大陆来，一方面是看中了大

陆的低成本，另外也看中了大陆的人才。现在投资是在稳步地增加，而且是从中小企业向大企业这个方面转移，从一般的制造业向高科技的工业转移。这种形势的出现给台湾本身工业的发展和扩大提供了一个新的机遇。比如说，过去一个企业在台湾仅仅是台湾地方的一个企业，到了大陆之后就扩展成为一个有13亿人口市场的企业，这也非常有利于这些企业通过大陆市场进一步朝着跨国公司的方向发展。这就是为什么虽然台湾方面还在执行“戒急用忍”政策，但是这些企业都在向大陆转移，这就是经济规律在起作用。从本质上来讲，这种发展对于台湾来讲，是非常必需的、非常健康的一个走向。大陆上不会利用两岸的经贸合作来达到所谓政治上的目的，这不是大陆的政策。大陆的政策还是不以政治分歧来干扰两岸的经贸合作，这就是为什么民进党上台之后，两岸的经贸关系不但没有停顿、反而有了进一步发展的原因。

经济因素对台湾民众理解一国两制的影响是非常大的。多数台湾同胞是非常务实的，他们也是从过好日子这个简单目的出发来看大陆。目前有这样一种现象：在台湾最近卖得最好的书是关于上海的书，很多台湾同胞掀起了一股上海热。他们到上海所看到的并不是像台湾当局宣传的那样。虽然台湾也很漂亮，也有很不错的地方，但是上海有上海的特色，生活也非常之方便。对有些台湾同胞来讲，他们喜欢泡咖啡馆、茶馆，上海这种地方不但很多，而且价钱也不贵，非常适合他们，所以很多台湾同胞在上海买房子，做投资。当然更重要的一点是上海的蓬勃发展不断为台湾同胞“发财”提供了商机。历史与现实的经验都使台湾民众逐步认识到，台湾经济与大陆经济更紧密的联合，将会使他们受益匪浅。

三、当前台湾的经济与政治混乱促进“一国两制”支持率不断上升

台湾目前的经济状况应该说是非常不好的。因为第一季度的GDP的增长率只有0.9%，失业率已经超过4%，现在接近5%，而且各个方面的经济指标都不好。恐怕这是20年来的最低点，有的人认为是50年代以来的最低点。而且这次有一个非常值得注意的现象：

在 1997 年亚洲金融危机的时候，台湾的经济表现还是不错的，在所谓的四小龙当中应当说它是最好的；但是，现在台湾经济在四小龙当中的表现是最坏的。用台湾的话说，过去是龙头，现在变成了龙尾。这就是说，如果是世界的因素、外部的因素（主要是美国的因素）影响了亚洲地区经济发展的话，那么为什么其他几个“小龙”这次表现比台湾好？这只能说台湾自己本身出了问题，主要是它政策上面的一些问题，特别是民进党把它的“台独”理念放在经济发展之上。当然更重要的问题是台湾很多经济学家和学者所指出的台湾经济前途的问题，特别是两岸关系的走向、台湾社会是否能安定成了不定的未知数，所以大家没有安全感、没有信心。在这种情况下，当然企业不愿意投资，群众不愿意消费。在这种不稳定的情况下，恐怕没有人愿意买房子，愿意买不动产，万一出了什么问题怎么办？可以看出台湾的问题主要来自内部，外部带来的一些消极因素应该说只是起到了一个雪上加霜的作用。

在政治方面，民进党上台以后反而使台湾的政治比较混乱，这也是“一国两制”深入人心的一个外在的因素。过去台湾有些同胞在国民党长期统治之下，总是想是不是可以换一换，换一个当局看一看。但是民进党上台了之后，在施政方面真是乏善可陈，反而造成了各方面的混乱。很多台湾同胞就意识到搞分裂、搞所谓的“台独”真的不是出路，最好的一个选择还是两岸和，和则两利，统一是大势所趋，毕竟两岸追求的是和时代主题一致的和平与发展。如果要和平、要发展，两岸就必须走到一起来。只有认同“一个中国”原则，才能从根本上解决台湾经济的症结与发展前途问题，才能真正解决台湾的政治稳定问题。

四、两岸统一需要双方的共同努力

从大陆方面来讲，统一需要一个过程。大陆没人认为统一一夜之间就可以完成，还是需要一步一步地走，一步一步地踏踏实实地做一些对两岸同胞有利的事情，来推动统一的进程。只要坚持一个中国的原则，大陆方面愿意和台湾方面就所有的问题进行商谈。如果台湾方面有他们的考虑，有他们的优先考虑的问题，比如说安全方面的问题，甚至有人提到导弹问题、国际空间问题，我想大陆方面会有很大包容性的。台湾方面愿意谈什么，大陆方面都会积极考虑。只要在一个中国的原则下两岸恢复对话，台湾方面会发现大陆方面是非常有善意的、也非常有弹性的。只要你来谈就可以充分理解大陆的善意和弹性了，朱总理也讲了，我们做好了让步的准备，因为这些让步是让给中国人的。

然而，目前台湾当局领导人却不顾岛内“一国两制”支持率上升的事实，变换方法搞“两个中国”、“一中一台”。前不久台湾领导人接受美国记者采访，提出了希望和美日三家合作来共同对付大陆“导弹威胁”，还希望能够加入美国战区导弹防御系统，并希望和美国搞联合军事演习。我觉得如果是朝着这方面思考问题的话，这不是台湾老百姓的一个福音。台湾当局希望和美国、日本组成一个所谓遏制中国大陆的反华联盟，在这个联盟当中台湾绝对不会是一个主导的力量，台湾肯定会是一个棋子，而且是被人家利用的一个棋子。如果台湾当局甘心把台湾的“安全”寄托在洋人的身上，寄托在外来的势力上，甘心做人家的遏制中国发展的棋子的话，台湾的前途真的是非常令人忧虑的，首先被牺牲的是台湾同胞身家性命和根本利益，用一句话说：如果真的这样，那就是岛无宁日了。

（原载中央电视台《中国报道》2001 年第五期）

台湾“立委”及县市长选举简析

2001年12月1日，台湾举行了第5届“立法院”和23个县、市长的选举。正如人们所预料，没有一个党在“立法院”中赢得明显多数，但选举结果却大大出乎民意调查预测。

在“立委”选举中，国民党遭遇了自2000年3月“大选”以来的第二次重大挫折，失去了对立法院保持了近半个世纪的控制。民进党达到其最乐观的期待，一跃成为“立法院”第一大党。一年半以前，从国民党分裂出来的亲民党赢得比过去多出一倍的议席，成为“立法院”中“关键少数”。新党只赢得一个席位，未能迈进5%得票率的政党门槛。李登辉主导的台联党获13席，低于期望达到的25个席位。无党籍得到10席，仅相当于其上届所获议席的一半。选举前，在“立法院”中拥有一个席位的台湾建国党则全军覆没，仅获得区区几千票。与此同时，地方县、市长选举却呈现出另一种不同的画面。国民党获得全胜，其执政县市中新增加一个县；而民进党却失去了3个县市。亲民党赢得了2个县，新党夺得金门县的执政权，其余2个县则落入无党籍人士手中。无疑，12月选举重新划分了台湾的政治版图，对岛内政治、经济和社会发展及各政党的未来均带来强烈冲击。这使处于危险僵局中的海峡两岸关系更趋复杂化。本文拟对这些新发展进行交叉分析。

一、选举结果

由于这次选举是2000年“政党轮替”以来的第一次，其结果将影响到台湾未来的政治结构，因此，所有6个主要政党都全力以赴投入竞选，造成参选爆炸。共有455人参与角逐176席区域“立委”、88人争夺23个县、市长席位。不过，与此形成对照的是投票率创历史新低。在15，822，683合法选民中，只有66.16%的人参加了“立委”投票，稍多的选民在地方选举中投了票。投票率低主要是由于经济衰退和竞选人的政纲不明。

“立委”选举：为了使人们更好地理解此次选举的意义，尤其是选票所反映的各政党在民众中的最新支持率，有必要回顾1998年第4届“立法院”和1995年第3届“立法院”的选举，并将它们与最近的这次选举结果进行交叉比较。以下表格反映了各主要政党在过去3届“立委”选举中所获席位及得票率情况。

过去三届“立委”选举概况

	议席数				得票率(%)		
	最新当选议席	选前议席*	1998年当选议席	1995年当选议席	2001年	1998年	1995年
国民党	68	115	123	85*	28.56	46.43	46.06
民进党	87	67	70	54	33.38	29.56	33.17
新　党	1	7	11	21	2.61	7.06	12.95
建国党	0	1	1	0	———	1.44	———
亲民党	46	19	———	———	18.56	———	———
台联党	13	———	———	———	7.76	———	———
其他	10	16	20	4	9.12	15.51	7.82

注释：1.1995年，“立法院”共有164个席位，至1998年总席位增加至225个。
2.1998年选举后各政党议席的变化主要是由于民进党上台执政以及同年亲民党的成立。

从上表中，我们可以清楚地看到，过去6年中民进党在民众中的支持率增加很少。它在去年12月选举中得票率为33.38%，仅比1998年增加3.8%（该年该党由于竞选策略错误而表现不佳）。而与1995年相比，其支持率只增加了0.21%。也就是说，民进党这次获得的几乎是和1995年同样的选票，但却增多了17个议席。大多数分析认为，这主要得力于民进党成功的竞选策略。民进党在选举前意识到，国民党、民进党和亲民党等三大政党都不可能在新一届立法院中获得明显多数，因而它只提出83名候选人，以避免本党候选人之间自相残杀。按照台湾的选举制度，一个政党在同一个选区可提出多名候选人，因而候选人提名对于各党竞选的成败至关重要。在这方面，民进党的战术获得了明显成功。其83%的候选人，即83名候选人中有69名当选。而国民党提出的98名候选人中，仅有53人当选。民进党还充分发挥了其擅长的“配票”战术。该战术在台北、台南县及高雄市获得100%的成功，民进党提出的22名候选人全部当选。

此次立法选举值得注意的另外一点是，泛绿军和泛蓝军在新一届立法机构中达成的新的力量平衡。国民党遭遇了失去47个议席的灾难性挫败。这些失去的议席最终归于何处？详细分析可以发现，它们大多被亲民党夺走，后者的议席从过去的19席增加到现在的46席。亲民党作为一个从国民党分裂出来的政党，它与国民党的票源是重叠的。因而，亲民党的胜利只能以国民党的失败为前提。如果将国民党和亲民党的议席加在一起，两党所获议席则达到114个，只比国民党在1998年所获议席少9个，而那时亲民党还没有问世。如加上新党1个席位，泛蓝军阵营共有115个议席。由民进党和台联党组成的泛绿军拥有整100个议席。就双方的民众支持率来看，泛绿军共获得41.14%的选票，泛蓝军所获选票则达到49.74%。将这些数字与泛蓝军和泛绿军在1995年和1998年“立委”选举所获的平均支持率做比较，我们可以发现，泛蓝军的支持率下降了约6.5%，与此同时，泛绿军（在1995和1998年选举中，泛绿军由民进党和建国党组成）支持率增加了9.5%。如上所述，12月选举并没有显示民进党在民众中的支持率有明显扩大，泛绿军的选票增多主要是台联党的成立所造成的。李登辉进一步分裂和削弱国民党的努力在南部县、市较为成功，台联党候选人平均获得10%以上的选票。在台联党所获的7.76%选票中，部分来自先前支持国民党的亲李登辉地方势力，其余来自于无党籍候选人的支持者。无党籍候选人在选民中的支持率也从1998年选举时的15.51%下降为去年12月的7.8%。

通过以上分析，我们似可得出以下结论：民进党由于竞选策略得法而明显成为这次“立委”选举的赢家。作为“立法院”最大政党的领袖，陈水扁在组织“内阁”时已拥有更多的合法性。现在反对派对其投不信任票的可能性已大大降低，更不用说对其进行弹劾。但由于民进党只拥有38.67%的议席，它仍是一个少数党。如果陈水扁要组成他在选前强烈鼓吹的“稳定的跨党派联盟”多数，仍将非常困难。这种联盟的成功与否很大程度上将取决于有多少“本土派”的国民党“立委”投奔民进党。台湾报刊评论家对此做出了一些相互矛盾的估计。台联党的成立是继新党和亲民党之后的第三次国民党分裂。国民党内部亲李登辉的“本土派”头面人物大多参加了台联党。现在的问题是，“扁一李”体制还能吸收多少国民党本土派“立委”的支持。许多观察家将他们的注意力集中在同为国民党副主席的“立法院长”王金平和前“行政院长”萧万长身上。在近期似乎还不大可能发生两名副主席公开叛离的另一次国民党大分裂，但未来并不能排除这种可能性。显然，国民党还没有到达下滑的谷底。国民党仍是其他政党可能侵蚀的最大政治空间。在野的泛蓝军无疑不能算是一个坚固的集团，但泛绿军的“扁一李”联盟也并非铁板一块。仔细观察 13 名台联党“立委”的情况可以发现，他们只是一组松散的群体。他们之所以能聚集到一起是因为他们都是要通过李登辉的门槛而进入“立法院”。只有李登辉能指挥得动这群人，而在可预见的未来他还没有明显的接班人选。因此，说台联党是李登辉独自吹起来的“糖人”并非牵强附会，而这一“糖人”可能比新党更快地破碎。在台湾政坛上，“联横合纵”的戏剧将会继续在各党之间上演。正如台湾一位报纸评论员所指出的，“执政党和反对党均将精力集中在政治上的争权夺利”，而不是为台湾建立稳定的法制。“这次‘立委’选举在某种意义上已失去其表达和集中民意的机能”。(《台北时报》，2001 年 12 月 2 日)。自上次“大选”以来一直存在着的政治争斗不会很快结束，而且继续具有破坏性。

县、市长选举：许多观察家只注意“立委”选举而忽视了县、市长选举的意义。事实上，后者也同样传递出了重要的政治信息。与它在“立委”选举中赢得的明显胜利形成对照，民进党在地方选举中却遭遇了挫折。民进党控制的县、市从过去的 12 个减至现在的 9 个，而国民党执政的县市则从 8 个增加到 9 个。亲民党夺得了两个县的执政权，新党则获得对外岛金门的控制。其余两县落入无党籍人士手中，其中一个倾向于支持亲民党，另一个则支持民进党。结果是，在 23 个县、市中，有 12 个变换了执政党。14 名追求连任的原县、市长中，有 8 位落选。如果以泛蓝军和泛绿军来划线，则现在有 13 个县、市属于泛蓝军阵营，10 个属于泛绿军阵营。从两个阵营统治的人口比例来看，泛蓝军从 1997 年选举时的 24.7%上升为 45.28%，泛绿军则从 71.5%下降至 54.72%。不过，尽管遭遇了挫折，民进党所获选票从 1997 年的 43.32%略升为 45.27%，而同期国民党则从 42.12%下滑至 35.15%。如果对两大阵营进行比较，泛蓝军候选人所获的选票占总票数的 51%，泛绿军则占 47%。以下表格反映了这些发展的基本情况。

过去两次县市长选举概况

	1997 年			2001 年		
	当选县市数	占总人口比例(%)	得票率(%)	当选县市数	占总人口比例(%)	得票率(%)
国民党	8	22.1 *	42.22	9	41.4	35.15
民进党	12	71.5 *	43.32	9	53.52	45.27
亲民党	———	———	———	2	1.13	2.36
新　党	———	———	1.65	1	0.24	0.1
无党籍	3	6.3	12.81	2	3.71	1.18
泛蓝军	9	24.7	48.17	13	45.28	51
泛绿军	14	75.3	51.83	10	54.72	47

其中包括国民党执政的台北市和民进党执政的高雄市的人口

新的地方行政版图的最明显特征是，2000 年 3 月大选以来出现的台湾南北之间政治及族群对立进一步加剧。北部进一步倾向于泛蓝军，而南部更多向泛绿军靠拢。外岛则和过去一样继续被泛蓝军控制。在北部，国民党夺得了包括基隆市、桃源县、新竹市、新竹县、台中市、台中县等 6 个民进党控制县、市的执政权，只有台北和宜兰两县仍留在民进党手中。即使在这两个北部县、市，选战也特别激烈。台北县民进党县长苏贞昌仅以 5 万票的多数勉强胜出。台北县拥有 300 多万人口，是台湾人口最多的选区。他的对手王建煊是一名新党大老，并以“廉洁先生”而名声远播。他只是在举行选举的两个半月前才参加竞选。他在选举中得到了泛蓝军的一致支持，并获得了高达 80 多万张的选票。自 1981 年（那时民进党还未问世）陈定南当选宜兰县长以来，国民党一直不能在该县执政。历任民进党县长发展出了一套所谓的“宜兰经验”，其主要内容是“绿色执政，质量保证”。但刘守成县长仅以比国民党对手高出几千票的微弱优势避免了一场灾难性的失败。

在南部，从中部的南投县到台湾岛的最南端，民进党囊括了除台中县、台中市、云林县及台东县之外的所有县市的控制权。国民党在嘉义和彰化两县的执政权亦被民进党夺走。流经台中和彰化县境内的大肚溪河已成为南北分野的标志。

在“立委”选举中，各党之间激烈的政治攻讦掩盖了空前的经济衰退问题。但在地方选举中，选民们更加关心经济方面的问题。《台北时报》引用一些政治观察家的话说，民进党未能处理好紧迫的经济问题使该党失去了许多选民的支持。该报还列举了该党在台中县和新竹市的不佳表现来证明这一观点。前台中县民进党县长廖永来败给国民党对手的部分原因是，他拒绝了一家德国医疗化学集团公司拜尔集团1997年提出的在台中投资500亿新台币的建议。国民党官员说，拜尔的挫败已经产生了负面影响：一些曾经表示要在台湾扩大业务的其他欧洲公司现在已不再愿意这么做。在新竹市，民进党市长蔡仁坚也因去年未能处理好台湾信息工业摇篮新竹工业园内某些公司的环境保护问题而在当地居民中信任感一直下降。(《台北时报》，2001年12月2日)。根据这些评论家的看法，民进党在台湾南部的胜利应归功于地方派系与民进党领导的中部势力的紧密关系。此外，南部的台湾“本土情结”比在北部更加强烈。民进党和李登辉刻意挑起的族群对立在这一地区发展到了极致。据报道，一些南部选民甚至表示：“即使我成为乞丐，也要投阿扁的票”。非理性情绪模糊了人们对选举中的实际问题的认识。

人所共知，台湾北部是岛内的政治、经济和文化中心，南部基本上仍是农业和传统工业区域。近年来，南北之间的经济发展差距正在拉大。南部县市的失业情况也最严重。台湾以独立关税区的身份加入WTO后，农业将最可能受到的外部的负面影响。据估计，它将可能导致10万农民失业，并将减少600亿新台币的农业产出。因此，南部将可能遭受最严重的负面冲击。历史表明，在许多情况下，经济问题会促使政治极端主义的发展。

此外，在岛内7个主要大城市（台北和高雄为直辖市，其余5个为省辖市）中，民进党执政的城市已从过去的5个减至2个。大城市一般都是政治反思和不同政见的中心。另外，在全球化的冲击下，大城市也有着更高程度的“国际化”水平。它们的政治倾向常常受到那些可能牵涉到其福利的外部因素的影响。因此，城市区域的选举模式与农村地区是不同的。2000年6月的日本下议院选举也证明了这一点。当时，日本自民党在农村地区取得了压倒性的胜利，但在东京、大阪等大都市却表现很差。如果民进党当局在近期不能够有效处理紧迫的政治、经济和社会问题，去年12月的地方政治重组将很可能成为2004年政治地震的先兆，不要忘记，地方首长是台湾选举中最大的“桩脚”。

二、对海峡两岸关系的影响

无疑，12月选举的结果将使处于紧张和困难中的两岸关系更趋复杂化。陈水扁在选战期间发表的有关两岸关系的讲话使选举后两岸关系改善的前景更加暗淡。他声称“92共识”就是要“消灭台湾”，实际上破坏了双方经过艰苦努力达成的协商和对话的基础。同时，民进党在“立法院”中地位的改善使民进党内的强硬派认为没有必要修改该党的“台独”纲领。此外，李登辉也将成为民进党务实派走“中间道路”的另一障碍。台湾大学政治学教授吴玉山说，李登辉过去3个月的言论表明，他是鼓吹“台独”的原教旨主义者。“李登辉将是一个直言不讳的发言者，他将比陈水扁更积极推行这一主张。因为陈水扁必须更加谨慎，以避免惹恼那些支持他的持中间立场者。而李登辉在这方面却不受任何限制”。（《台北时报》，2001年12月2日）。

另一方面，民进党当局正面临来自公众、尤其是工商界的日益增大的压力，他们要求松绑“戒急用忍”政策。这些压力已达到使民进党当局不容忽视的程度。由于台湾经济衰退及两岸均加入世界贸易组织，台湾的经济未来将越来越多地与祖国大陆相互联系在一起。目前，大陆是台湾第二大出口市场和外贸顺差的主要来源。在过去10年中，台湾对大陆的贸易顺差累计在1500亿美元以上。尽管存在政治障碍，台湾对大陆的投资每年都在递增。目前台湾在大陆共有约50000个投资项目，已经投入资金约300亿美元。大陆加入WTO也带来了巨大的商机，事实上没有一家台湾大企业愿意失去这些机会。根据大陆的统计，去年1月至10月期间，大陆共批准3312个台湾投资项目，实际投资达23.98亿美元，比上一年同期增加37.37%。

面临来自两方面的压力，陈水扁将很可能采取“一张一弛”的大陆政策，以便获得更大的活动空间。在政治上，他将强化其过去的政策，拒绝接受一个中国原则和“92共识”。但同时他也将继续玩弄文字游戏，口头支持改善海峡两岸关系，以误导公众和国际舆论。由于民进党在“立法院”内力量增强，陈水扁将更容易使他的政策获得“立法院”通过。可以预料，陈水扁将比过去更多利用立法机构来推行其“隐蔽”的分裂图谋，如将“中华民国”护照加注台湾等所谓“去中国化”的伎俩。这种动作无疑会被大陆视为一种挑衅，从而导致新的海峡两岸关系紧张。在经济上，他将以“有效管理”来代替“戒急用忍”政策，以减缓公众和商界的压力，并从大陆捞取经济实惠。

在这种环境下，可以预料，海峡两岸的政治僵局将会继续延续并增加了潜在的危险。但双方的经贸交流将继续增长。事实越来越清楚地表明，台湾拒绝与大陆直接“三通”（通商、通航和通邮）是搬起石头砸自己的脚。同时它也是台湾资金涌向大陆的重要原因之一。例如，由于缺乏直接通航，台湾企业每年不得不多付15亿美元的海运费用。因此，即使为台湾自身利益考虑，扩大两岸经贸合作也将不可避免。大陆对海峡两岸关系的政策将仍然是以“和平统一，一国两制”及江泽民主席8项主张为基础。某些人要求大陆客观面对台湾选举后的“新现实”。如上所述，新的现实是，40%的台湾人投票支持泛绿军阵营，同时，50%以上的投票支持泛蓝军阵营，后者呼吁保持稳定和在“92共识”基础上发展互利的海峡两岸关系。台湾东海大学王业立教授指出：“在过去5次‘立委’选举中”并没有发生重大的结构变化。或者说，各主要政党的得票率基本保持不变——泛蓝军阵营吸引了约54%的支持票，而泛绿军阵营获得约45%的支持票。因而，选民对政党的支持是非常稳定的，因为没有发生结构上的‘政治重组’”。(《台北时报》，2001年12月2

日）。因此，台湾公众舆论的主流仍然主张在一个中国框架内发展稳定和积极的海峡两岸关系。祖国大陆的“一个中国”原则是坚定不移的，只要民进党拒绝接受1992年达成的共识，大陆将不会与它发生正式联系。但如果民进党回到“92共识”上来，大陆将不仅立即与其打交道，而且也将愿意很快恢复两岸对话。大陆将愿意与民进党讨论一切问题。就祖国大陆而言，正如一句中国谚语所说，现在已是“万事俱备，只欠东风”。东风就是“一个中国”原则，而民进党却竭力否定“一个中国”的原则。

（原文为英文，刊载于《美国外交政策利益》2002年4月第2期）

对台湾“立委”及县市长选举影响的几点看法

对12月1日台湾的选举，大家有各种各样的看法，多数学者对民进党在“立法院”选举中获胜的解读，是“台独”势力有了较大扩张。但是，对台湾公布的选举数据进行分析后，得不出这样肯定的结论。本人的看法是：

一、对这次选举，我们观察和研究的重点似应放在基本面上，即从泛蓝和泛绿两大阵营得票率来看岛内统“独”民意的消长变化，“立法院”席次的增减往往受到竞选策略是否得当的影响，有技术层面的问题。从台湾过去10年的选举情况看，选举结果上下波动，和选民基本政治倾向不完全吻合，多次出现和各政党或民调预测大相径庭的情况，变数较多。

二、从泛蓝和泛绿两大阵营的得票率来看，岛内“台独”势力在过去6年中并没有实质的增长。民进党的得票率为33.38%，比1998年（第四届“立法院”选举）多了3.82%，但和1995年第三届的33.17%得票率相比仅增加了0.21%，基本上持平。民进党在得票率没有实质增长的情况下，席次却增加了17席，主要是其竞选策略得当的结果。民进党这次接受了98年选举失利的教训，采取了低提名和在最后关头配票的策略，获得成功。民进党这次仅提名83人（提名时就接受选后三党不过半的结果），结果69人当选，当选率为83%。国民党采取高提名策略，提名98人，当选68人，当选率仅为54%。在投票前，民进党中央在选情胶着的台北市、高雄市、南投县和台南县下达强制配票令，结果在台北市仅两人高票落选，而在其他三市县取得了候选人全部当选的佳绩。另外，如果仅从国民党在“立法院”的席次由1998年的123席大跌到68席来看，国民党确实败得很惨，但是当年亲民党还不存在，如果把国民党和亲民党的席次加在一起就是115席，比123席只减少了8席。实际上，国民党和亲民党的席次增减是成反比的，只有国民党选得差，亲民党才能选得好，因为它们的票源是重叠的。关键是泛蓝的票有多少流失到泛绿方面，也就是老百姓说的“肉要烂在自己的锅里”。这次国民党的票主要流到亲民党那里，国民党这次得到的28.56%加上亲民党的18.57%还略多于1998年国民党的46.43%，问题不大，问题出在李登辉的台联党那里。

三、台联党的7.76%选票是从哪里来的？来自四个方面。首先是“极独”派。上次“极独”的“建国党”得到1.44%的选票，这次“建国党”的3个候选人只得到1千多票，它的选票转向台联党。第二是蚕食了部分民进党的传统票，如在高雄市、嘉义市等地，但数量不是太多。第三是国民党的选票。过去在李登辉卵翼下的一些国民党本土势力，如许登宫等，这次从国民党分裂出来，带走了一部分选票，但数量也不太多，估计不会多过15万票。第四是无党籍的票。1998年选举时，无党籍得票率为15.51%，这次下跌到9.12%，其中相当一部分地方本土势力的票被李登辉吸纳。台联党的出现当然扩大了泛绿地盘，和民进党加在一起，得到了41.14%的选票，超过陈水扁2000年得到的39.3%选票。虽然和泛蓝军的49.43%相比仍少8.6%，但势力毕竟有所扩张。但必须看到，李登辉这个7.76%是不稳定的。台联党是李登辉吹起的一个“糖人儿”，很脆弱，靠李登辉一人撑着，一旦李登辉有个三长两短，台联党必然崩溃。而且台联党在“立法院”中的定位也有问题，和民进党太近、太远都会使其失去价值，台联党和民进党不会是铁板一块。即使有李登辉帮忙，陈水扁的日子好过不了多少。在野党对他仍有相当的牵制力，今后台湾政局仍是一个乱字。

四、选后，很多人以各党在“立法院”得到的席次，而不是以更反映实力的得票率论输赢，而且忽略了县市长选举的结果。当然县市长选举的结果对岛内中枢政治的运作影响不大，但对2004年的“总统”选举却有重要意义。县市长是各党在基层的最大桩脚。这次泛蓝阵营得到了13个县市，人口从占28.4%增加到43.86%；而泛绿县市减少到9个，人口从71.5%下降到54.7%。这种变化自然对2004年的选举产生影响。这次选举使2000年大选后出现的

“北蓝南绿”的格局更进一步强化。在北部，虽然民进党仍控制着台北和宜兰两县，但两县的“保卫战”打得都很艰苦，都是险胜。特别是台北县，民进党的苏贞昌是实干家，勤走基层，政绩也可圈可点；而泛蓝军的王建瑄则是在选前两个半月才被推出竞选，又有“王圣人”的绰号，没有帮派，也不搞贿选，但一举拿下82万张选票，仅以5万票之差落选。宜兰县的选举更紧张。民进党在宜兰执政12年，创造了“绿色执政，质量保证”的“宜兰经验”，但这次仅以不到1万票的微弱多数险胜。“北蓝南绿”的格局如进一步发展，对民进党来说绝对不是福音。北部是台湾的政治、经济、文化中心，而南部是农业和传统工业集中的地区。这次台湾经济衰退，受害最严重的是南部地区，失业最严重，而且前景也不乐观。台湾加入世贸后，受冲击最大的是农业，将有10万农民失业，农业产值将减少600亿新台币，这将主要由南部承担。虽然台湾经济不好，但南部民进党的支持者不减反增，是一种非理性的效应在作怪。南部有人说，“即使当乞丐，也要投阿扁一票”。问题是，当了一年半的乞丐仍投阿扁的票，当了4年的乞丐后，还会投阿扁的票吗？如果还投，那必然把台湾给毁了。

五、对于选后泛蓝军是否能合作有不同的看法，有人认为不可能，我认为可能性增加了。选后岛内政局发展的主轴将是2004年的“总统”选举。国民党这次如果是选好了，连战必然要参选，即使泛蓝军能团结起来，连战要打败陈水扁将十分困难。这次亲民党是最大的赢家，士气大振，加强了宋楚瑜2004年问鼎“总统”宝座的信心。国民党这次再遭重挫，当务之急是如何防止再一次分裂，减缓进一步衰落过程。国民党的支持者看得很清楚，2004年泛蓝军的希望在“连宋合”。国民党内要求宋楚瑜“归队”的呼声在增强。当然，宋楚瑜人气正旺，是不会回去的。马英九通过这次选举，声望有很大的提升，但他深知自己羽翼未丰，要慎防被“枪打出头鸟”，目前是韬光养晦，目标设定在2008年的选举。在这种情况下，如果国民党对亲民党采取“分”而不是“合”的策略，它的支持者会更多的流向亲民党，加速自己的衰落。国民党的秘书长林丰正已明确表示，国、亲两党合则两利、分则双伤。宋楚瑜要接收国民党也不可能。因此，如果两党能够就2004年选举的政治安排达成妥协，泛蓝军的联合是可能的。

六、国民党看来能够度过目前面临的再次分裂的危机。选后连战的地位削弱了，但还没有人能取代他的地位，党内是一片巩固“领导核心”的声音。陈水扁和李登辉选前抛出的“跨党派全国安定联盟”意在选后拉一部分国民党“立委”“带枪投靠”。新党的郑龙水选前曾提出了一个25人名单，说他们选后将投靠陈水扁，但这25人中20人这次落选。估计，目前国民党内要跳槽的还不多。萧万长迟早要离开，但他是一个技术官僚，在基层没有实力，即使走了对国民党的伤害不会太大。王金平出走对国民党的伤害要比萧万长大，但他要连任“立法院”院长，不会离开国民党。亲民党的发展必然使国民党进一步衰落，但在若即若离的互动中朝对谁有利的方向发展还有待观察。

七、今后陈水扁在两岸关系上将采取“一张一弛”的政策。在政治上，因为在“立法院”的力量增强，政权相对稳固，要求其接受“一个中国”和“92共识”的压力减少，美国也会更进一步支持他，因此他在两岸问题要后退而不是前进。但为了摆脱经济困境和缓解来自工商界要求开放“三通”的压力，在两岸经贸方面会有所松动。两岸加入“世贸”后，他不松也不行。因此，两岸关系是政治上绷紧，经济上放松。在2004年之前，如果泛蓝军整合不成，两岸关系仍是僵局，并可能延续到2008年。如果是这样，对大陆来说，能否稳定两岸关系的关键就是我们能否赢得这6、7年的时间，也就是说，我们能否在这段时间内使我们的综合国力有明显的发展，能够使两岸经贸关系和人员往来更为密切，能否进一步排除美国的干涉、不要对台发出严重的错误信号。

八、对新党这次几乎全军覆没的有些看法，我不能苟同。如认为谢启大、冯沪祥败选，是因为他们大力提倡统一、支持“一国两制”，被贴上“卖台分子”的标签，“故为多数民众所抛弃”，这是“台独”分子的宣传。新党这次选举的策略是“打乱仗”，目标是选票过5%，而不在席次。新党总召谢启大自己“空降”高雄去抢眷村票，结果并未如愿。如果新党这次竞选策略得当，拿到5席应有可能。

（2005年12月5日）

一份顽固坚持“台独”立场的辩解书

——评台湾“陆委会”8月7日“说帖”

8月7日，台湾当局的“大陆委员会”发表“说帖”，为陈水扁8月3日抛出的海峡两岸“一边一国”的谬论，以及鼓吹要用“公民投票”方式决定“台湾前途、命运和现状”进行辩解，并企图将破坏两岸关系的责任推卸给大陆。对这种狡辩，本无置评的必要，但是，考虑到“说帖”中不少辩辞是台湾当局用来误导国际舆论，打压岛内维护一个中国原则言行，煽动敌视大陆情绪的惯用借口，因此，有必要澄清事实，辨伪存真，消除“一边一国论”的恶劣影响，以正视听。

陈水扁两岸政策的“一贯性”，集中表现为他顽固坚持“台独”立场

这份辩辞声称，陈水扁上台两年来在两岸政策上“始终呈现一贯性”，先后推出了“小三通”等“许多极具善意的开放政策”。并称，大陆对这些“善意”不仅“消极抵制”，反而“外交”上“打压”，武力上“威胁”。据此，陈水扁把抛出“一边一国论”的责任推给大陆，声言是其“善意”得不到回报、大陆继续“打压”的结果。

陈水扁的两岸政策“一贯性”究竟体现在哪里？对照他两年来的言词可以发现，“多变”才是他的“一贯性”所在。他一会儿说，“两岸在既有的基础上，本诸九二年的精神，共同建立两岸的良性互动”；一会儿又说，如果接受“九二共识”，“台湾就要亡国了”。他一方面奢谈两岸“政治统合”，另一方面又把“扬弃一个中国主张”的“台湾前途决议书”作为民进党处理两岸关系的“最高指导原则”。在两岸经贸政策上，他忽而要推动两岸经贸关系的正常化；忽而又要与大

陆打一场“经济战争”。他一方面宣称两岸要“经济整合”，另一方面又称大陆市场的“磁吸效应”影响台湾的“国家安全”；他一方面声称“三通”是台湾必走的路，另一方面又不断为“三通”设置政治障碍。现在陈水扁终于以他的“一边一国论”，彻底戳穿了他上台时的所谓“四不一没有”不过是欺骗舆论的权宜之计，也宣布了“百变阿扁”政治信誉的彻底破产。

当然，陈水扁的“台独”理念一直没有变。他的“多变”是为了实现“台独”这个不变的目标。认清了陈水扁的“多变”与“不变”，也就可以看清这份辩辞中所罗列的“善意”的虚伪了。

所谓开放“小三通”，其意图之一在于以“小三通”减缓岛内各界的压力，拖延两岸直接“三通”的进程。台湾的“境外航运中心”也并非着眼于“三通”，而是要争夺大陆的转口货源，增加高雄港的吞吐量。大陆本着让利于中国人的态度促成两岸“试点直航”，使该航线货运量累计超过200万个标准集装箱，占高雄港总运量的近1/9，而且九成以上的大陆货船是满载而去、空载而归。究竟谁真正有善意，这一事实很能说明问题。台湾当局标榜的以“积极开放、有效管理”取代“戒急用忍”政策，只是在“有效管理”上下足了功夫，并不见有什么“积极开放”。他不仅要以“两岸经贸安全预警系统”布建“长期安全网”、以“动态调节机制”和“专案审查机制”进行大陆投资的总量控制，而且动用情治系统力量大搞“经济侦防”。这不是“积极开放”，而是和大陆打“经济战”。当然，为从大陆市场获得利益，在岛内经济及工商界压力下，台当局也不得不做出一些开放举措，但每一次开放都是进一步退两步。据台湾《商业周刊》今年4月对岛内363家上市、上柜公司的调查，67.8%的企业认为“积极开放、有效管理”只是新版的“戒急用忍”的政策。

尽管如此，大陆从两岸同胞的共同利益出发，在两岸政治僵局难以打破的情况下，为积极推动“三通”，提出了民间对民间、行业对行业、公司对公司等更为务实和弹性的解决方式。大陆对推动两岸关系发展的善意才是一贯的。

威胁“台湾安全”的不是大陆的武力，而是“台独”势力的分裂活动

辩辞还攻击大陆不放弃使用武力的政策，是对台湾“安全的威胁”。这完全是因果倒置，目的在于煽动反大陆情绪，并配合国际反华势力的“中国威胁论”。

为了中华民族早日实现伟大复兴，世界上没有人比中国人民更珍惜和平与发展的机遇，更希望用和平的方式解决台湾问题。祖国大陆的对台基本方针是“和平统一，一国两制”。1995 年 1 月 30 日，江泽民主席在《为促进祖国统一大业的完成而继续奋斗》的重要讲话中呼吁两岸在一个中国基础上，通过协商结束敌对状态，明确表示“中国人不打中国人”。尽管岛内分裂势力一再向一个中国原则挑衅，考虑到台湾同胞的切身利益，只要和平还有一线希望，战争未到最后关头，大陆都会尽最大努力，尽一切可能追求和平统一。

真正威胁台湾民众生命财产安全的恰恰是“台独”分裂势力。从李登辉到陈水扁，都一直在向国外采购大量先进武器。瑞典斯德哥尔摩国际和平研究所的报告指出，1998 年台湾已经成为世界头号武器买主。台湾岛内的武器密集程度和人均占有量位居第一。他们已经把台湾变成了一个名副其实的火药库。陈水扁上台后不顾不断增加的财政赤字，向美国购买更多的武器装备。面对“台独”势力的挑衅，祖国大陆能够无动于衷吗？大陆不放弃使用武力绝非针对台湾同胞，而是针对岛内以及国际上企图将台湾从中国分裂出去的势力。如果我们放弃使用武力，只会使这些分裂势力有恃无恐，加快分裂步伐，使和平统一成为不可能，从而导致最终用武。陈水扁抛出“一边一国论”，再次提醒我们，在争取和平统一的前景时，不能放弃使用武力，只有做好制止分裂的充分准备，才能最大限度地争取和平，实现和平统一。危害台湾安全的，并不是大陆的武力，而是台湾的分裂势力。

谁要“改变现状”？谁在“改变现状”？

在这份辩辞中，台湾当局指责祖国大陆坚持一个中国原则是要“改变台湾现状”，这完全是罔顾事实，颠倒黑白。

两岸关系的最大现状是什么？就是一个中国。世界上只有一个中国，大陆与台湾同属于一个中国，中国的主权与领土完整不容分割，这是两岸关系的特征和基础，祖国大陆始终坚持一个中国原则，台湾当局在相当长的时间内也确认一个中国原则。李登辉上台之初，为了巩固权位，曾誓言“中国只有一个”，要继承蒋经国的“立足台湾，放眼大陆，胸怀全中国的一贯精神”。但当它羽翼丰满之后，立即显露出他的“台独”本质，图谋通过“修宪”、“修法”等形式把台湾从中国分裂出去，两岸关系也随之跌宕起伏、危机环生。民进党上台后变本加厉，拒不接受一个中国原则，否认“九二共识”，企图以“渐进式”的策略达到分裂国家的目的。民进党当局利用执政地位和资源，冻结“国统会”与“国统纲领”；全面清除岛内统一、反“台独”的标语口号；刻意用“台湾”取代“中国”，对所谓“护照”加注“台湾”字样；强令以中国命名的学术与民间团体“更名”；让“台独”分子接掌重要的教育文化机构，改变“国史馆”、“故宫”的定位；摒弃汉语拼音，强力推广“台语”教学；策动与支持岛内外激进“台独”分子进行所谓“台湾正名”活动。

以上的事实充分说明，利用手中权力改变台湾现状的是李登辉、陈水扁等台湾的分裂势力。他们不但破坏了两岸关系的稳定基础，破坏了台湾借以发展的稳定环境，也破坏了亚太地区的和平与稳定。

“一国两制”是维护台湾同胞利益和现状的最好方式

对“和平统一，一国两制”的刻意歪曲和抹黑，是李登辉、陈水扁等“台独”分裂势力误导舆论、抗拒统一的一贯手法。“陆委会”的这份辩辞又老调重弹，攻击“一国两制”是“矮化台湾”，使台湾

“边缘化”。

“一国两制”方针的出发点和立足点是实事求是，在尊重历史、尊重现实的基础上，充分考虑台湾与大陆现行的政治制度和生活方面的差异，以及台湾同胞要求当家做主的愿望，主张通过协商、谈判，和平地达到统一的目标。在这一过程中，台湾享有和大陆一样的平等地位。邓小平同志曾经把“一国两制”形象地比喻成“你不吃掉我，我也不吃掉你”，根本不存在“吞并台湾”的问题。

称“一国两制”是要将台湾“香港化”、“地方化”、“矮化”，则是一种别有用心的歪曲。“一国两制”最初是为解决台湾问题而提出的，首先应用于香港，此后又解决了澳门问题。台湾问题与港澳问题有共性，也有个性。共性就是台湾和香港、澳门一样，是中国不可分割的一部分；就个性来说，台湾与香港、澳门当然有差别，大陆的政策因而也有所不同。钱其琛副总理多次代表中国政府强调，在“一国两制”的框架内，在解决台湾问题的过程中，将实施比香港、澳门更加宽松的政策。两岸统一后，不仅台湾同胞现有的各种权益将得到切实尊重和维护，而且他们希望获得的其他权益也将得到充分的体现，真正实现当家做主的夙愿。150年来，中国受到外国列强的宰割与凌辱，其中受害最深的是台湾同胞。台湾经受了50年的日本殖民统治。只有中国的统一和强大，才能保证台湾被割让、奴役的历史不再重演。

台湾的分裂势力常常打着“本土化”的招牌推行“台独”主张，这不但是幻想，而且必然把台湾推向战争的深渊。实际上，按照“一国两制”实现祖国统一之后，台湾同胞自己管理自己的事务，大陆不派行政人员和军队到台湾，不收台湾一分钱的捐税，台湾同胞享有司法终审权，这才是在实际意义上可行的“本土化”。不仅如此，台湾同胞还可以到大陆参与对整个国家的治理，为祖国的繁荣、富强作出更大的贡献。

“一国两制”有“香港模式”和“澳门模式”。我们相信未来在两岸的共同努力下，一定能够发展和创造出“一国两制台湾模式”。

国家统一了，中国广袤的国土、丰富的资源、巨大的市场，属于包括台湾在内的全体中国人民，台湾怎么会因此被“矮化”、“地方化”呢！恰恰相反，那些企图将台湾从祖国分裂出去，使台湾成为仰赖国际反华势力鼻息生存的附庸“国”的“台独”分子，才是要“矮化”、“边缘化”台湾！

台湾在历史上从来就不是一个国家，两岸绝非“一边一国”

这篇辩辞再次称“台湾是一个主权独立国家”，并将“台湾”这一地域概念与“中华民国”等同起来，辩称“中华民国与中华人民共和国互不隶属”。这不仅与事实相悖，在法理上也是站不住脚的。

台湾自古即属于中国，从来就不是一个国家。1895 年，日本通过侵略战争强迫清政府签订了不平等的《马关条约》，侵占了台湾。1941 年 12 月 9 日，中国政府在《对日宣战布告》中昭告世界各国，废止包括《马关条约》在内的中日间一切条约。1943 年 12 月，中、美、英三国发表的《开罗宣言》，声明台湾、澎湖列岛系“日本所窃取于中国之领土”，在法律上确认了台湾是中国领土一部分的地位和日本侵占台湾的非法性。1945 年 7 月，中、美、英三国签署、后有苏联参加的《波茨坦公告》第八条规定，“开罗宣言之条件必将实施”。同年 8 月，日本投降并在《日本投降条款》中承诺“忠诚履行波茨坦公告各项规定之义务”。由于日本接受了《波茨坦公告》，《开罗宣言》和《波茨坦公告》便构成了盟国与日本间的国际协定。1945 年 10 月 25 日，当时的中国政府正式收复台湾、澎湖列岛，恢复对台湾行使主权。

1949 年 10 月中华人民共和国诞生后，中国在国际社会的合法代表由“中华民国政府”变为中华人民共和国政府，这是国际法上典型的因革命所引起的政府更迭，是在同一国际法主体没有发生变化的情况下新政权取代旧政权，中国的主权和固有领土疆域并未由此而改变。中华人民共和国理所当然地完全享有和行使中国的主权，其中包括对台湾的主权，并不存在“中华民国与中华人民共和国互不隶属”的所谓“事实”。

台湾分裂势力还有一个谬论是，中华人民共和国从未对台湾行使管辖权，因而“台湾是主权独立国家”。曾代表中国行使主权的“中华民国”是 1912 年成立的，对台湾也没有行使过管辖权，但这并不能改变台湾主权属于中国的事实。因此，1945年台湾理所当然地回归中国。

陈水扁认为外界简化其谈话为“一边一国论”是“误解”，“完整的意思”应该是“主权对等论”。这种辩解在法律上也是站不住脚的。国家主权和领土的完整是不可分割的，任何国家在国际法上只能拥有一个主权，一个国家也只能有一个政府代表国家行使主权。两岸暂时的分离状态绝不意味着台湾可以自立为一个“主权国家”。所谓两岸“主权对等论”不是“一边一国”又是什么？

鼓动“公投立法”意在搞“法律台独”

台“陆委会”的辩词中还有两个蛊惑人心的论点：一曰公民投票“最符合基本人权与民主”，只有台湾人民才有“权力”对台湾的前途、命运和现状作决定；二曰公民投票是“基于自卫的、自保的、被动的”，公投法可以“备而不用”。

在回答这个问题前，首先应该认清一个基本的事实，就是陈水扁要“认真思考”的“公投立法”，是企图在人权、民主、自决的烟幕下，通过“公民投票”的形式来达到在法律上“台独”的目的。如上所述，台湾作为中国领土一部分的法律地位，无论在国内法还是在国际法上，都是确凿无疑的，且为国际社会所公认。台湾1945年回归中国后即不存在战后一些殖民地、托管地通过公民投票进行民族自决的问题。李登辉1988年1月18日接见美国众议员索拉兹时也曾说过：“有关反对人士所提‘自决’主张，‘自决’是殖民地人民的主张”，台湾“自无此问题存在的可能”，“本人是台湾，也是中国人”。李登辉现在鼓吹“公投立法”，是在打自己的耳光。

正因为在台湾搞“公投自决”名不正、言不顺，所以岛内分裂势力在鼓噪“公投”的时候，总是不忘披着“民主、人权”的外衣，摆出“自卫、自保”的哀兵姿态。必须指出，包括台湾在内的中国的主权，属于包括台湾人民在内的全中国人民，台湾的前途命运只能由全体中国人民共同决定。企图以2300万人中的一部分行使13亿人的权利，本身就是反民主的，也是与“国民主权”原理背道而驰的。

至于所谓“公投立法”是“自卫、自保、被动的”，可以“备而不用”，更是欺骗伎俩。借“公投立法”制造公民投票的法律依据，进而搞“台独公投”是民进党等岛内分裂势力一贯追求的目标，几乎“路人皆知”。“备而不用”不过是自欺欺人。

概言之，岛内分裂势力推出的“公投法制化”活动，无论是“立法”还是“入宪”，其目的都是搞台湾“独立”，是极其危险的。“公投台独”就是“公投战争”，只会将台湾引向灾难。

国际社会普遍奉行一个中国政策，没有“台独”的空间

辩辞指责祖国大陆“在外交上打压台湾的活动空间”。事实上，对于台湾人民同世界各国和地区之间进行的经济、文化以及人员的交流与往来，只要不违背一个中国的原则，祖国大陆从来不持异议。长期以来，台湾一直与世界上众多国家和地区保持着广泛而密切的非官方经贸联系与文化往来。台湾每年进出口贸易额超过2000亿美元，每年到世界各地旅游、经商、求学和进行学术、文化、体育等交流活动的台湾同胞超过百万人次，台湾加入的非政府间国际组织已逾800多个。台湾以“台、彭、金、马单独关税区”的身份加入WTO，作为一个经济体参与亚太经合组织、亚洲开发银行等国际或地区性经贸组织的活动。如果祖国大陆真的在“打压台湾的活动空间”，情况便不会是这样。不仅如此，祖国大陆的驻外机构还尽最大努力保护台湾同胞在国外的合法权益。当台湾同胞在海外遇到危难时，及时伸出援手帮助他们脱离困境，令他们深切感受到了来自祖国的温暖亲情和同胞之爱。

但是，祖国大陆对于台湾当局以扩展“活动空间”为名，在国际上制造“两个中国”、“一中一台”、图谋分裂国家的活动绝不能坐视不理。这是涉及维护国家领土主权完整的大是大非问题，是任何一个主权国家都应该做而且必须做的。这里要正告台湾分裂势力，在一个中国原则的问题上，不要期待大陆作“东郭先生”。国际社会普遍奉行一个中国政策，“台独”的“空间”只会越来越小，这是大势所趋。这里还要指出，“金钱外交”是台湾当局的“专利”，不要张冠李戴给大陆乱扣帽子。联合国的2758号决议，世界上160多个国家承认世

界上只有一个中国、台湾是中国的一部分，难道是能用金钱收买的吗？

“民主、自由、人权、和平”绝不是“台独”的挡箭牌

“陆委会”的辩辞对陈水扁的“台湾要走自己的路”，也做了“诠释”，声称“是指台湾的民主之路、自由之路、人权之路、和平之路”。

在当今世界，对民主、人权、自由存在着不同的认知。中国政府一直为完善社会主义的民主与法制、保障全体中国人民的合法权益而不懈努力。正是本着民主、人权、自由、和平的精神，祖国大陆才提出“和平统一、一国两制”的政策，使两岸都能保持各自选择的社会制度及生活方式。祖国大陆乐见台湾朝着健康的民主方向发展，希望2300万台湾同胞能充分享有他们所认知的民主、人权与自由。两岸之间并不存在制度之争。台湾当局领导人如果认为拿民主、自由、人权做挡箭牌即可达到“台独”的目的，那就打错了算盘。

当前，台湾同胞“民主、自由、人权、和平”之路在何处？大家都清楚，台湾民众最大的愿望就是“求安定、求和平、求发展”，希望两岸关系稳定，创造一个良好的发展环境，并充分利用大陆市场提供的无限商机，使台湾经济尽快走出目前的困境，进而发展繁荣。然而，民进党当局上台后，顽固坚持“台独”理念，使两岸关系僵持、紧张，也使岛内政争不断。一场持续百日的“核四政治风暴”，造成高达数百亿新台币的直接经济损失。股市下泄，民众财产严重缩水。8月3日，“一边一国论”一出，台湾股市应声暴跌284点，创下8个月以来最低点，一天之内5000多亿新台币的股民血汗钱化为乌有。台湾媒体的民意调查结果显示，50％的台湾民众对“一边一国论”可能造成两岸关系恶化表示“担忧”。可以说，陈水扁上台两年以来，台湾民众不仅没有选择“安定、和平、发展”的自由，一些生活基本保障都丧失了。然而，“台独”势力仍不以苍生为念，为一党之私、一人之利，再次恶化两岸关系，挑起岛内的统“独”矛盾，制造族群对立。试问这是走“自由、民主、人权之路”，还是无视、践踏民意？

陈水扁声称“要走自己的路”，绝不是所谓“自由民主之路”，而是“台独之路”。

一个中国的原则是两岸关系稳定和健康发展的基础，对亚太地区和平与稳定也至关重要。维护一个中国原则，是出于全体中国人民的根本利益。因此，祖国大陆在这个原则问题上的立场是坚定不移的。历史已经证明，李登辉企图以“两国论”挑战一个中国原则，结果犹如蚍蜉撼树。陈水扁抛出“一边一国论”后，不但引起大陆同胞的同声谴责，在岛内和国际上也引发了批判声浪。我们奉劝台湾民进党当局，不要为一人一党之私利，而用广大台湾同胞的根本利益作赌注，不要把台湾同胞推到“台独”的绝路上去。

（刊载于2002年8月20日《人民日报》海外版）

中共新领导人对台政策面面观

中共中央总书记胡锦涛今年3月11日在参加十届人大一次会议台湾代表团审议时，就台湾问题发表了重要谈话。依笔者寡见，这是胡锦涛任中共中央政治局常委以来，就对台政策发表的最全面、最系统的谈话，从中人们可以看到中国大陆新领导对台政策的脉络和框架，值得认真揣摩和研究。

台湾有媒体将胡锦涛总书记的讲话概括为“胡四点”。当然，他就在新形势下如何做好对台工作提出的“四点意见”是通篇讲话的要义所在；然而，他对中共十三届四中全会以来，以江泽民为核心的第三代中央领导集体对台工作的评价，以及对两岸关系现状和与之关联的国际态势的评估，文字不多但言简意赅，亦不宜忽略。任何政策的制定，都是基于对形势的分析与评估。因此，要了解胡锦涛“四点意见”的来龙去脉，就有必要研读他对涉台形势的看法。笔者认为胡锦涛总书记所做三个结论均值得注意。其一，他说“党的十三届四中全会以来，我们坚持‘和平统一，一国两制’的基本方针，实现了香港和澳门顺利回归，祖国统一大业取得新进展。”这就是说，历史和实践证明，“和平统一，一国两制”的方针是正确的和行之有效的，因此，它仍将是大陆新领导所坚持的对台基本方针。其二，他说“这些年来，我们应对挑战，排除干扰，大力推动对台工作，取得了重大成果。”笔者认为，这里提到的挑战和干扰主要是指2000年3月主张“台独”的民进党上台和美国布什政府执政后对台政策的摇摆对两岸关系造成的影响。他对这一段对台工作的评估是“取得重大成果”。做这样的评估显然是经过认真的推敲和分寸拿捏的。这就是说，今后反对“台湾独立”、“两个中国”、“一中一台”的言行，排除对统一进程的外来干扰，仍是大陆对台工作的重要内容，大陆对此不会掉以轻心。其三，他说“国际社会普遍坚持承认一个中国的基本立场，两岸关系的基本格局和发展趋势没有改变”。这就是说，民进党上台3年来，尽管在岛内搞什么“渐进式台独”、“文化台独”、“台湾正名”，在岛外搞什么“闯关外交”、“放火外交”、“过境外交”等等，但并没有改变岛内民众求和平、求安定、求发展的民意取向，也没有改变岛内的选民结构，民进党仍是少数党，而其“拼政治”、“拼选举”的施政路线，却使岛内政争激烈、经济滑坡，民众普遍质疑民进党的施政能力；在国际上，也未能动摇国际社会所普遍遵守的一个中国政策，相反，民进党当局的这种“四处放火”的盲动，却提高了相关国家的警惕，使它们更加明确了一个中国的政策界限。经过3年的“听其言、观其行”，大陆对两岸关系的评估是“基本格局和发展趋势没有改变”。民进党当局如果不改变其分裂立场，今后只能继续在“独木桥”上踽踽独行。

胡锦涛总书记对近年大陆对台工作和涉台形势所做的上述评估，应当是他提出“四点意见”的依据和出发点。这“四点意见”则显示出两大特征。一是大陆新领导对台政策具有连续性和稳定性；二是体现了中共十六大所倡导的与时俱进、开拓创新的精神。

他首先强调“要始终坚持一个中国原则”。其实，坚持一个中国原则，不仅仅是大陆的政策，也不是现在才有的。自1949年以来，台湾当局在大部分时间内也是坚持一个中国原则的，只是在李登辉掌权后才有步骤地背弃了国民党的政策，越来越猖獗地推行分裂路线。但是广大台湾民众还是反对分裂国家的。2000年，由于李登辉分裂了国民党，致使民进党得渔翁之利而上台，但陈水扁只得到不到40%的选票，这说明多数台湾同胞是不支持“台独”的。维护国家的统一是中华民族的历史观和价值观。这也是中华文明得以绵延不绝地发展的重要原因之一。3年前，台湾学者黄彰健先生在《联合报》上发表过一篇题为“了解中国历史文化，解开海峡两岸的结”的文章，论述了这个问题，现将该文开宗明义的第一段摘录如下：

孔子作《春秋》。《春秋经》书：“（鲁）隐公元年春王正月”。《公羊传》说：“王者孰谓？谓文王也……何言乎王正月？大一统也。”春秋之义大一统，以统一为贵，故后世中国史学有正统论，重视国家的统一。对那些分裂国土，自立为王者，均予以谴责贬斥。

中华民族维护国家统一的优秀历史文化传统深深地植根于每一个中华儿女的心中，超越了时空、地域和族群的界限。台湾1992年通过的国家统一纲领的第一句也说“国家的统一，在谋求国家的富强与民族长远的发展，也是海内外中国人共同的愿望”。坚持一个中国的原则对于中国人来说是天经地义的。因此，胡锦涛再次强调：“在这个事关中华民族根本利益的大是大非问题上，我们的立场是坚定的、一贯的。”胡锦涛提出的其它三点意见，即大力促进两岸的经济文化交流、贯彻寄希望于台湾人民的方针、团结两岸同胞共同推进中华民族的伟大复兴，也是一贯的大陆对台政策。台湾有个别的评论把大陆基本对台方针的连续性说成是“了无新意”，这是一种危险的迷思。大陆对台政策保持连续性和稳定性对于促进两岸关系的良性发展，推动统一事业的顺利前进至关重要。这表明大陆对台政策是透明的，是可预测的，是说话算数的，是“阳谋”。试想，如果大陆的对台政策也和现今台湾当局的大陆政策一样，今天保证“四不一没有”，明天又鼓吹“一边一国”，嘴上说“善意”，行动在挑衅，那么两岸之间、台海地区岂不早已乱象横生、危机四起！毫不夸张地说，大陆对台政策保持连续性和稳定性对潜伏着严重危机的两岸关系和台海地区来说，是起着“定海神针”的作用。从战略层面上看，能保持政策的一贯性和稳定性，能“以不变应万变”，是掌握战略主动的表现。可以预期，以胡锦涛为总书记的中共新领导的对台基本方针仍将是“和平统一，一国两制”和江泽民关于推动祖国和平统一的8项主张。

但另一方面，在贯彻基本方针的具体政策上，胡锦涛将会和毛泽东、邓小平、江泽民一样，随着时间的推移、局势的发展而不断提出新的对策和措施，也就是16大所倡导的与时俱进、开拓创新精神。只要简单回顾一下历史即可看到清晰的脉络。在实现国家统一的问题上，大陆的目标是始终如一的，但政策经历了解放台湾，和平解放台湾，“和平统一，一国两制”等几个发展、调整阶段。在一个中国的问题上，原则是不变的，但在不同时期则赋予了它不同的内涵，从所谓的“旧三句”到现在的“新三句”。胡锦涛在讲话中重申了“新三句”，即世界上只有一个中国，大陆和台湾同属一个中国，中国的主权和领土完整不容分割。同时，他还说“新三句”“就是要表明，中国是两岸同胞的中国，是我们共同的家园”。这为“新三句”增加了新的注释，就是说，站在一个中国的立场上，两岸同胞没有主次和从属的区别，不存在“矮化”台湾同胞的问题。

在“三通”问题上，大陆一直坚持“政经分离”的原则，但具体的政策则不断地细化和具体化，不久前大陆又把两岸通航定位为“两岸航线”，进一步为两岸通航排除政治障碍，表现了更大的诚意和灵活性。在“春节包机”的问题上，虽然大陆对台湾当局坚持的“单向曲航”并不满意，而且由台湾航空业者独占商机，但大陆方面仍然予以大力支持，使“春节包机”功德圆满。大陆的态度应当是一些台湾同胞所说的“以大事小施以仁”吧。伊拉克战端开启之后，为了旅客安全，大陆又同意台湾民航班机取道昆明、成都、乌鲁木齐北飞欧洲。笔者认为，像这样有益于两岸合作和人员交流的事，大陆新领导不但会乐观其成，而且会不计私利地予以推动。

可以预期，以胡锦涛为总书记的中共新领导，在落实“四点意见”时，会不断推出适应形势发展的新举措。在恢复两岸政治对话与协商的问题上，大陆的态度始终是积极的而且做好了准备。“十六大”报告就提出了在一个中国原则的基础上，暂时搁置某些政治争议，尽早恢复两岸对话和谈判，并具体提出了三个“可以谈”，即结束两岸敌对状态，台湾地区在国际上与其身份相适应的经济文化社会活动空间，以及台湾当局的政治地位。这三个问题都是台湾方面最关注的问题。胡锦涛也表示，愿意和台湾方面“务实、平等地进行协商，妥善处理台湾方面关心的问题”。笔者相信，一旦两岸恢复谈判，大陆会表现出更大的诚意，提出更务实的建议，端出“牛肉”来。但是，鉴于当前民进党当局无意明确接受一个中国原则，甚至幻想可以绕过一个中国原则而造成两岸政治接触的既成事实以为明年选举捞取选票，两岸政治对话与协商一时尚难恢复。胡锦涛的“四点意见”显示，大陆新领导今后对台工作的重点是促进两岸经济文化交流，贯彻寄希望于台湾人民的方针和团结台湾同胞共同推进中华民族的伟大复兴。也就是说，工作的重点将放在所谓“低政治”的领域之内。这无疑是既务实又有所作为的政策选择。

在经贸文化领域内，大陆将继续执行不以政治分歧干扰两岸经贸文化和人员往来的政策，以“双赢”为出发点，以“三通”为主线，进一步密切两岸经贸合作与人员往来。台湾有一些人对大陆积极发展两岸经贸关系的政策有所误解，认为大陆是“项庄舞剑，意在沛公”，是“以经促政”。鼓吹“戒急用忍”者则从敌视大陆的立场出发，视“三通”和两岸经贸合作为冲垮他们“台独”堤坝的洪水，并为此提出台湾经济将被“空洞化”、“边缘化”等耸人听闻的“理论”。对经贸问题有些了解的人都知道，经贸关系本质上不是“零和游戏”而是“正数和游戏”，也就是说，进行经济和贸易往来的各方，虽然会有相互竞争、利益冲突等各种矛盾，但经贸往来最终都会有益于双方经济的发展，是一种双赢的“正数和”。两岸的经贸关系更是双赢的范例。台湾的“戒急用忍”者说，台湾对大陆的近400亿美元投资“掏空”了台湾，造成严重失业。但是他们有意隐瞒了问题的另一方面，那就是，正是因为有了这近400亿美元的投资，台湾在和大陆的贸易中获得了1000多亿美元的顺差，没有这笔顺差，台湾的对外贸易早就会出现赤字了。此外，正是由于对大陆的投资，台湾把因工资、地价等成本上涨而陷于困境的劳动密集型产业转移到大陆，不仅使它们免于破产、造成更严重的失业，而且使它们在大陆获得“第二春”，企业规模进一步扩大。对于台湾整体经济来说，对大陆的投资使它能以“软着陆”的方式实现了从传统产业到高新技术产业的结构调整。对大陆来说，虽然付出了1000多亿美元逆差的代价，但台胞的投资为大陆创造了大量就业机会，引进了大陆需要的产品、技术和管理经验，扩大了大陆的内外贸易。大陆经济的发展，台胞是作了重要贡献的。正是因为两岸经贸关系有利于双方，所以大陆一直不遗余力地予以推动；而李登辉的“戒急用忍”政策，民进党上台后两岸间的政治僵局，都未能阻止台商到大陆来发展。这一发展趋势肯定会继续下去，而且会进一步强化。

从目前的情况看，“三通”将是今年两岸经贸关系的聚焦点。2004年台湾选举的序幕现在已经拉开。“泛蓝”和“泛绿”两大阵营对决的态势已经浮现，但是双方谁强谁弱尚难断言，变数仍多。台湾舆论多认为明年选举将是争取中间选民的对决。对民进党而言，要争取中间选民就必须在两岸关系上做文章。民进党内要求淡化“台独”色彩、向中间“转型”的呼声在升高，但是还没有达到使它在一个中国原则这样的“高政治”议题上做出重大转折的程度。因此，属于“低政治”范畴的“三通”问题很可能成为民进党“拼选举”的一个重要筹码。年初，民进党当局放出风说，它已经完成了“三通”对两岸关系将造成何种影响的评估，但一再推迟公布评估结果。看来，民进党如何打“三通”牌将取决于它对选情的评估。由于选情无疑会错综复杂，估计民进党在两岸关系上将采取两手策略，时而会做出姿态，给人以“三通”有望的印象，以赢得盼望改善两岸关系的中间选民的支持；时而会故伎重演，挑起族群矛盾、制造两岸紧张以确保其“铁票”不至流失。这种策略在不同的时间和不同的地区都会有不同的运用。

胡锦涛在“四点意见”中重申了“寄希望于台湾人民”的方针，并对这一方针的内涵做了阐述，有两方面内容。一是台湾同胞是两个“重要力量”，“是发展两岸经济文化交流、扩大人员往来的重要力量”和“遏制台湾分裂势力的重要力量”。因此，大陆对台湾同胞寄予殷殷厚望。可以说，祖国统一事业的推进是和台湾同胞作为两个“重要力量”的发挥有直接关系。二是，“争取广大台湾同胞理解和支持我们的方针政策”。大陆最基本的对台方针是“和平统一，一国两制”，争取台湾同胞理解和支持这一方针最为重要。由于受岛内对这一方针大量歪曲宣传的误导，很多台湾民众对“一国两制”有误解。譬如，“台独”分子把“一国两制”污蔑为“共产党统治”，歪曲为“既要向台北交税，还得向北京交税”。尽管如此，越来越多的台湾同胞开始了解和认同“和平统一，一国两制”方针。根据台湾的相关民调，仅在四五年前，支持“一国两制”的民众还不到10%，而现在一些民间机构调查的结果已经达到30%，即使是台湾“陆委会”所做的民调也上升到17%。胡锦涛总书记说：“‘一国两制’是两岸统一的最佳方式。”说它最佳是因为，没有一国，就违背海内外中华儿女的共同意志，也就没有和平可言；没有两制，就不能满足台湾同胞当家做主、高度自治的愿望。笔者认为，随着时间的推移，随着两岸交流合作的进一步发展，绝大多数的台湾同胞会理解支持“和平统一，一国两制”方针的。

胡锦涛的第四点意见呼吁两岸同胞和所有中华儿女团结起来，为实现国家统一和中华民族的复兴而共同努力。这说明，大陆推动祖国统一的出发点是为了中华民族复兴这一根本利益。在和平与发展是世界主流的今天，中华儿女只有团结起来才能抓住机遇、应对挑战。团结才有力量。

笔者研读胡锦涛“四点意见”后得到的最深印象是，中共新领导有能力和智慧把祖国统一事业推进到新的境界。

（2003年4月3日）

珍视历史成果 重开两岸协商

——纪念汪辜会谈十周年

10年前的4月27日，举世瞩目的汪辜会谈在新加坡举行。在3天的历史性会谈中双方达成了4项协议，为两岸关系的历史写下了浓墨重彩的一页。回顾10年来两岸关系所经历的风雨历程，人们可以清楚地看到，两岸的对话和协商是顺应两岸同胞的愿望，推动两岸关系平稳健康发展的最现实的途径；而对话和协商只有在一个中国原则的基础之上才能顺利地进行并取得符合两岸同胞利益的“双赢”成果。

1987年底，台湾当局在台湾民众的强烈要求下被迫开放台湾同胞到大陆探亲，打破了两岸近40年的隔离状态，两岸人员和经济、文化往来迅速发展起来，从而也衍生出越来越多需要两岸共同协商处理的问题。但是台湾当局囿于和大陆“不接触、不谈判、不妥协”的僵硬政策，拒绝和大陆直接接触和谈判。在此情况下，中共中央台办负责人于1991年6月7日受权建议，“由海峡两岸有关部门和受权的团体或人士，尽快商谈实现直接‘三通’和两岸交流问题”。在祖国大陆推动和台湾同胞呼应下，大陆海协会和台湾海基会于1992年3月首次在北京就公证书认证和挂号信查询、补偿等问题进行事务性商谈。

两岸交往中的具体问题是一个国家内部的事务，一个中国原则无可回避。两会事务性商谈开始后，海协会考虑到双方对一个中国的立场和政策，本着化解分歧、解决问题的诚意，提出在事务性商谈中只要双方均表明坚持一个中国的基本立场，可以不讨论一个中国的政治含义，表述的方式也可以协商。台湾当局的“国家统一委员会”于1992年8月1日就一个中国的涵义做出“结论”表示：“海峡两岸均坚持一个中国之原则，但双方所赋予的涵义有所不同”；“台湾固为中国之一部分，大陆亦为中国之一部分”。从这里可以清楚地看出，虽然台湾当局坚持两岸对一个中国的涵义有不同看法，但在事务性商谈中双方均坚持一个中国原则是双方的共识。正是基于这一共识，两会人员于1992年10月28日至30日在香港就一个中国原则表述的内容和方式进行商谈，并于11月经函电往来达成了以口头方式表述“海峡两岸均坚持一个中国原则”的“92共识”。

“92共识”排除了两会事务性商谈中的政治障碍，两会于1993年4月在北京进行了安排两会会长会谈的预备性磋商，并就会晤的时间、地点、人员、议题等达成8项共识。同年4月27日至29日，汪道涵会长和辜振甫董事长在新加坡首次会谈，签署了《两岸公证书使用查证协议》、《两岸挂号函件查询、补偿事宜协议》、《两会联系与会谈制度协议》、《汪辜会谈共同协议》等4项协议。这是两岸在隔绝40余年后首次达成的富有成果的协议，标志着两岸关系迈出了历史性的一步。

汪辜会谈的成功举行为两岸关系发展开辟了良好前景，因此也引起了岛内分裂势力以及国际上反华势力的惶恐和不安。以李登辉为代表的岛内分裂势力很快显露出他们的本来面目，开始为两会进一步商谈设置了重重障碍。汪辜会谈的一个重要内容是加强两岸经济交流与合作。《汪辜会谈共同协议》写明：“双方均认为应加强两岸经济交流、互补互利。”汪会长在会谈中，根据方兴未艾的两岸经贸和人员往来的客观要求和两岸同胞的共同期望，提出了政治上的歧异不应妨碍经济合作、“三通”应摆上日程、筹开两岸民间经济交流会议、建立两岸经济合作机制等具体建议和措施。但是，台湾当局无意落实汪辜会谈成果，拖延两岸经济性商谈。其后，李登辉更反其道而行之，提出“戒急用忍”政策，企图阻遏两岸经贸交流与合作的进一步发展。1999年7月，他又提出所谓的“两国论”，破坏了一个中国原则的政治基础，使两会的对话和协商被迫中断。2000年5月，民进党当局上台后，不但拒不接受一个中国原则、否定“92共识”，而且提出所谓“一边一国论”，进一步恶化了两岸关系，为海协、海基两会对话与协商的恢复设置了更严重的障碍。

然而，李登辉和民进党当局并未能阻止两岸经贸交流和人员往来的蓬勃发展。到去年底，两岸人员往来已累计达3300万余人次，间接贸易达2679亿美元。去年两岸贸易额近447亿美元，是10年前的3倍。1979年，祖国大陆倡议“三通”是为了促进两岸经贸交流，今天的情况是，两岸密切的经贸关系在呼唤立即“三通”，台湾当局面临岛内民众的巨大压力，正可谓“沉舟侧畔千帆过，病树前头万木春”。

祖国大陆一直主张并积极推动两岸在一个中国原则基础上，尽早恢复两岸的对话与协商。中共“十六大”报告就再次敦促两岸在一个中国原则基础上，暂时搁置某些政治争议，尽早恢复对话和谈判，并具体提出“三个可以谈”，即结束两岸敌对状态，台湾地区在国际上与其身份相适应的经济文化社会活动空间，以及台湾当局的政治地位。这三个问题都是台湾方面最关注的问题。胡锦涛总书记今年3月11日在参加十届人大一次会议台湾代表团审议时，也表示，愿意和台湾方面在一个中国原则的基础上“务实、平等地进行协商，妥善处理台湾方面关心的问题”。今天，中共中央领导同志和各界人士在这里集会隆重纪念汪辜会谈十周年，再次表达了祖国大陆希望两岸早日恢复对话与谈判的诚意。回顾汪辜会谈成功举行并取得具体成果的历史，人们会得出这样的结论，只要确认一个中国原则，两岸的分歧，包括政治分歧，都是可以找到化解办法的。汪辜会谈的政治基础是“92共识”，而“92共识”则是在两岸表明均坚持一个中国原则态度的基础上，照顾双方利益，搁置对一个中国政治含义的争议，以灵活、务实的方式求同存异而达成协议的范例，体现了两岸中国人的政治智慧。祖国大陆十分珍视汪辜会谈的历史经验和来之不易的成果，殷切地希望台湾当局能早日回到“92共识”的轨道上来，以便尽早恢复两岸的对话与协商，推动两岸经济、贸易、科技、文化各方面的交流合作和人员往来，发挥两岸互补互利的优势，促进两岸经济和社会的共同发展。胡锦涛总书记指出，中国是两岸同胞的中国，是我们共同的家园。他呼吁两岸同胞和所有中华儿女团结起来，为实现国家统一和中华民族的复兴而共同努力。在纪念汪辜会谈十周年之际，我们看到，在台湾岛内，求和平、求安定、求发展是民意的主流，多数的政党和政治人士尊重历史、认知“92共识”，珍视汪辜会谈的成果。祖国大陆真诚地寄希望于台湾民众，深信经过两岸同胞的共同努力，两岸一定能够在一个中国原则的基础上重开对话与谈判，使汪辜会谈所开创的历史进程继续向前迈进。

（刊载于《两岸关系》杂志2003年5月第71期）

选举后的台湾局势和两岸关系

5月17日，中共中央台湾工作办公室和国务院台湾事务办公室授权就两岸关系问题发表声明指出："当前，两岸关系形势严峻。坚决制止旨在分裂中国的'台湾独立'活动，是两岸同胞当前最紧迫的任务。"这是3月20日台湾举行的地方选举之后，大陆首次就台湾局势和两岸关系发表的最权威的评论，声明清楚地阐明了大陆所秉持的立场和奉行的政策。

一、选举后的台湾局势

3月20日举行的选举，是台湾举行过的选举中最具争议的选举。在投票前不到24小时，在民进党候选人陈水扁的家乡发生了至今疑云重重的"枪击"陈水扁事件。陈水扁最终以不到3万票的细微多数重新当选。反对党国民党—亲民党联盟立即质疑选举的公正性与合法性并诉诸法律程序。台北也发生了包括学生静坐绝食在内的群众抗议活动。这里我们放下这场争议最终结果不谈，探索一下陈水扁获得的50.2％选票意味着什么。

多数的台湾和大陆的学者认为，这一投票结果表明"泛绿"阵营的基本支持率已提升到45％，即陈水扁在2000年得到的39％选票加上李登辉从国民党拉出的6％选票。由于李登辉效应的影响以及连战和宋楚瑜两个候选人自身因素的原因，"泛蓝"阵营的基本支持率从2000年的60％下降到45％，另有10％为中间选票。双方争夺的就是这10％的中间选票，谁得到其中的6％，谁就获胜。这就是民进党所说的"割喉战"的6％。对未来选举中"蓝""绿"双方实力的评估，有的台湾学者认为双方的"铁票"各为30％，40％为中间票，双方仍有相当的竞争空间。但是，民进党占有执政的优势，而国民党赖以生存的地方组织和派系在过去4年中已发生了分化和改组，特别是在台湾中部地区，加之国民党、亲民党和新党的“泛蓝”整合仍有诸多变数，“泛蓝”阵营在未来的选举中无疑走的是一条上坡路。

从地域上看，“泛蓝”阵营在12个县市和两个外岛赢得了50%以上的选票，人口为1175万，占全岛总人口的51%，平均得票率比“泛绿”阵营多15.96%；“泛绿”阵营在11个县市，主要在南部，的到50%以上选票，人口为1028万，占总人口的49%，平均得票率比“泛蓝”阵营多16.76%。台湾“北蓝南绿”的政治版图依然如故。

二、所谓“台湾意识”问题

一些评论，特别是美国媒体的评论认为，台湾这次选举表明，台湾的“台湾意识”或“国家认同感”明显膨胀。确实，由于陈水扁当局在过去4年中强化“渐进式台独”，全方位地推行“去中国化”政策，台湾的分裂意识有所发展。特别是，它利用“台湾悲情”进一步分割“台湾人”与“中国人”；通过煽动对大陆的敌视，进一步拉开两岸的距离；挥舞“卖台湾”的大棒，打压岛内的反对势力；所有这些都对岛内分离意识，或所谓“台湾民族主义”的增长起了推波助澜的作用。但是，从台湾过去10多年进行的民意调查的结果来看，60%以上的民众希望维持现状，并不想改变自1949年以来台湾的政治认同，并不支持建立“台湾共和国”。那么如何解释“台湾意识”问题呢？

前民进党文宣部主任陈文茜曾著文指出，从李登辉到陈水扁，他们所鼓吹的“台湾意识”实际上是“福佬中心主义”冠冕堂皇的化身。在台湾的人口中，74%为福佬人，也就是闽南人。在台湾的选民中，支持民进党的福佬人约占这一族群的40%，也就是说还有34%的福佬人支持国民党、亲民党等反对党。如果民进党能够把这34%的福佬人争取过来，那么民进党将赢得所有的选举。要争取这部分福佬人，最有力的武器就是“台湾悲情”，就是“族群牌”，“台湾意识”、“国家认同”不过是它们的政治包装。陈文茜今年5月10日在台湾《商业周刊》发表的一篇文章中说：“台湾独立只是福佬中心主义自然发展的政治结论。”民进党中的基本教义派“强烈主张将福佬中心主义脱离本土夺权概念，变成国族主义的目标”。因此，她指出，在今年底举行的“立法院”选举中，以及在 2005 年的县市张选举、2006 年的台北市和高雄市选举、2008 年的“大选”中，民进党仍然会在“台湾意识”的大旗下，打“族群牌”。

三、大陆的对台政策

大陆的对台基本政策，即“和平统一，一国两制”，以及江泽民的 8 项主张、中国共产党第 16 次全国代表大会报告所阐述的对台政策，今后不会改变。台办 5 月 17 日的授权声明则是今后一段时间内贯彻这些基本政策的具体措施。这个声明可以概括为一个判断，两条道路，5 个“决不”和 7 个前景。一个判断是，经过过去 4 年的“听其言，观其行”，大陆得出结论：陈水扁没有诚信，出尔反尔，说话不算数，完全背叛了他在 2000 年做出的“四不一没有”的承诺。陈水扁说什么已经没有意义，我们主要看他做什么。两条道路就是陈水扁面临两个选择，一条是悬崖勒马，停止“台独”分裂活动；另一条是一意孤行，坚持“台独”，最后玩火自焚。对于陈水扁的这两个选择，大陆以 5 个“决不”予以应对：一个中国原则的立场决不妥协；坚决捍卫主权和领土完整的意志决不动摇；对“台独”决不容忍；同时，争取两岸和平谈判的努力决不放弃；与台湾同胞共同谋两岸和平发展的诚意决不改变。这就是说，如果陈水扁改弦易辙，承认两岸是一个国家，那么大陆将在 7 个方面尽最大努力推动两岸关系发展，体现它决不改变的和平承诺与诚意，争取 7 个光明的前景：两岸恢复对话，建立军事互信机制，实现“三通”，做出密切两岸经贸关系的安排，进一步密切两岸人员往来，讨论和台湾地位相适应的国际空间问题，实现台湾同胞要稳定、要和平、要发展的愿望。

有的评论认为大陆台办的“5·17”声明没有新意，这可能是由于对两岸关系的历史和现状缺乏了解。实际上，台办授权提出的这 7 个建议，是立足于两岸同胞的共同利益，充分考虑台湾同胞的要求和愿望以及国际社会对于台海地区和平与稳定的关切而提出来得，是经过深思熟虑的并表现了新的灵活性。譬如，关于两岸复谈，这次大陆并没有限定在海协会和海基会的会谈，而是“以适当方式”“及时磋商解决两岸关系中衍生的问题”。关于两岸建立军事互信机制以及讨论台湾“国际活动空间”问题，也是第一次明确提出来的。这些问题都是关系到两岸同胞切身利益和台海地区和平与稳定的要害问题，大陆负责任地提出来，就看对岸如何回应。

四、两岸关系前景

大陆台办授权发表的“5·17”声明已经清楚地阐明了大陆在台湾选举之后对两岸关系所秉持的立场和奉行的政策。大陆希望陈水扁当局能够悬崖勒马，承认一个中国的原则，使两岸关系朝着美好的前景发展。但是，从岛内政局的现状及发展趋势来看，出现大陆所期待的前景并不乐观。我在本文第一部分已经提到，民进党还没有取得绝对的执政优势，它仍然需要操弄族群政治，在占人口多数的闽南人中开拓政治疆域，取得更多的支持。在这种情况下，陈水扁会继续在岛内诉诸“台湾主体意识”，用“卖台湾”的政治帽子打压反对党；在两岸关系上会继续挑衅大陆，利用“台湾悲情”煽动反大陆情绪，拉大两岸的距离。在这种情况下，期待陈水扁当局会放弃“台独”是不现实的。可能出现的另一种前景是，在内外因素的制约下，陈水扁不能如愿以偿地实现他 2008 年的“台独时间表”，而在今后 4 年中玩弄“边缘台独政策”，不时在两岸间兴风作浪，使台海地区动荡不安、危机四伏。

另一个影响两岸关系走向的因素是美国。众所周知，美国的反华势力是台湾分裂势力的最大后台老板。如果美国不改变把中国视为潜在战略对手的冷战思维，它就不会放弃利用台湾来遏制中国发展壮大的策略，就不会放弃维持两岸分离状态的政策。实际上，冷战后美国的新保守主义者囿于冷战思维，把中国视为取代前苏联的对手是一个战略判断错误。“9·11”事件证明，对美国安全的直接威胁来自国际恐怖主义，而反恐斗争不是一朝一夕就可以解决的问题。美国迟早会认识到敌视和制造“中国威胁论”只能损害美国的利益。

总之，未来两岸关系的发展既取决于岛内局势的发展，也取决于大陆的发展和对台政策，也受到国际因素，主要是美国政策的影响。综而观之，在“台独”基本教义派的推波助澜之下，岛内分裂意识还会有所发展，但大陆对于维护主权和领土完整的信心随着自身的发展也在增强。而美国的外交政策的基础本质上不是“自由”、“民主”这些意识形态的东西，而是美国的国家利益。历史将再次证明，它会根据自身利益的需要而调整它的对华政策。不管情况如何发展，大陆对解决台湾问题的基本对策是争取最好的结果，做好最坏的准备。

（2004年6月8日）

“台独”在，常不忘于武备

众所周知，祖国大陆基本对台政策是“和平统一，一国两制”。大陆将以最大的诚意，做出最大的努力以和平方式实现国家最终统一，但同时绝不承诺放弃使用武力。大陆之所以坚持这样的政策，是因为和平与武力之间存在着相互依存的辩证关系。对于这个道理，古今中外的智者早有论述。我国宋代大学问家欧阳修说过：“至治之时，常不忘武备”，就是说，天下最安定的时候，也不要忘记武备。现在，台湾的分裂势力企图把自古属于中国的宝岛分裂出去，严重威胁着国家主权和领土完整，大陆当然不能放弃武备。美国的开国元勋乔治·华盛顿则说：“做好战争的准备，是维护和平的最有效的手段之一。”大陆不放弃使用武力正是为了最有效地使和平解决台湾问题得以实现，道理是一样的。正是因为大陆这一政策震慑着台湾分裂势力，犹如一柄悬在他们头上的“达摩克利斯之剑”，他们一直使用歪曲和诡辩的手法诋毁、攻击这一政策。国际上有些珍视和平的人不了解大陆对台政策的真相，有时会被台湾分裂势力的宣传所误导，因此有必要对他们歪曲诡辩之词予以驳斥和澄清。

台湾分裂势力称，大陆不放弃使用武力是企图“改变台海两岸现状”，“威胁台海地区的和平与安全”。这是典型的本末倒置的诡辩。首先，什么是海峡两岸的现状？又是谁企图改变现状？

台湾自古是中国领土，从来不是一个国家，这是确凿的历史事实，即使是岛内的分裂势力也难以否认。1895 年日本通过战争从中国窃取了台湾，但是第二次世界大战后，中国依据《开罗宣言》和《波茨坦公告》收复了台湾。1949 年以后，虽然海峡两岸处于暂时分离状态，但是台湾在大部分的时间里是坚持一个中国原则的并致力于国家统一。1991 年 2 月台湾通过的《国家统一纲领》开宗明义的第一句话就是：“中国的统一，在谋求国家的富强与民族长远的发展，也是海内外中国人共同的愿望。”1992年8月台湾“国家统一委员会”通过的“关于‘一个中国’的涵义”决议文说：“海峡两岸均坚持‘一个中国’之原则”，“台湾固为中国之一部分，但大陆亦为中国之一部分”。这就是自1949年以来台海两岸长期维持的现状：中国只有一个，台湾和大陆同属于这个中国，中国的主权和领土是完整的。这里要问一下台湾的分裂主义分子：台湾有哪一条法律是说台湾不是中国的一部分？有哪一条法律说两岸的主权和领土是分割的？

正是因为有了一个中国原则的政治基础，两岸关系得以从内战的刀光剑影中逐步缓和下来，台湾当局放弃了“不接触、不谈判、不妥协”的政策，大陆则做出了“和平统一，一国两制”的重大决策，两岸经贸及人员往来随之迅速发展，海峡地区局势日趋平静稳定。1992年，海协会和海基会通过香港会谈就一个中国原则问题达成共识，在此基础上，1993年在新加坡举行了历史性的汪辜会谈并达成4项协议。这段历史说明，一个中国是1949年以来两岸现状的本质特征，也是海峡地区稳定与和平的政治基础。历史已经同样证明了挑战、破坏一个中国的两岸现状必然使两岸关系跌宕起伏、险象环生。

1988年李登辉上台后，在他认为脚跟已经站稳的时候，立即就显露出他分裂国家的图谋。1995年他企图通过访问美国在国际上突破一个中国原则，引发了1995—1996年的台海危机；1999年他提出“两国论”，使两岸的对话与协商中断。2000年，分裂主义的民进党上台后，进一步加快了“台独”步伐，提出了所谓“一边一国”论并制定了“修宪”和“制宪”的“台独时间表”，使两岸关系面临前所未有的严峻形势。上述事实说明，破坏和企图改变两岸现状，从而破坏海峡地区和平与稳定的不是大陆而是台湾岛内的分裂势力。

岛内分裂势力还指责大陆增加国防预算，在东南沿海地区部署导弹“威胁了东亚区域的繁荣与安定”。这同样是颠倒黑白的诡辩。

国际上都承认，中国的国防和世界各大国相比还是比较落后的，国防开支和美国相比是微不足道的。就两岸而论，2004年，大陆的国防预算约为250亿美元，台湾的军事预算约为80亿美元，台湾的军费是大陆的1/3。但是，台湾军费按人均计算为250美元，而大陆仅为19美元，也就是大陆的13倍。除了军事预算外，台湾当局每年还耗费巨资从美国购买大量的先进武器和装备。根据美国国会的统计，上世纪90年代，台湾当局共购买了168亿美元的美国武器，是世界上第二号军火采购商。今年，台湾当局不顾财政日益恶化的困境，又提出了再花180亿美元购买美国武器的计划，激起台湾广大民众的抵制和反对。据“美台商业协会”估计，未来10到15年，台湾购买美国武器的金额将达354亿美元。看来，台湾当局为了遂行其分裂国家的目的，即使是民穷财尽、民怨沸腾也要买武器，要加剧两岸军事对峙。这不是破坏东亚区域安定又是什么？台湾当局花费天文数字的美元买美国的武器，除了“繁荣”了美国的军火工业之外，对东亚区域的发展益在何处？

至于导弹问题，这就更不难厘清真相。人们还记得，自1979年大陆做出和平解决台湾问题的重大政策调整之后，大陆即采取实际步骤缓和台海局势，降低两岸军事对峙，其中最重大的行动就是单方面地撤销了福州军区，开放了东南沿海。没有大陆的主动之举，今天两岸之间经贸交流的热络，人员往来之频繁，乃至东亚地区的经济发展是不可想象的。但是，从李登辉到陈水扁，他们的所作所为恰恰是反其道而行之：李登辉访美导致了1995—96年的台海危机；他们大量购买美国的先进武器装备使得大陆不得不加速国防现代化，以挫败他们分裂国家的图谋。美国一些亲台势力辩称，是因为大陆部署了导弹，所以美国要卖武器给台湾。这完全是不值一驳的恶人先告状。这里只问一个简单的问题：美国是什么时候开始向台湾卖武器的，大陆又是什么时候部署导弹的？

总之，人们只要了解事实、尊重事实就会识破台湾分裂势力的诡辩，得出这样的结论：是台湾岛内的分裂势力企图改变两岸同属一个中国的现状，是他们的分裂活动危害着台湾海峡的和平与稳定，威胁着东亚区域的繁荣与安全。只有遏制住台湾当局的分裂活动，才能维护这一地区的和平与发展。因此，大陆绝不能承诺放弃使用武力，只有“常不忘于武备”，才能最有效地维护两岸和区域的和平与繁荣。

（2004年12月19日）

一部维护两岸和平的法律

第十届全国人民代表大会第三次会议 3 月 14 日高票通过了《反分裂国家法》。海内外的中国人强烈呼吁和热切期待的这部法律终于适时而生。这是自 1995 年江泽民同志代表中央提出现阶段发展两岸关系、推进祖国和平统一进程的八项主张以来，祖国大陆采取的最重大的举措，也是祖国大陆为和平解决台湾问题所做的又一次巨大努力。

去年 12 月全国人大常委会决定启动这部法律的立法程序之后，台湾岛内的分裂势力和国际上某些反华势力就使用凭空捏造、恶意歪曲的手法，攻击拟议中的这部法律，企图误导舆论，煽动台湾同胞和国际舆论反对这部法律。它们攻击的重点之一是诬蔑这部法律是“战争法”。这部法律到底是“战争法”还是大陆方面所阐明的“和平法”？要回答这个问题，我们首先要釐清对两岸和平、乃至亚太地区和平的威胁到底来自何处。

大家都知道，1949 年之后，作为内战遗留的问题，两岸处于暂时的隔离状态，但两岸同属于一个中国的事实，台湾作为中国一部分的法律地位从未改变。这是和平解决两岸最终统一问题的政治基础。但是，自从李登辉在台湾当权之后，他就一步一步地显露出他分裂国家的图谋，1999 年公然提出了所谓的“两国论”，明目张胆地要破坏两岸都是中国不可分割领土的现状。2000 年，分裂主义的民进党上台之后，加速了把台湾从中国分割出去的步伐，其中最具危险性的是，台湾当局领导人抛出了“一边一国论”，并制定了一个通过所谓“宪政改造”、“公民投票”谋求“法理台独”的时间表。这就把两岸关系推到了爆发冲突的危险边缘。历史告诉人们，分裂国家的行为必然要挑起战乱。大家都熟知的美国南北战争就是一场反分裂战争。这场战争血的教训使得美国确立了“联邦是永恒的”，“各州不能合法退出联邦”这样的立国原则。上个世纪60年代，非洲的尼日利亚也曾因为东部统治集团成立“比夫拉共和国”的分裂行为而发生了4年内战，给尼日利亚人民造成极大的痛苦和损失，也破坏了非洲国家之间的团结。现在俄罗斯的车臣问题也是这个性质的问题。这些历史和现实的教训都告诉我们，台湾分裂势力分裂国家的图谋是两岸乃至亚太地区和平的最大和最现实的威胁。只有遏制和挫败台湾分裂势力的图谋才能确保两岸和地区的和平与稳定。这就是《反分裂国家法》的宗旨和要义所在，它是维护和平之法，绝非“战争法”。

如果通读一下这部言简意赅的法律，人们会看到它的很多条款是过去20多年大陆为了推动和促进两岸关系发展所制定的方针政策的法制化。例如，这部法律明确规定“国家以最大的诚意，尽最大努力，实现和平统一”，规定鼓励和推动两岸经济交流与合作，包括“三通”；国家依法保护台湾同胞的合法权利和利益；鼓励和推动两岸教育、科技、文化、卫生、体育交流等等。大陆将这些行之有效的方针政策提升为法律，将保证这些符合两岸同胞共同愿望和根本利益的措施依法贯彻始终。法律还为两岸在一个中国原则下进行协商和谈判擘画了广阔的空间，体现了“在一个中国原则下什么问题都可以谈”的诚意。法律所确立的议题，如两岸正式结束敌对状态，台湾当局的政治地位，台湾地区在国际上与其地位相适应的活动空间等，都是两岸同胞，特别是台湾同胞所关注的重要问题，这体现了大陆体察台湾同胞的要求，承诺务实地和台湾同胞平等协商这些问题的诚意。从过去20余年两岸互动的历史可以得出这样的结论：台湾同胞是会欢迎和赞同这部法律的。

台湾分裂势力歪曲、攻击《反分裂国家法》另一个重点是有关以非和平手段制止台湾分裂势力分裂国家的条款。这是它们一贯使用的胡搅蛮缠的诡辩。人们都知道，中国大陆从1979年以来就倡议通过两岸平等协商和谈判，以和平方式实现国家的统一。道理很简单，两岸同胞都是中国人，是手足兄弟，没有任何人比我们更希望通过和平方式实现国家统一、民族团圆。胡锦涛主席3月4日再次声明：“只要和平统一还有一线希望，我们就会进行百倍的努力。”但是，只有和平的诚意和努力是不够的，还必须为和平得以维护提供可靠的保障，这就是为什么我们从来没有承诺过放弃使用武力。邓小平同志早就说过："我们不能把自己的手捆起来，如果我们把自己的手捆起来，反而会妨碍和平解决台湾问题这个良好愿望的实现。"这就是尽最大努力争取和平统一和绝不放弃使用武力的辩证关系。这里必须明确的是，任何主权国家都不会容忍分裂国家的行为，都有权采取任何必要方式捍卫国家主权和领土完整。在这方面，中国大陆的决心和意志是坚定不移的。台湾分裂势力必须放弃"台独"分裂立场，停止一切分裂活动。在这个问题上，我们也不允许外部势力的干涉和阻挠。必须明确指出，《反分裂国家法》规定的采取非和平方式，完全是针对"台独"分裂势力及其分裂国家活动的，决不是针对台湾同胞的。台湾当局将其歪曲为大陆要用非和平手段解决台湾问题，完全是别有用心，企图误导台湾同胞。

有的人还提出这样的疑问，不久前两岸"春节包机"实现了双向直航，两岸关系出现了一些缓和，在这个时候通过《反分裂国家法》时机是否恰当？

首先，中国大陆的立法有其立法程序。《反分裂国家法》是针对台湾岛内分裂势力的一部极重要的法律，需经全国人民代表大会全体会议审议通过。我们的会期通常是在每年的 3 月。更重要的是，我们如何看待两岸关系中出现的这种缓和？

去年底，台湾的"立法院"举行了新的选举，以民进党为首的所谓"泛绿"阵营并没有取得它们声言的过半数的席位。这说明，多数的台湾同胞不支持台湾分裂势力要改变海峡两岸现状，挑起两岸冲突的图谋。《反分裂国家法》的一个重要目的就是维护大陆和台湾同属一个中国的现状不被台湾分裂势力所改变。这和台湾岛内的主流民意是一致的。这次"春节包机"得以获得积极成果，一方面是大陆积极、务实地推动的结果，也是广大台湾同胞、台湾工商界和主张改善两岸关系得政界人士强烈要求对台湾当局形成巨大压力的结果。继"春节包机"之后，大陆为推动两岸关系的进一步缓和，派海峡两岸关系协会会长汪道涵先生的代表赴台湾参加不幸过世的台湾海峡交流基金会董事长辜振甫先生的追思会；提出"春节包机"节日化和常态化；主动提出愿就台湾农产品出口大陆问题和台湾有关组织进行协商。这些主动行动体现了大陆关于"只要是对台湾同胞有利的事，只要是对促进两岸交流有利的事，只要是对维护台海地区和平有利的事，只要是对祖国和平统一有利的事，我们都会尽最大努力去做，并且一定努力做好”是说话算数的。《反分裂国家法》和这些努力是相辅相成的。但是另一方面，我们也清醒地看到，岛内分裂势力至今仍无意放弃“台独”立场，我们反对“台独”分裂势力及其活动的斗争仍然是严峻和复杂的。特别是最近，岛内分裂势力不择手段地歪曲和攻击《反分裂国家法》，企图误导台湾民众，再次煽动反大陆情绪。我们不应因台海紧张局势出现的某些缓和而有所懈怠。多年来两岸关系跌宕起伏的历史清楚地表明，“台独”分裂势力嚣张的时候，两岸关系必“跌”；相反，“台独”分裂势力受到遏制的时候，两岸关系必“起”。因此，人们应当以长远的观点，站在两岸同胞的根本利益的高度，以维护地区乃至世界和平的责任感，来看待中国大陆刚刚通过的《反分裂国家法》。如果这样做了，大家就会同意，这部法律的通过是恰逢其时。

（刊载于2005年3月18日《人民日报》海外版）

坚定不移地贯彻寄希望于台湾人民的方针

寄希望于台湾人民是祖国大陆一贯的重要对台方针政策。道理很简单：维护中国的主权和领土完整是包括台湾同胞在内的全体中国人民的共同义务；也只有通过两岸同胞的共同努力，才能最终完成祖国统一大业。

1979 年 1 月 1 日，全国人大常委会在告台湾同胞书中即提出“我们寄希望于一千七百万台湾人民”。其后，无论是 1981 年 9 月叶剑英委员长和新华社记者的谈话（叶九条），邓小平同志 1983 年 6 月提出的两岸“和平统一的设想”（邓六条），以至 1995 年 1 月江泽民同志提出的为促进祖国统一大业的八项主张（江八点），无不体现和坚持了寄希望于台湾同胞的手足之情和一贯立场。党的 16 大以来，胡锦涛总书记从以人为本的施政理念出发，不但继续贯彻寄希望于台湾同胞的方针，而且在岛内分裂势力活动一时猖獗的情况下，进一步强化了这一方针，对它重要意义做了更深刻的阐述，为落实这一方针做了适应新形势的部署。

2003 年 3 月 11 日，胡锦涛同志在参加十届人大一次会议台湾代表团的审议时，就对台工作发表了 4 点意见。这是他担任中共中央政治局常委以来，第一次就台湾问题发表的全面和系统的谈话。4 点意见中的第 4 点，就是重申寄希望于台湾人民的方针，并对这一方针的内涵做了新的阐述。他提出台湾同胞是两个“重要力量”，“是发展两岸经济文化交流、扩大人员往来的重要力量”和“遏制台湾分裂势力的重要力量”。同时他提出“争取广大台湾同胞理解和支持我们的方针和政策”的任务，指出了做台湾人民工作的核心内容。他最后呼吁两岸同胞和所有中华儿女团结起来，为实现国家统一和中华民族的复兴而共同努力。

今年3月4日，胡锦涛同志看望了出席全国政协十届三次会议的民革、台盟、台联组委员，听取了委员们的意见和建议，并再次就对台工作提出4点意见，其中第3点意见是“贯彻寄希望于台湾人民的方针决不动摇”。他重申了台湾同胞是发展两岸关系和遏制“台独”分裂势力的两个“重要力量”的观点，而且语重心长地说：“无论在什么情况下，我们都尊重他们，信赖他们、依靠他们，并且设身处地地为他们着想，千方百计照顾和维护他们的正当权益。”他还说，“这是我们对广大台湾同胞的庄严承诺”。他对台湾同胞的手足深情和殷殷厚望溢于言表。根据这样的期望和承诺，祖国大陆在促成春节包机之后，立即提出使包机节日化和常态化，两岸货运包机的问题以及台湾农产品在大陆销售的问题。3月14日第十届全国人大第三次会议通过的《反分裂国家法》第四条明文规定：“完成统一祖国的大业是包括台湾同胞在内的全中国人民的神圣职责。”寄希望于台湾人民的政策已经成为庄严的法律。3月30日，中共中央台办和由中国国民党副主席江丙坤率领的参访团在北京经过协商，就加强两岸经贸等领域交流与合作，取得了12项初步成果。这些成果包括，加强两岸农业合作、解决台湾农产品在大陆销售问题，恢复对台输出渔工劳务合作业务，大陆依法保护台湾同胞在大陆的投资及合法权益，设立台湾大学生奖学金，推动两岸共同打击犯罪等等。这些内容无不体现了大陆关于凡是有利于台湾同胞的事都会尽最大努力去做的承诺。

从上述事实可以清楚地看出，祖国大陆今后将继续坚定不移地贯彻执行寄希望于台湾同胞的政策和法规，并会继续根据实际情况提出落实这一政策的倡议和措施。现在的问题是，大陆的这一方针政策是不是能够得到台湾同胞的理解和支持，是不是切合岛内的民意？特别是2000年分裂主义的民进党上台后，岛内的分裂意识是不是已经成为主流民意？这确实是一个使一部分人感到困惑的问题，有必要予以分析和回答。

台湾分裂势力说，岛内“台独”思潮已是“主流民意”；美国和西方国家的一些学者和媒体也附和这种说法，宣扬台湾已形成了分离主义的“民族认同”。那么，在统与“独”这一核心问题上，台湾的民意到底是什么样呢？这里，笔者拟从对“台独”基本教义派实力的评估和对台湾民意结构的分析两个方面对这个问题试做回答。

“台独”基本教义派实力评估　这里说的“台独”基本教义派是指那些把“台独”奉为神主牌位的死硬分子。笔者汇总了台湾各民调机构所公布的相关结果，选择了其中七个问题作为界定它及其实力的参数，现援引如下：

1. 即使台湾宣布“独立”也不会引起战争	21.4%
2. 台湾能打赢“台独”战争	26.6%
3. 反对和大陆达成和平协议（民进党内）	23%
4. 愿为“台独”而战（民进党内）	54.2%
5. “三通”对台湾不利	22%
6. 大陆经济制裁不会影响台湾经济	22%
7. 台湾只需和美国友好而不需和大陆搞好关系	16%

从对上面这七个问题的回答可以看出，台湾的“台独”基本教义派是坐在“台独”的井里看台湾、看大陆、看两岸、看世界，置台湾的和平、稳定、发展于不顾，毫无中华民族感情，顽固地追求他们理念中的“台独”。然而，他们充其量也只占台湾民众的20%左右。这部分人当然不能代表台湾的主流民意。台湾的民调也显示，即使“台独”是经过了“民主程序”，也有47%的民众不赞成为“独立”和为所谓的“民主”而打仗。但是这些“台独”基本教义派却是民进党玩弄“民粹政治”的基础，借助他们在选举中，在政治斗争中，以简单化、情绪化、人身攻击和扣“卖台”大帽子的手法兴风作浪，造成“主流意识”的假象。当然，我们也应当注意，权力影响价值，民进党执政5年多来，“台独”基本教义派的实力有所膨胀，从李登辉后期的17%增长到现在的20%，特别是在民进党内部有一半的人不惜为“台独”一战，在民众中也有34%的人愿为“民主”的“台独”而战。这种状况显然对海峡的和平稳定不利，应当予以化解，但是他们毕竟是少数。

台湾民意结构分析　去年7月，台湾《商业周刊》委托台湾大学政治系做了“台海安全认知调查”的大型民调。民调发现，58.3%的民众认为，如果台湾宣布“独立”的话就会引发两岸战争；一旦爆发战争，而美国又不出兵“协防”台湾，59.3%的人认为台湾没有能力抵抗。对这一结果做进一步的交叉分析后发现，年轻、高学历的台湾民众比一般人更确认“台独”是台海安全的“红线”，对基本教义派“武力台独”也更没有信心。从年龄上看，对“武力台独”没有信心的比例是：

20—29 岁	74.6%
30—39 岁	66.7%
40—49 岁	58.8%
50—59 岁	46.0%
60 岁以上	43.2%

从教育程度上看，比例是：

小学及以下	42.8%
初中	59.3%
高中	61.8%
专科	71.8%
大学及以上	71.9%

这样的调查结果和台湾以往民调中所显示的蓝、绿两大阵营支持者的年龄和教育结构也是吻合的。绿营在 50 岁以上的选民中一直领先于蓝军（差距在 10%左右），在其它年龄段中，蓝军有时占有 15%左右的明显优势。在只受过小学和初中教育的民众中，绿军略优于蓝军，而蓝军在受过高等教育的民众中对绿军则占有较大优势，有时高达 20%以上。

很明显，出现这样差异的原因是，年龄较轻、教育程度较高的人要比年龄较大、教育程度较低的人接受更多的资讯，对岛内政治、两岸关系以及国际形势有更多的了解和更理性的判断力。这种情况也说明，民进党的社会基础，也是它玩弄“民粹政治”的基础是年龄比较大、教育程度比较低的，也是社会功能正在消退的群体，并不代表台湾社会未来发展方向。因此，我们对台湾未来民意的发展应有信心。

从岛内在过去十对年所做的各种民调的结果看，60%到 70%的台湾民众希望维持现状，他们希望和平、稳定与发展，不希望两岸关系紧张对立。特别是在两岸经贸关系越来越密切，人员往来越来越频繁的今天，越来越多的台湾同胞认识到，两岸“合则两利”，热望两岸早日三通，共创和平，共谋发展。不久前，一向支持民进党得台湾企业家许文龙公开站出来支持一个中国原则，指出“台独”只能把台湾拖入灾难，从一个侧面显示了岛内民意的发展趋势。岛内分裂势力制造两岸对立，要把两岸同胞分开的图谋遇到越来越大的困难。台湾同胞作为发展两岸关系和遏制“台独”两大重要力量的作用已经更加明显地表现出来，寄希望于台湾人民的政策必然结出丰硕成果。

（2005 年 4 月 17 日）

海峡潮涌向谁边

——两岸关系的转机与前景

春回大地，海峡潮涌。由连战、宋楚瑜两位主席率领的中国国民党、亲民党两党访问团在万象更新的春天，应中国共产党的邀请，先后成功地访问了大陆，取得了丰硕成果，在两岸构建了党对党对话的新平台，为两岸关系的发展开辟了两岸同胞多年来所企盼的新前景。

祖国大陆一贯主张通过两岸多层次、多渠道的平等协商和谈判，和平解决两岸间问题，推动国家的最终统一。在蒋介石和蒋经国两位先生主政时期，国民党当局一贯坚持一个中国立场，反对台湾“独立”，这为国、共两党再次合作，通过谈判和平解决国家统一问题，提供了政治基础。1983 年 6 月，邓小平同志建议举行中国共产党和中国国民党的“两党平等会谈，实行第三次合作”。

蒋经国先生去世后，包藏“台独”祸心的李登辉上台。但在权位尚未稳固的时候，他口头上仍然表示“台湾和大陆是中国不可分割的领土”、“所有中国人同为血脉相连的同胞”、“中国的统一和富强是所有中国人共同的期望”，还提出愿意“建立沟通管道”、“研讨国家统一事宜”。虽然李登辉的许多话是言不由衷，缺乏诚意，而且也不愿意进行党对党或其它形式的两岸正式谈判，但为了不放弃任何推动国家和平统一的机会，大陆立即做出“表示赞赏”的积极回应。1990 年 11 月和 1991 年 12 月，两岸先后成立了“海峡交流基金会”和“海峡两岸交流协会”，并开始了两会经授权的对话与协商。1992 年 11 月，两会在香港专门就一个中国原则问题进行了磋商，并于会后以口头声明的方式确认了双方均坚持一个中国的立场。至于双方对一个中国原则涵义的认知，则求同存异，在两会的协商中不去涉及。这就是后来人们概括的“92 共识”。在这个基础上，两会领导人汪道涵会长和辜振甫董事长于1993年4月在新加坡举行了历史性会谈并达成四项协议。这是1949年以来，两岸授权的民间中介机构第一次通过平等对话与协商所取得的实际成果，成为两岸关系史中的一个重要里程碑。

正是由于两岸关系出现了使人寄予期待的前景，台湾岛内的分裂势力和国际上的反华势力感到惶惶不安。1995年，李登辉在美国亲台势力的配合下，策划了对康奈尔大学的访问，企图以美国为突破口，在国际上制造“两个中国”和“一中一台”。两会接触被迫中断。1998年11月，在祖国大陆务实地、坚持不懈地推动下，以及台湾当局出于为缓解因破坏两岸关系、制造海峡地区紧张而受到的内外压力的需要，辜振甫先生得以来到上海会晤汪道涵会长，并北上北京受到江泽民主席的接见。但是，就在汪道涵会长即将于1999年秋到台湾进行历史性回访的前夕，李登辉却于7月抛出了“两国论”，破坏了两岸关系的政治基础，再次使两会协商中断。2000年5月，分裂主义的民进党上台执政后，拒不承认一个中国原则，否定“92共识”，致使两会对话至今未能恢复。

早在蒋经国先生主政的后期，岛内政治形势发生了变化，他开放了老兵回大陆探亲，两岸人员往来和间接贸易快速发展；同时“党禁”也被突破，1986年民主进步党成立。随着岛内形势的这种变化，祖国大陆对两岸对话与协商方式的政策做了相应的调整。江泽民同志在1995年提出的为促进祖国统一大业的完成而继续奋斗的八项主张中表示，“在和平统一谈判的过程中，可以吸收两岸各党派、团体有代表性的人士参加。”这样的调整把两岸平等对话的大门敞得更开了。在2000年5月后，祖国大陆也没有把两岸对话的大门关上。江泽民同志在不同场合多次明确表示：“只要台湾当局承认一个中国原则，我们就可以同他们坐下来谈，什么都可以谈，我也可也去，台湾的领导人也可以来。”今年3月4日，中共中央总书记胡锦涛在看望参加全国政协十届三次会议一些委员时提出了在新形势下发展两岸关系的四点意见。他针对岛内现实情况阐明了我们对两岸对话所持的更具包容性立场。他说：“只要承认一个中国原则，承认‘92共识’，不管是什么人、什么政党，也不管他们过去说过什么、做过什么，我们都愿意同他们谈发展两岸关系、促进和平统一问题。”这一立场表明了大陆以大局为重，不计前嫌的坦荡胸怀。

形成鲜明对照的是，民进党当局主政之后，不但加快了分裂国家的步伐，开始了全面“去中国化”的进程，制定了“公投制宪”的“时间表”，而且对主张在“92共识”基础上恢复和发展两岸关系的政党、团体和个人，统统扣上“卖台”、“通共”的大帽子，在岛内制造了一种“绿色恐怖”的高压，一时间使得某些认知“92共识”的政党和人士感到犹豫、彷徨。两岸关系处于危险的僵局之中。

那么，是什么原因和背景使得中国国民党在今春先于3月下旬派江丙坤副主席率团参访大陆，成功地进行了国、共两党交往断绝56年后的“破冰之旅”；而后连战主席于4月26日率团访问大陆并和胡锦涛总书记于28日在北京进行了历史性的握手呢？是什么原因和背景使得亲民党主席宋楚瑜接踵而来，率团于5月5日至13日访问了大陆呢？对这个问题，连战主席4月29日在北京大学演讲时，做了精辟准确的回答。他说，这是历史的趋势，民意的驱动。

首先，台湾岛内民意的主流到底是什么？岛内分裂势力说，“台独”思潮已是“主流民意”；美国和西方国家的一些学者和媒体评论也宣扬台湾已形成分离主义的“民族认同”或“台湾意识”。他们的“论据”是2000年主张“台独”的民进党上台执政，2004年民进党又再次在选举中获胜。大家都知道，2000年选举时，由于李登辉作祟，国民党发生分裂，宋楚瑜从国民党中出走，以无党派候选人身份参选，上演了一场由三组人马角逐的“三国演义”。“鹬蚌相争，渔翁得利”，陈水扁侥幸以39%的少数票获胜。台湾选举实行的是相对多数制。如果是绝对多数制，进行第二轮投票的话，可以肯定，国民党所得到的23%的选票大部分会转向得到36%选票的宋楚瑜，民进党不可能上台。可以说，2000年民进党上台是靠的李登辉给它创造的机会，而不是靠自身的实力。2004年选举时，国民党和亲民党决定联合参选，推出“连（战）宋（楚瑜）配”，民进党面临巨大挑战。民调显示，连、宋的“泛蓝”阵营一直领先民进党的“泛绿”阵营。在此情势下，民进党使出浑身解数拉选票，包括抛出“公投制宪”和“台独时间表”，不断挑衅大陆，煽动“台湾悲情”；滥用手中权力在投票的同时进行所谓的“防御性公投”，强行“绑票”；通过“过境外交”借重洋人拉选票等。但是，这种种手段似乎仍然难以奏效，于是在3月19日的下午，也就是在投票前的不到24小时，发生了陈水扁、吕秀莲在台南遭到枪击“受伤”事件。在一种波诡云谲的气氛中，民进党以不足3万票的极其微弱多数“胜选”。但是，当天台北发生了规模空前的抗议选举不公的静坐、绝食和示威风潮，“泛蓝”阵营提出了“选举无效”的诉讼，要求调查“3·19”枪击事件真相。这次选举后，民进党虽然得以继续执政，得到了50.2%的选票，但是它却在台湾一半的选民中失去了执政的“合法性”。如果说2000年后民进党当局是一个不具多数民意基础的少数当局的话，它的上台还是具有“程序正义”的，也就是说“取之有道”；而2004年民进党“获胜”的“程序正义”却受到广泛的质疑，也就是说“取之无道”。可以说，民进党是赢了选举、失了信义，受到一种危害性更大的内伤。正是在这样的背景下，民进党当局特别重视去年12月举行的“立法院”选举。它一方面要拿下过半的席次，以便推行“公投制宪”的“台独”时间表；另一方面，也希望通过“最新民意”表明，它继续执政是“合法”的。但是，“立法院”选举的结果恰恰和它的期待相反。国民党和亲民党共得到超过半数的115席，加上倾向“泛蓝”的无党籍席位，保持了比较稳定的多数地位。这一结果实际上反映了台湾政治版图的基本面，“台独”分裂势力从来不代表台湾的主流民意。尽管民进党当权了5年，但它在民众中的支持率在过去10年中并没有实质的增长。这可以从1995年以来，台湾4届“立法院”选举中民进党的得票率看得一目了然。

时间	1995	1998	2001	2004
得票率(%)	33.17	29.56	33.38	35.72

此外，从过去10多年台湾各种民调的结果看，60%到70%的台湾民众希望台湾和平、稳定、发展，不希望改变两岸都是中国一部分的现状。即使在民进党当权后，台湾的“急独”基本教义派，也不过占20%左右。另一方面，民进党的政治路线本身带有很强的排他性，这也限制了它自身的发展。

民进党的“台独”诉求是建立在所谓“台湾悲情”基础之上的。这种“悲情”论者把近代台湾同胞和大陆同胞一样遭受的内忧外患，统统归咎为“外来统治”，包括1945年台湾光复之后的国民党当局，并以这样的历史观作为支撑其“台独”诉求的“理论基础”。同时，他们利用台湾同胞因历史上的苦难而自然产生的“出头天”、“当家做主”的愿望，玩弄民粹政治。他们把台湾同胞撕裂为“本省人”和“外省人”，使“外省人”背负了“非我族类”的原罪；把两岸关系定位为“一边一国”，并以此不断挑衅大陆，煽动仇视大陆的情绪；把政党分际定位在“爱台湾”和“卖台湾”，对反对“台独”、主张建立和平、稳定两岸关系的政党和个人都扣上“台奸”的帽子。民进党所推行的这种“非我即敌”的排他性“零和斗争”路线，特别是在各种选举期间，造成了岛内族群对立、社会断裂和两岸紧张；而每经过一次选举，情况就变得更为严重。民情可用，但不可欺。多年下来，台湾民众对民进党玩弄民粹政治所造成的危害感受越来越深。“台奸”、“卖台”、“通共”的“帽子”大棒也逐渐失去了作用。这可以从2004年12月举行的“立法院”选举中看到其端倪。首先，它的投票率创下历史新低，只有57.6%的选民出来投票，比2001年的选举下降了近9个百分点。更重要的是，这次低投票率造成的效果也和往常相反。过去低投票率通常对民进党有利，但这次却有约220万在半年前的“大选”中支持民进党的选民不是没有出来投票，就是投了“泛蓝”的票。出现这种情况的原因是，由于民进党跟在李登辉的台联党后面打出了“台湾正名”、全面“去中国化”、“催生新宪法”等极端的“台独”竞选口号，使得希望两岸关系平稳的“淡绿色”选民感到忧虑，因而消极抵制或离民进党而去。低投票率还反映出台湾民众已经对政党间的恶斗感到厌烦。今年3月，全国人大高票通过《反分裂国家法》后，台湾当局声言在3月26日举行“百万人抗议游行”，但是那天的“游行”却有气无力，草草收场。台湾著名政治评论家南方朔指出：“‘3·26’的不光彩，是台湾人民的福气。它显示出那群什么都不会，只会搞撕裂，只会搞对立的人，他们的信用已快速折旧。”“它所反映的，乃是台湾群众判断力的进步与觉醒。”5月14日为“宪改”而举行的“任务型国民大会”选举更鲜明地印证了民意的这种变化。虽然民进党得到了略多于国民党的42.5%的选票，但是这次的投票率却创下了令人难堪的新低，只有23.4%。舆论普遍认为，如此低的投票率使这次选举完全失去了其价值。台湾岛内民意出现的上述变化，从本质上讲是形势发展的必然结果，也就是说“形势比人强”。

胡锦涛总书记在会见连战和宋楚瑜两位主席时都强调，处理两岸关系这个重大问题必须以宽广的眼光审视当今世界和两岸关系发展的大势，顺应历史潮流而动。实际情况是，不但大陆同胞面临和平与发展的历史机遇和挑战，台湾同胞也面临着同样的机遇和挑战。在过去半个世纪里，台湾同胞经过打拼奋斗，各方面的经济建设取得了骄人的成就，跻身于“亚洲四小龙”。但是近十年来，台湾也面临的经济全球化趋势深入发展和科学技术突飞猛进的挑战，遇到新一轮经济结构调整所带来的问题。台湾的人均 GDP 已经原地踏步了 9 年；民进党执政后出现过历史上少有的经济负增长；财政赤字逐年增加，而境外投资逐年减少。与此同时，随着两岸经贸关系的迅速发展，两岸经贸依存度快速增长。从 2003 年起，大陆已成为台湾的最大出口市场和最大的贸易伙伴。台湾经济学家估计，台湾经济成长的 1/3 依靠大陆，大陆经济增长如果下降一个百分点，台湾经济将因直接影响而下降 0.4 个百分点，而因综合影响将下降 0.9 个百分点。可以说两岸经济关系已经到了大陆一荣，两岸俱荣；大陆一损，两岸俱损的程度。台湾的“经营之神”王永庆先生说过，没有大陆台湾就没有出路，台湾的贸易顺差主要靠大陆，没有大陆台湾根本无法在国际上竞争。在这种情势下，台湾民众自然希望两岸和平、稳定、合作、双赢。台湾的任何政党如果一味地无视台湾的根本利益，与大陆为敌作对，只能自绝于台湾民众。因此，国民党和亲民党选择了顺应民意的道路，来到大陆谋求两岸的共同发展和繁荣。

中国共产党通过邀请国、亲两党来访并给予诚挚热情地接待表达了大陆同胞对台湾同胞的骨肉深情。这在台湾岛内掀起了“大陆热”，大大增进了两岸同胞的相互了解和感情交融。三党通过平等协商所取得的共识和成果说明，只要在一个中国原则的基础上，两岸之间没有什么不可以谈得问题，经过共同努力，也没有什么不能解决的问题。三党取得的共识和成果，也反映了两岸的主流民意，为今后两岸关系的发展指出方向、奠定基础。中国共产党清楚地表明，愿意在同样的基础上，和台湾的其它政党进行对话与协商，而不会计较它们过去说了什么话，做了什么事。大陆通过国、亲两党送给台湾同胞大熊猫和其它促进两岸经贸和人员往来的“大礼”，充分说明大陆有关只要是对台湾同胞有利的事情，只要是对促进两岸交流有利的事情，大陆都会努力去做，并且努力做好，不是空话，而是庄严承诺和实际行动。

中国国民党和亲民党对大陆的成功访问，为两岸关系开启了和平发展的美好前景，但是岛内的分裂势力和国际上的反华势力决不会善罢甘休，它们必然会千方百计破坏两岸关系的顺利发展，对此两岸同胞必须高度警惕，前进的道路还会是曲折的。然而，今春海峡所涌起的大潮毕竟代表了历史发展的趋势，代表了两岸同胞的民意，它是任何人所阻挡不了的。它必将汹涌澎湃地把两岸推向国家统一、民族振兴的康庄大道。

（刊载于2005年第6期《人民画报》）

卫我中华 休戚与共

——台湾光复60周年感言

今年10月25日是台湾光复60周年纪念日。1945年，包括台湾同胞在内的中华儿女，在国际反法西斯阵线的支援下，经过8年浴血奋战，取得了抗日战争的伟大胜利。作为这一胜利的成果，台湾同胞终于摆脱了长达50年的日本殖民统治桎梏，回到祖国的怀抱。当天，“同盟国”中国战区台湾省受降仪式在台北举行，受降主官代表中国政府宣告：从即日起，台湾及澎湖列岛已正式重入中国版图，所有一切土地、人民、政事皆已置于中国主权之下。回顾这一庄严时刻，回顾台湾光复后走过的整整一个甲子的岁月，特别是当前两岸同胞所共同面临的反对“台独”分裂势力、推动祖国和平统一的斗争，台湾光复的历史和现实意义就更显得光彩夺目。

台湾自古就是中国的神圣领土。1895年，日本军国主义通过甲午战争，用武力强迫腐败的清朝政府“割让”他们觊觎已久的台湾和澎湖列岛。然而，“种瓜得瓜，种豆得豆”，日本军国主义通过战争进行掠夺，也因为发动战争而受到历史惩罚。1941年12月，珍珠港事件之后，中国政府对日宣战，声明废止包括马关条约在内的所有涉及中日关系的条约、协定、合同。中国将“收复台湾、澎湖、东北四省土地”。1943年12月，由中国、美国和英国领导人签署的《开罗宣言》向全世界宣告：日本必须归还所有“窃取于中国之土地，例如满洲、台湾、澎湖列岛等”。1945年7月，中、美、英三国签署（后苏联参加）的《波茨坦公告》又重申：“开罗宣言之条件必将实施。”同年8月15日日本宣布投降，在《日本投降条款》中明确承诺：“兹接受中美英三国共同签署的、后来又有苏联参加的1945年7月26日的波茨坦公告中的条款。”上述具有国际法效力的文件再次确认了台湾是中国的神圣领土，将台湾归还中国是反法西斯阵线各国人民的共同意志，也是同盟国接受日本投降的一个条件。这是台湾光复所昭示的历史事实。

台湾光复，全岛欢腾，举国欢腾，因为这是全体中国人民共赴国难、浴血奋战的结果。从日本军国主义窃取台湾的那一天起，台湾同胞就从来没有停止过反抗，大陆同胞也一直支持台湾同胞的斗争。《马关条约》签订之后，台湾岛内“哭声震天”，鸣锣罢市；驻军将领刘永福等与日本占领军进行了殊死搏斗。在大陆，来北京会试的18省千余名举人“公车上书”，反对割让台湾。东南各省民众或捐输饷银、或结队赴台，支援刘永福的黑旗军。台湾同胞组织义军，进行武装游击反抗，长达7年之久。

抗日战争爆发后，台湾同胞在文武两条战线上投入了这场伟大的民族解放战争，出现了众多民族志士和抗日英雄，很多人抛头颅、洒热血，献出了自己的生命。据不完全统计，从台湾和世界各地来到大陆投入抗战的台湾同胞有五万多人。台胞的抗战组织有台湾革命青年大同盟、台湾革命民族总同盟、复土血魂团等等。台胞还组织了义勇队、战地服务团等。在解放区，台南县人林栋、高雄出生的杨美华、嘉义县人林思平等从事医疗卫生工作，做出了突出贡献；从印尼回到大陆的台南市人杨诚，在延安担任了归国华侨联合会主任，做了大量工作，后来成为新中国航空事业的重要领导人。曾任台盟中央领导人的蔡啸同志是在抗日战争中涌现的杰出台胞代表。他从一名贫苦渔家子弟，成长为优秀的军事指挥员，在抗日和解放战争中立下汗马功劳。在福建组织台胞成立义勇队抗日的李友邦是名震一时的抗日英雄，可惜后来在台湾以“窝藏共产党罪”被害。

在思想文化战线上，台湾的志士仁人一直以笔代剑，进行抗日宣传和斗争。先有早期的抗日文学“三杰”丘逢甲、洪弃生和连横；后有“台湾新文学之父”的赖和以及张我军、吴浊流、杨逵、蒋渭水等等。他们反对日本的殖民统治，反对“皇民化”教育，弘扬了民族文化，表现了崇高民族气节。回顾这段历史，人们可以看到，台湾的光复是两岸同胞同仇敌忾、相互支援、共同奋斗的结果。两岸同胞血脉相承、命运相同、休戚与共。这是台湾光复昭示的另一历史事实。

鸦片战争以来，中国受尽了外国列强的侵略和凌辱，割地赔款，灾难深重。其中台湾同胞遭受了整整半个世纪的日本殖民统治，沦为亡国奴，是中华民族苦难史中最为悲惨的一页。抗战胜利、台湾光复是中华民族百年来反抗外来侵略的第一次伟大胜利，是中国近代史的转折点。遗憾的是，作为中国内战遗留的问题，自1949年以来两岸仍处于分离状态；现在，岛内的分裂势力不但要使这种分离状况长期化，而且要从法理上把台湾从祖国分裂出去。包括台湾同胞在内的所有中华儿女正面临着反对“台独”分裂图谋，促进祖国早日和平统一新的历史任务。祖国统一、民族团圆被视为中华民族能否实现伟大复兴的重要标志。台湾光复的历史告诉我们，这一胜利的取得是台湾同胞和大陆同胞同仇敌忾、休戚与共，共同奋战所取得的，两岸同胞一定会通过共同努力挫败“台独”分裂势力，最终实现国家统一和民族复兴。台湾光复的历史和它所昭示的真理就是这样告诉我们的。

（刊载于2005年10月24日《人民日报》）

和平与发展——两岸关系主旋律

国共两党两岸经贸论坛15日在北京圆满落幕，16日胡锦涛总书记和连战名誉主席进行了两人间的第二次会晤，大陆宣布了15项促进两岸关系发展的优惠政策以及大陆同胞赴台旅游管理办法。两岸关系这种喜人发展，犹如和煦春风，扑面而来。

岛内多数民众对论坛的成果和胡连会感到欣慰、高兴，股市也随之上扬。民进党当局则依然是偏执十足地予以歪曲和攻击，这使一些人怀疑大陆和台湾的在野党达成的共识和建议，能否在岛内得以实施。这种还怀疑不无根据，大熊猫团团和圆圆至今不能赴台就是例证。但是，就大陆方面而言，正如胡锦涛总书记所言，凡是有利于台湾同胞的事，大陆都会尽最大努力去做。大陆不会因为局势的一时波动或少数人的干扰和破坏而违背自己的承诺。从大陆宣布的15项政策来看，它们都是台湾同胞当前所期盼的问题。如农渔产品问题，台湾在加入WTO后，受冲击最大的就是农渔业，大陆扩大和增加免税进口台湾农鱼产品是雪中送炭，不是什么“直捣民进党在台湾南部的大本营”。承认台湾学历，也是由于现在台湾学生毕业后就业困难，有些人希望到大陆寻找就业机会，大陆回应了这种要求。医疗问题也是一样，到大陆的台湾同胞越来越多，他们面对的一个难题是如何在台湾的医保范围内报销在大陆的医疗费用，大陆这次出台了相应措施，同时还开放了台湾医生到大陆执业，方便大陆台胞就医。笔者记得去年胡连会后，江丙坤副主席在接受记者采访时曾被问到，会谈中两党有什么分歧和妥协时，江先生说，会谈中是国民党提出要求，共产党考虑、答应我们的要求，没有什么分歧和妥协。笔者认为，大陆的15项优惠政策也是在同样的背景下出台的。

毋庸讳言，台湾民进党当局会采取各种手段去阻挠和破坏论坛提出的共同建议和大陆宣布的15项政策的落实，但是只要这些建议和政策是台湾同胞所需，是两岸共同利益所在，谁要进行阻挠破坏，谁就会失去民心，谁就会自我孤立。胡连会中双方最重要的交集点是两位领导人都把和平和发展确定为两岸关系的主题。这也是当今世界的潮流和趋势，也是两岸的主流民意。国共两党是顺应历史的大潮和两岸民意而动，得天时、得人心。经过两党的不懈努力，两岸关系一定能够拨乱反正，朝着和平稳定、互利双赢的方向发展。

二次胡连会和国共经贸论坛之所以取得巨大成功还是因为两党在一个中国原则问题上有“92 共识”这个重要政治基础。陈水扁不久前和国民党主席马英九会面时，曾自以为得计地挑战“92 共识”，企图在国共两党之间挑拨离间、制造分歧。这种做法实际上是企图掩盖历史和现实的自欺欺人。从历史上看，13 年前如果没有“92 共识”，怎么会有“汪辜会谈”呢？从现实看，如果没有“92 共识”怎么会有两次胡连会呢？熟悉两岸关系历史的人都知道，当年海协、海基两会的香港会谈主要是解决双方在一个中国原则上认知的分歧，分歧的核心是谁代表中国。由于双方都有解决问题的诚意，所以都采取了求同存异的务实态度，终于达成了互谅互让的共识。双方的共同点是均坚持一个中国的原则；保留的分歧是对一个中国政治义涵的不同认知。为了促成会谈取得成果，海协会同意了海基会提出的双方以口头方式表述各自立场的主张。海基会先以书面形式提出 5 种表述方案，但双方没有取得一致意见。其后，海基会代表又口述了 3 种口头表述方案，并请海协会代表逐字逐句记录下来，两人还核对了记录。第 3 种表述方案是：“在海峡两岸共同努力谋求国家统一的过程中，双方虽均坚持一个中国的原则，但对于一个中国的涵义，认知各有不同。惟鉴于两岸民间交流日益频繁，为保障两岸人民权益，对于文书查证，应加以妥善解决。”海协会于 1992 年 11 月 16 日致函海基会对这一表述做出了回应，指出它“明确了海峡两岸均坚持一个中国原则”，并通知了对方海协会的表述：“海峡两岸都坚持一个中国原则，努力谋求国家的统一。但在海峡两岸事务性商谈中，不涉及一个中国的政治含义。”这就是双方得以达成“92 共识”的具体内容。双方至此在一个中国原则问题上求一个中国之同，在其后的商谈中不再涉及对一个中国政治义涵之异。这为 1993 年的汪辜两位老先生的新加坡会谈铺平了道路。从这段历史事实可以清楚地看出，1992 年海协、海基两会各自以口头方式对一个中国原则的表述是有双方认可的确定内容的，是在双方交换的信函中记录在案的，也见诸台湾的报刊。“一个中国，各自表述”这8个字是在1995年左右出现的。当时李登辉已经开始暴露其“台独”的真面目，开始背离“92共识”，到1999年他最终撕下了伪装，公开提出了“两国论”。李登辉的“一中各表”不但早为大陆所严厉谴责，也为国民党所摒弃。现在台湾当局的领导人企图用“一中各表”来挑拨国共两党的关系是枉费心机。国民党主席马英九先生当年是“陆委会”副主委，是香港会谈的当事人之一，对这段历史十分清楚，多次确认“92共识”。从上文可以看到，当年海基会的“一中各表”不但有一个中国原则，还有“海峡两岸共同谋求国家统一”。陈水扁在马英九面前对“92共识”说三道四，在旁观者看来真是班门弄斧，自讨没趣。

民进党现在正处在何去何从的十字路口。是屈从于少数“基本教义派”的压力，继续走“台独”的独木桥；还是顺应岛内民意，谋求两岸的和平与发展？民进党有识之士已经在考虑这个问题，民进党迟早要做出抉择。

（2006年5月12日）

斯人遽逝 遗憾两岸

听说辜振甫先生病情加重已有一段时间了。念及他已是耄耋之年，心中一直忐忑。新年一过他竟驾鹤而去，虽然是 89 岁高龄，仍使我深为痛惜。尤其是回顾他担任台湾“海峡交流基金会”董事长 14 年来，两岸关系所经历的阳春和寒冬，我想他是带着“壮志未酬身先死”的缺憾而离开的。

我对辜先生的深入了解开始于 1993 年 4 月他和汪道涵会长在新加坡举行的“汪辜会谈”。一时间，全世界的新闻都聚焦在狮城。在两岸公开往来断绝了 40 余年后，汪辜两位老先生进行了历史性的握手，并达成四项协议。这不仅为两岸关系掀开了新的一页，也为台海乃至亚太地区的和平与稳定带来福音，因此使两岸同胞鼓舞，为世界各方瞩目。

“汪辜会谈”之所以得以成功举行，是因为海协、海基两会通过共同努力，于 1992 年 10 月香港会谈后就一个中国原则达成了“92 共识”，即海峡两岸均明示坚持一个中国原则，同时搁置了对其政治义涵所存在的分歧。这是两岸同胞为了中华民族繁荣发展的共同利益所展现的诚意与智慧的结果。为此，汪、辜两位老先生在幕后、台前都做出不可替代的贡献。

然而，两岸关系出现的这一突破性进展也使台湾岛内分裂势力惶恐不安。1994 年，李登辉就急不可待地向日本作家司马辽太郎倾吐了积郁已久的“台独”悲哀；1995 年他更企图通过“访问”美国而在国际上突破一个中国原则，从而引发了 1995—96 台海危机。但是，大多数台湾民众珍视来之不易的“汪辜会谈”成果，希望两岸关系能继续向前发展。因此，经过海协、海基两会的共同努力，辜先生终于在 1998 年 10 月来到上海和汪老举行了第二次会晤，开启了两岸政治和经济对话。辜先生随后北上北京，会晤了江泽民主席等大陆领导人。

就在辜先生做好准备迎接汪老于1999年秋天访台时，李登辉于7月间抛出了“两国论”，破坏了两会对话和协商的政治基础，使第3次汪辜会晤功败垂成。2000年民进党当局上台后，更进一步否定“92共识”，提出“一边一国论”和“修宪”、“制宪”的“台独”时间表，使两岸关系陷入了危险的僵局。在这样的情势下，沉疴在身的辜先生心境如何是不难理解的。朋友们说，他念兹在兹的仍是两岸关系。

辜先生是一位成功的企业家，但他的政治和文化底蕴尤为深厚。他酷爱京剧，特别陶醉于自演“借东风”。唐代诗人杜牧有诗云：“东风不与周郎便，铜雀春深锁二乔”。辜先生职掌海基会后，之所以能够挥洒其才华与智慧，以两次汪辜会晤在两岸关系史上留下浓墨重彩，是因为有了“92共识”这个“东风”相助。而李登辉、陈水扁刮起的“台独”之风却把辜先生这位伏枥老骥的千里之志吹成终身遗憾。更有甚者，台湾当局把“汪辜会谈”对两岸关系的贡献说成是制造了“和平幻想”，这无疑是对尸骨未寒的辜先生的亵渎。这也是为什么希望两岸关系能够恢复和发展的人们对辜先生的辞世同感痛惜的原因所在吧！

（刊载于2005年1月7日《人民日报》海外版）

德高望重 风范长存

——深切悼念海峡两岸关系协会汪道涵会长

汪老永远离开了我们。

然而，他留给我们的绝不仅仅是无限的哀思与痛惜。作为少年从戎的革命家，他留下了为创建新中国而立下的汗马功劳；作为长期从事经济工作的领导干部，他留下了建设新中国、发展对外经济交流与合作的重要贡献；作为上海的老书记、老市长，他在上海改革开放、蓬勃发展的靓丽画卷中留下了光彩的一页。1991 年出任海峡两岸关系协会会长后，他又为推动祖国和平统一大业倾注了他的心力、睿智、经验，发挥了无可替代的作用，留下了丰富的遗产、长存的风范。

作为台湾问题的研究者，我有幸接触到汪老，聆听到他的指教，目睹了他接见一批批来自祖国台湾和国外学者时，以他特有的亲和力与说服力使他们折服、倾倒的场面。这些经历在我脑海里的凝聚点是他那独具的人格魅力—革命家的无畏与坚定，礼贤下士的长者风度，待人接物的温文儒雅，以理服人的学识修养，兼容并蓄的宽阔胸襟，以及他对台湾同胞深切真挚的骨肉之情。可以说，汪老以他的言行最生动、最形象地体现了祖国大陆的对台政策，是祖国大陆对台政策的“形象大使”。

有一次我应邀参加上海台湾研究所召集的研讨会，会议进行不久，一身便装、笑容可掬的汪老突然走进了会议室，大家又惊又喜地站起来，但他随便找了个座位和大家一起坐下继续讨论。他很认真地听大家发言、做笔记，不时以探讨的口气插话和大家交换看法。有位年轻学者是第一次见到汪老，发言有些拘谨，但汪老很注意他的发言，而且会后要这位年轻人把他的姓名和电话写在汪老的笔记本上，并把自己的电话告诉了他，说：“你有什么想法和意见可以打电话给我。”汪老礼贤下士、提携后进在我们学者之间是有口皆碑的。作为一介书生的学者，很多人有“人微言轻”之感，但在汪老面前大家感到人不“微”、言不“轻”。

汪老最爱书。他好学不倦，手不释卷，藏书丰富。他不但是上海大小书店的常客，来北京时，海协会的同志也都做好他逛书店的准备。它涉猎的不仅仅是台湾问题，大到天下大事，小到专业问题，他都关心。正是因为他学识渊博，他能从世界格局、中国发展大战略，以辩证的思维来处理台湾问题，站得高、看得远。

他尊重知识，重视学者们的研究成果。很多学者都把研究成果呈送给他，他一一笑纳。有一次我把社科院台湾研究所的年度研究报告交给他，他非常高兴，一边抚摸着书的封皮，一边连声说好，爱惜之情溢于言表。他对研究台湾问题的学者总是予以支持和鼓励。社科院台研所有的同志有时感到研究工作很平凡，作用有限。但汪老说台研所是“藏龙卧虎之地”，大家受到极大的鼓舞。

汪老热爱台湾、了解台湾，身体力行地贯彻中央“寄希望于台湾人民”的方针。他广泛接触台湾各方面人士，倾听各种政治倾向的意见，然后吸纳其中的合理成分，提出有针对性的政策建议。曾在岛内外引起广泛和积极反响的“汪道涵 86 字方针”就是一个突出的例证。当年很多台湾人士对大陆是否能在一个中国原则基础上平等地和台湾方面协商两岸问题存有疑虑，对大陆在台湾“政治定位”上的立场也很关心。汪老针对这些重要问题进行了思考和研究，提出了对应之策，最后形成了“86 字方针”。方针明确表示：“双方应共同努力，在一个中国的原则下，平等协商，共议统一”，“台湾的政治地位应该在一个中国的前提下进行讨论”。1998 年 10 月，汪老和辜振甫先生在上海会晤时，汪老表达了“86 字方针”所确定的立场，为会晤取得成果奠定了基础。

汪老出任海协会会长之后，两岸关系有发展、有挫折。1992 年海基、海协两会香港会谈后形成的“92 共识”中，包含着汪老的智慧和心血；1993 年汪辜两位老先生的新加坡会晤是两岸关系史中的一个里程碑；1998 年汪辜的上海会晤，使因李登辉访美而中断的两会对话得以恢复，并开启了两会的政治对话。然而，李登辉等“台独”分裂势力绝不愿意看到两岸关系的顺利发展。1999 年 7 月，李登辉抛出了

“两国论”，破坏了汪老拟于当年秋天对台湾的访问，使两岸关系陷于僵局。2000年，奉行“台独”分裂路线的民进党上台后，拒不承认“92共识”，公然提出“公投制宪”的“台独时间表”，把两岸关系推向危险的边缘。在两岸关系跌宕起伏的复杂形势下，汪老以他对祖国统一大业的热诚、革命家的历练、刚柔相济的谈判风格，折冲樽俎，为稳定和发展两岸关系，挫败“台独”分裂势力的图谋，发挥了不可替代的作用，为两岸同胞的共同利益做出了巨大的贡献。现在他永远离开了我们，但是它为两岸关系所付出的心力与智慧，必将在祖国统一大业的历史进程中继续发挥作用，他将永远活在两岸同胞的心中。

（刊载于2005年12月30日《人民日报》）

第二部分　台湾问题的外部环境

简评冷战后美国对台湾政策的调整

台湾问题是中美关系中的核心问题，也是最敏感的问题。1995年6月后，中美关系跌落到两国建交以来的最低点，即是因美国政府准许李登辉先生到康奈尔大学“访问”引发的，究其根本原因则是冷战结束后，美国对华政策一度背离了6届总统所共同遵守的基本方针而失去重心、剧烈摇摆所造成的后果。然而，也以此为转折点，美国对台湾问题的敏感性有了更深切的认识，对纵容“台独”势力可能引发的严重后果有了更清楚的估计，因而对台政策趋于谨慎。美国在1997年10月江泽民主席访美时发表的联合声明中重申了一个中国的政策；克林顿总统今年6月回访中国时在上海声明不支持台湾“独立”，不支持“两个中国”或“一中一台”，不支持台湾加入联合国。美国对台政策进行了新的调整。本文将试就这一问题作简要评析。

一

1991年底，苏联骤然解体，使二战后形成的两大军事集团对峙的国际格局随之坍塌。世界各国都面对着一个它们必须重新认识、重新为自己定位，因而重新调整外交政策的崭新世界。美国前国务卿基辛格认为，对美国来说，“这个正在浮现的国际秩序的崭新之处在于，美国有史以来第一次既不能从这个世界上撤退，也不能控制它。"① 正是由于这种进退维谷的境遇，美国外交政策的调整一时之间众说纷纭、杂乱无章。"有人主张美国减少它承担的国际义务，以便致力于解决国内问题。有人主张展开神圣斗争，把民主和市场经济体制带入那些仍然实行极权主义和计划经济的国家。有人提议建立世界新秩序，美国将在这种秩序中建立起遏制侵略、保护环境、维持全球繁荣的多边机构。还有人鼓吹制定新的重商主义战略，美国按照这一战略重新制定对外政策，以促进繁荣，确保美国经济的竞争力。"② 在这种情况下，美国要对其对华政策作十分理性和周全的调整显然是十分困难的。加之，在这历史性的变化时期，1992 年底美国政府更迭，民主党在睽违白宫 12 年后重新当政，克林顿政府一时缺乏巨擘人才，这就增加了对华政策调整的难度。在政府内部，一段时间内，对华政策可说是政出多门。国务院的政策主控能力因为政府内外对外交政策的激烈争论和国务卿克里斯托弗低姿态的领导作风而减弱。除国家安全委员会有着不容争议的发言权之外，商业部也因克林顿总统曾把"经济安全"列为外交政策优先目标而发挥了过去少有的作用。已故的前商业部长布朗和他的副部长加顿（现任耶鲁大学管理学院院长）提出了把包括中国在内的 10 大"新兴市场"作为优先开展"经济外交"的国家和地区。他们在促使克林顿政府把对华最惠国待遇和所谓的中国"人权"状况挂钩的政策改变上起了重要作用。加顿曾在《纽约时报》上著文指出："美国和中国将是未来几个世代中的两个全球性巨人。把美中贸易置于我们全球利益的中心，将使我们比我们一百年前的先辈更好地为下一个世纪做好准备。"贸易代表办公室，也因中美贸易逆差、"知识产权"等问题，以及贸易代表坎特和克林顿有着密切的私人关系而在对华政策上增加了参与的力度。在华盛顿，一时曾有对华政策主导权从国务院转移到经济部门之说。

这一时期美国对华政策的混乱与争论，特别是在对待台湾问题上，更突出地表现在政府和国会的对立和分歧上。美国学者哈里·哈丁认为，美中关系是 40 年代末和 50 年代共和党和民主党争论最多的问题之一，但后来为了同北京建立一种比较合作的关系，两党的意见

---

① Henry Kissinger《Diplomacy》(Simon & Schuster) P. 19

② 哈里·哈丁《美中关系的现状与前景》(新华出版社) P. 114

逐渐取得了一致。1972年，尼克松首次访华，表明共和党愿意放弃过去的反华政策，转而和北京缓和关系。同样，里根总统1982年就美国向台湾出售武器问题发表的公报表明共和党人终于同意减少美国与台北的关系。他随后于1984年对中国的访问表明，就连一个保守的共和党人也被说服，支持同中国建立一种稳定而广泛的关系。① 但这种两党一致，在1989年北京发生政治风波和前苏联解体之后，受到了严重的影响。“政府和具有影响力的国会看法，在何谓适当的美国对台政策上，存在着重大的分歧。这些分歧阻碍了有效地执行国家的政策，并使它处于持续的不稳定和不连续状态。”② 安德鲁·内森和罗伯特·罗斯在他们的新著《长城与空城》中进一步指出，美国国会之所以热衷于介入对华政策，实际上包含着某些利益集团意欲使对华政策“泛政治化”的图谋。“确实，中国看来比任何其他国家都更吸引美国利益集团的注意力。”这些集团包括了形形色色的“人权”组织、顽固的反共组织、企业和工会中的保护主义派别、环境保护组织、反核游说集团等等，不一而足。一些国会议员提出的法案或向白宫施加压力则“是为了使（政府）采取迎合他们各自选区利益的对华政策……近年来，国会中批评对华政策的阵容包括了从共和党右翼的赫尔姆斯，到共和党温和派的众议员吉尔曼，到像众议员兰托斯和参议员爱德华·肯尼迪这样的民主党人权自由派。加利福尼亚的民主党众议员佩洛西看到，在一些人权问题上，她可以附和她的某些华裔选民，民主党的参议员佩尔和前众议员索拉兹因为维护台湾的利益而得到台湾裔的选民支持。共和党的参议员克兰斯顿倡导西藏利益是因为受到好莱坞娱乐圈的支持。这些议员通过采取批评中国的立场，即可显示他们处理国际问题的能力，又可在几乎不付选票代价的情况下，支持咄咄逼人的反共外交政策。”③ 美国国会和利益集团这种运作弊

---

① 哈里·哈丁《美中关系的现状与前景》（新华出版社）P. 113、114

② Managing the Taiwan Issue：Key Is Better Relations with China：Report of an independent Task Force（New York ：Council on Foreign Relations，1995 ）P. 22

③ Andrew J · Nathan & Robert S · Ross “The Great Wall and the Empty Fortress——China’ s Search for Security ”（W · W · Norton &Company，1997）P. 71

端，是美国政治中争论不休的问题，但它们已是美国政治制度中固有的部分。一些学者甚至认为：“利益集团不是政治体系中被取缔的集团。重要的是不仅承认它们所造成的问题，而且要承认它们的贡献，”①

美国对华政策被泛政治化还表现在中国问题成了共和、民主两党以及两党内派系用来进行相互倾轧的替罪羊。今年4月初，《国际先驱论坛报》刊登的一篇文章指出：“对华政策再次像50年代那样成为美国国内激烈辩论的问题，结果很可能是有害的。这次不仅是右翼和左翼之间的意识形态的分歧……双方内部都有分歧。左翼的一些人和右翼的一些人结成了少见的联盟，前者要求把人权作为确定如何与中国打交道的因素，伴以各种经济和政治制裁；后者把中国视为经济、政治和军事威胁。”②《商业日报》的一篇文章更进一步指出：“共和党右翼中的一些人曾设法阻止（众议长）金里奇访问中国并极力诽谤（副总统）戈尔。他们力图在民主党人和共和党人之间画上一条界限：民主党人同中国人打交道，共和党人则不和中国打交道。与此同时，民主党右翼中的一些人也有它们所中意的向戈尔挑战的候选人。他们竭力用‘对中国太软’的指责来诋毁这位副总统。这两派的目的都是要给1998年的国会竞选以及其后两年的总统选举造成一些争论。”③ 美国参议院目前就莫须有的“中共政治献金案”所举行的听证会，更是共和党右翼某些人项庄舞剑，意在诋毁民主党。这场围绕对华政策进行的党对党、派对派的钩心斗角，经媒体的曝光和炒作，使人们回想起40年代末在美国发生的那场“谁失去了中国”的辩论和50年代麦卡锡主义时期对在中国问题上持客观、政治立场认识的迫害。“那时的情形与当前辩论的状况有惊人的相似之处。”④

美国国会在中国问题上受到褊狭选区利益的驱动，以及利益、党派集团把对华政策“泛政治化”的结果，为台湾院外集团的游说活动提供了机会。据美国报刊披露，1991年仅在美国司法部登记为台湾游

---

① 威廉基夫《美国的民主》（1993年版）P. 267、268

②《国际先驱论坛报》1997年4月7日

③ 美国《商业日报》1997年4月7日

④ 美国《商业日报》1997年4月7日

说的公关公司就有51家，代理费用达510万美元。“康奈尔大学在接受两笔台湾捐款后，邀请李先生访问。然后台湾成功地使美国国会要求白宫发出签证。”①“台湾还雇佣许多其他说客，并懂得利用合法手段讨得国会有影响议员的欢心。例如1993年，台湾为一个基金会捐款25万美元。该基金会支持建造宣传北卡来罗纳州共和党人、参院外委会主席杰西·赫尔姆斯生平的博物馆。”② 台湾的游说活动加剧了政府和国会在台湾问题上的分歧和矛盾。《纽约时报》在今年4月14日发表的一篇题为“台湾因素”的社论中指出：“1995年至1996年间美中关系危机，明显地与台湾有关。”“那些为李登辉获取签证而努力者知道，他们的成功会妨害美国和中国的关系。”社论还指出“要遏制台湾的外交冒险主义”。

美国围绕台湾问题所进行的对华政策大辩论，也可以从代表不同政治倾向的学者们的论述中看出清晰的脉络。主张提高或加强与台湾关系的，主要提出下列三方面“论据”：

（一）中国在美国全球战略中的地位改变。89年北京的政治风波和冷战的结束，使自72年尼克松访华以来，美国对华政策的两大支柱不复存在。其一，“为阻止苏联在亚洲和其他地区扩张而结成心照不宣的联盟，先由于苏联在戈尔巴乔夫领导下改变对外政策而遭到破坏，后来又由于东欧共产主义的垮台及随之而来的苏联解体而被彻底摧毁”。其二，“美国参与中国的经济发展与政治改革也由于两国在双边贸易和投资问题上发生争执而受到削弱，由于中国在‘人权’和武器销售方面的记录而进一步受到削弱，随后又由于1989年的‘天安门危机’而遭到彻底破坏”。③ 这种看法，在相当一段时间内是美国政治和学术界具有代表性的看法，今天仍有人乐论此而不疲。就是说，冷战时期的中、美、苏“大三角”关系不复存在，中国在美国全球战略中易位。而89年北京的政治风波又使美国通过“参与中国的经济发展和政治改革”而“和平演变”中国的战略落空。于是，“美国人对中国的看法从一贯正确变为一贯错误，”④ 庶几“遏制中国”

① 《纽约时报》1997年4月14日

② 《纽约时报》1997年3月17日

③ 哈里·哈丁《美中关系的现状与前景》（新华出版社）P. 112

④ 美国参议员佩尔，《远东经济评论》1993年9月23日

论一时甚嚣尘上。为此而献策者中，有的提出打“台湾牌”：“作为反对好战的苏联共产主义敌人筹码的‘中国牌’不再需要了……现在是拿出一张新牌来打的时候了，一张新的中国牌，‘另一个中国牌’——‘自由中国牌’。”① 有的鼓吹武装台湾：“美国继续给予台湾防卫手段是非常重要的，因为这是（台湾）海峡的稳定平衡器。”②有的则毫不掩饰地要重新掌控“不沉的航空母舰”：“台湾对美国具有长久的地缘战略价值，因为它地处台湾海峡和巴士海峡之间。这两个海峡是连接东北亚和东南亚及中东的两条关键海上交通要道（SLOCs)。一个强大友好的台湾政府如若帮助保持这些 SLOCs 的畅通将符合美国利益。台北已经悄悄地向美国表示，在发生重大地区危机时，向美国提供其军事设施。在失去了菲律宾的克拉克空军基地和苏比克湾的海军基地之后，台湾作为美国在西太平洋的潜在作战基地，是美国军事计划制定者所不应丢弃的战略资产。”③

可以利用台湾作为“和平演变”中国大陆的工具。“具有最长远意义的可能是台湾在中华人民共和国帮助培养企业家阶级的作用。随着企业家阶级在大陆的成长，其价值观和影响力将继续侵蚀共产党对这个国家的经济和政治生活的控制……通过加强和‘中华民国’的接触，美国在这一过程中可发挥关键性的作用。”④“改革的决策必需来自中华人民共和国的内部，但是存在一个成功的改革模式对美国是有利的。‘新台湾’就是这样一个模式。”台湾证明“一党制的儒教社会可以转变为多党‘民主’……”⑤

（三）台湾对美国有着重要经贸利益。自 80 年代末以来，台湾采取一系列措施减少和美国的经贸摩擦，迎合美国的要求。“为减少其

① Dana Rohrbacher：“What Cards Remaining in the China Deck? Dealing a hand to the ROC”（The Washington Times，May 24，1994）

② James Lilley：“U. S. －Sino Relations and the Prospect for Polical Reform in China.”（Speech to Women’s Nationl Democratic Club. Federal News Service，May 31，1994）

③ Martin L. Lasater： “U. S. Interests in the New Taiwan.” ORBIS Spring 1993，P. 247. U. S. Strategic Interests.

④ Brett Lippencott：“Taiwan shoud be Allowed to Join the World Community.” Heritage Foundation Reports，August 24，1994. Backgrounder No. 132

⑤ Council on Foreign Relations，New York，P. 11

和美国的贸易顺差（1987 年高达 170 亿美元），台湾屡派采购团到美国；加强了对美国书籍、软件和其他知识产权的保护；让新台币升值使台湾对美出口更为昂贵、从美进口更为便宜；改革了银行和保险体制，准许美国更多地参与其中……到 1994 年美国对台贸易逆差减少了一多半，仅为 96 亿美元。”“台湾投资遍布美国。它把它的大部分外汇储备存放在美国。在它 90 年代进行的耗资 2200 亿美元的 6 年基础设施建设计划中，将许多项目承包给美国的公司。”① 据美国贸易代表办公室今年公布的报告，台湾去年是美国第 7 大出口市场，1995 年，美国在台投资 44 亿美元，比 1994 年增加了 13.2%。

二

由于上述的复杂背景，克林顿政府在 1993 年至 1994 年间进行了“台湾政策审议”。1994 年 9 月 7 日，负责亚太事务的助理国务卿洛德，在新闻发布会上谈到了这次“审议”的结果。他说：“美国政府为了适应中国和台湾不断变化的情况，研究了美台非官方关系的做法。其目的是在充实我们政策的同时，做些必要的调整，以便在情况变化的情况下促进美国的利益。”根据他宣布的内容，经克林顿总统批准的对台政策调整包括：（a）在“美国在台协会”主办下同台湾进行仅次于内阁部长级经济对话。允许来自经济和技术机构的美国政府高级官员访问台湾。（b）美国高级领导人，或者没有担任经济、商业或技术方面的部长职务的高级官员将不访台。不允许台湾高级领导人访问美国，但将允许他们必要时路过美国。（c）不支持台湾进入联合国，但承认台湾在一些国际问题上可以“合法地”发挥作用。（d）将“北美事务协调委员会”更名为“台北驻美国经济文化代表处”。②

虽然洛德一再表示，“恪守一个中国政策仍然符合美国在海峡两岸的主要利益”，但事实已经证明，这次“审议”是美国对华政策从美中三个联合公报立场上的一次倒退，并导致美国政府背弃它对中国

① Andyew J·Nathan &Robert S·Ross，“The Great Wall and the Empty Fortress——China's Search for Securlty” P. 220

② 据美国新闻署华盛顿 1995 年 9 月 8 日英文电

政府多次的承诺和“审议”刚刚作出的“不允许台湾高级领导人访问美国”的结论，同意李登辉访美，造成了极其严重的后果。克林顿政府在对华政策上的这次倒退行为，除了和上述的复杂政治背景有着直接关系外，它的对外政策理念，也起了重要作用。

美国的外交政策历来是在“现实主义”和“理想主义”的斗争和统合中开展的。现实主义认为，一个国家在处理国际关系时，最主要的追求目标是国家的利益和权力。国家利益决定了为取得这些利益而采取的任何手段都是合理的，即法王路易13的宰相黎塞留的所谓“国家之理”。① 现实主义者把国际政治视为权力政治，因而从国家间力量对比的变化来分析国际形势，并根据均势原则来制定外交政策。而理想主义者则主要从意识形态出发看待国际关系，把维护其价值观所认同的正义、民主、人权等作为对外政策的主要目标。伍德罗·威尔逊总统在第一次世界大战时提出的“威尔逊主义”可以说是集美国“理想主义”之大成。基辛格指出：“威尔逊主义外交政策的出发点肯定是美国无与伦比论（Exceptionalism)。”“威尔逊主义认为，美国具有无与伦比的本质，这表现在其无与匹敌的道义和实力。美国对它的力量和目标的正义性是如此之自信，以致它不惜为它（信奉）的道义在全球一战。”② 也就是说，美国是用它的价值观所决定的是非标准来衡量其他国家的政治制度和内外政策，并自认为有义务把美国式的民主推广到全世界。这种理念用于外交实践即形成了威尔逊主义的对外政策：“集体安全；使竞争对手皈依美国方式；建立用司法的方式裁断争端的国际体系；毫无保留地支持种族自决。”③ 克林顿总统在竞选期间和入主白宫后所做的对外政策的宣示，都带有明显的威尔逊主义的色彩。他把经济安全、扩展民主和军事实力作为美国外交政策的三大支柱，在执政初期尤为强调扩展民主。1993年9月克林顿在联合国发表演说时表示：“在一个风险和机会并存的新时代，我们压倒一切的目标必须是扩展由以市场为基础的民主国家所组成的国际社会。冷战时期，我们努力遏制了对自由机构生存的一个威胁。现在，我们努力扩展

① Henry Kissinger，《Diplomacy》(Simon&Schuster) P. 810

② 同①P. 809

③ 同①P. 810

生存在这些自由机构之下的国家的范围，因为我们梦寐以求的事，有一天世界上每个人的见解和能力都在这样的一个世界里充分表达：蓬勃发展的民主国家相互合作、和平生活。”① 在这种倾向下，美国决策者易于对台湾发生的多党选举等“民主化”演变，产生理想主义的认同，而在“民主”、“人权”等问题上增加了和中国大陆的摩擦和冲突。这对美国处理台湾问题自然造成负面影响。另一方面，克林顿政府反复强调的对话政策基本点是要把中国纳入按“美国方式”建立的世界新秩序之中。“在今后的年月里，中国走向何方将是决定下个世纪是一个冲突的世纪还是合作的世纪的最重要因素之一。中国成为稳定、开放、不侵略、实行政治多元化、遵守国际行为准则并和我们一起努力建立安全的国际秩序的大国——中国成为这样一个国家是非常符合美国利益的。”② 这种自视“无与伦比”的威尔逊主义外交思维，使美国自觉不自觉地选择了一条坎坷不平的外交路程，也使美中关系的发展不可能一帆风顺。

“风雨急而不辍其音”。中美关系 1995 年 6 月后的跌落和震荡，也使美国当局更清醒地看到了维护和发展美中关系的重要性。前国务卿克里斯托弗指出：“一些人认为，由于冷战结束，美中关系的战略重要性消失了，我认为正好相反。当一个新世纪开始时，加强美中关系的重要性与日俱增……我们两个伟大国家具有一项共同责任，作为核大国、联合国安理会常任理事国和世界上最大的经济大国，我们必须进行领导。我们在建立和维护一个促进全球和平与繁荣的国际体系方面有共同利益。在促进地区和全球目标的能力上，最终有赖于一个强大的美中关系。在世纪之交，我们两国面临建立一个新时代的广阔和持久关系的机会。”③ 克林顿总统 1996 年 11 月 24 日在 APEC 马尼拉会议期间会晤江泽民主席时表示：“美方愿意

---

① 克林顿总统 1997 年 9 月 27 日在联合国大会上的演说：“面对一个更广阔世界的挑战”

② 美国总统国家安全事务委员会顾问塞缪尔伯杰在“对外关系委员会”的讲话：“在对话问题上取得新一致”。美国新闻署纽约 1997 年 6 月 6 日英文电

③ 克里斯托弗 1996 年 11 月 21 日在上海复旦大学的演说，美驻华使馆新闻署公报 11 月 22 日

看到一个强大、稳定和安全的中国，我们在许多问题上有着共同的战略利益。我们很高兴地看到，美中两国最近在许多问题上取得进展，我们愿意同中国建立起一个良好的合作伙伴关系。”① 国务卿奥尔布赖特也申明：“克林顿政府已经断定，我们与像中国这样一个幅员辽阔且重要的国家建立多方面的关系是绝对必要的。”② 在这样的背景下，江泽民主席去年10月正式访问了美国，双方决定致力于发展“建设性战略伙伴关系”。今年6月克林顿总统回访中国。美中关系实际已走出89年以来的阴影。中美双方正努力把双边关系放置在更具前瞻性、全面性，也更为平等和务实的基础之上。这些都有利于中美关系的稳定和发展。

三

作为最大发展中国家的中国，在冷战后，特别是在下个世纪的世界政治、经济新格局中具有不容忽视和日益重要的战略地位。美国认知到，维持和发展美中关系对美国的利益至关重要；台湾问题高度敏感，应慎重对待以免因小失大；遏制或孤立中国将使美国在加速多极化的世界中失去纵横捭阖的重要空间，也得不到亚洲各国和世界大国的支持，无异于自我孤立。这是美国愿意维护和发展美中关系的基础。同时，还必须看到，冷战结束后，美国成为世界唯一超级大国的现实和美国认为是它“赢得”了冷战所带来的自信（其实，正如萧伯纳所言：“生活中有两个悲剧。一是失去了你心之所欲，二是你得到了它。”），使威尔逊主义的幽灵在美国外交政策制定者们的头上低空回荡。不管谁是白宫的主人，当他们企图在本世纪中第三次主导建立新的世界秩序时，都难以摆脱美国“无与伦比”观念的捉弄。中美关系因此不可避免地要在曲折中发展，在摩擦中改善。美国也难以避免在气候适宜时，会因台湾的“民主”、市场和“不沉的航空母舰”的战略地位等因素而一叶障目，使中美关系遭际困难。在中国统一前，台湾仍将是中美关系的重要不稳定因素。但美国必需清醒地认识到，

---

① 《人民日报》1996年11月24日电

② 奥尔布赖特1997年1月8日在参议院外交委员会对其任命听证会上的讲话，新华社同日电

台湾问题关系到中国的主权和领土完整，牵动着全体中华民族的感情。纵容、偏袒“台独”势力，必然导致台湾海峡地区的紧张和危机，终将损害其战略利益。“寸寸山河寸寸金。”中国只有一个，台湾是中国不可分割的一部分，在这个问题上中国没有退让的余地，也不会惧怕任何挑战。

（发表于1997年8月《台湾研究》季刊）

中美关系中的台湾问题

一、台湾问题是中国的内政，但如果追溯其根源，应该说美国政府是负有责任的。在第二次世界大战行将结束时，罗斯福总统是主张将台湾归还中国的，并在确定《开罗宣言》和《波茨坦公告》有关台湾问题的立场上，发挥了积极的作用。然而，随着冷战的展开以及中国共产党将赢得中国内战胜利变得十分明显时，美国政府的立场开始改变。1947 年，台湾爆发了“2·28 事件”，美国驻台北的总领馆向国务院提交了一份报告，建议美国立即以美国或联合国的名义进行干预。为了使干预具有“正当性”，报告声称“在法律上日本目前仍对台湾拥有主权”。从那时开始，美国政府逐步修正了罗斯福总统的立场，制造了“台湾地位未定论”。1949 年 1 月 19 日，美国国家安全委员会通过了“国家安全委员会关于美国在福摩沙问题上立场的报告草案”。该报告将美国战后在台湾问题上的立场解释为“促进并认可了中国人对该岛屿事实上的占领”。这种说法的言外之意是，美国并没有确认台湾已经在法律上回归中国，对中国行使对台湾主权的合法性提出质疑，更明确地鼓吹“台湾地位未定论”。“台独”势力至今仍把“台湾地位未定论”作为它们的主要“理论依据”。1950 年，朝鲜战争爆发。6 月 27 日，杜鲁门总统下令将美国的第七舰队开入台湾海峡。“从那时起，这 50 年来台湾就是依靠美国的支持而存在的，这个历史事实不能改变。应该说，这 50 年中，中美建立了外交关系，开辟了新的前景，取得了一些进展，但台湾问题仍没有解决。”“在中美关系中，台湾问题是最核心的问题。从中美恢复接触，也就是基辛格先生第一次到中国来的时候到现在，双方讨论的问题一直是台湾问题。从尼克松总统访华以来的 20 多年间，中美每次重要的谈判都会提到台湾问题。美国政府对此也采取了一些措施，如最后落实到三个联合公报及‘三不’的承诺，有进展，但台湾问题始终没有得到解决。”“台湾问题的解决不单是中国统一的问题，对美国、对亚太地区都有好处。从长远来说，全世界也都希望看到台湾问题的解决。”（以上三段摘自钱其琛副总理 2000 年 12 月 12 日接见“美国外交政策全国委员会”访华团时的谈话——笔者依记录整理）

二、美国向台湾出售武器和军事装备问题一直是影响和破坏中美关系健康、稳定发展的严重问题。1982 年 8 月 17 日，双方经过谈判发表了“8·17”联合公报，美方声明“不寻求执行一项长期向台湾出售武器的政策”，承诺“它向台湾出售的武器在性能和数量上将不超过中美建交后近几年所供应的水平，它准备逐步减少它对台湾的武器出售，并经过一段时间导致最后的解决”。在公报达成后的最初几年，美国对台军售平均每年减少了约 2000 万美元。这段时期，中美关系也有了长足的发展。然而，自 1992 年美国决定向台湾出售 150 架 F－16 战斗机后，美国严重地违背了“8·17 公报”的文字和精神，在数量和质量上都大幅提升了售台武器的水平。1982 年，美国向台湾出售了约 7 亿美元的武器和装备，但从 1992 年到 2000 年，美国对台军售总额达 168 亿美元，平均每年向台湾出售 20 多亿美元的武器，是 1982 年的三倍。在质量方面，80 年代美国出售给台湾的武器主要属于台湾军队的“第一代”装备，但 90 年代，美国配合了台军开始的“二代兵力”整建计划，大幅提升了售台武器的性能和质量，包括 150 架 F－16 战斗机、4 架 E－2T 空中预警机和 3 套 200 枚“爱国者”防空导弹等。据美国国会研究处 2000 年春所做的 1990 年以来美国对台军售情况的报告，90 年代美国向台湾出售的武器仅次于沙特阿拉伯。报告指出，除了硬体之外，1996 年台海危机之后，“美方不动声色地扩展了与台湾军方的敏感关系，达到 1979 年断交以来未有的程度，包括与台军讨论战略、军方思维、指挥管制，以及遭受攻击的计划。而去年（1999）9 月，五角大楼官员并赴台评估台湾的空防能力，做出加强的建议。”（中国时报 2000 年 4 月 9 日报道）事实说明，80 年代美国在售台武器问题上采取了比较克制的政策，中美关系也相对平稳、健康地发展；而 90 年代美国日愈严重地违背了“8·17 公报”，两岸关系也跌宕起伏，中美关系也受到了严重的冲击。美国宣称，通过售台武器维持两岸的军力平衡，将有利于稳定台海局势，但实际的结果却恰恰相反，这是历史的结论。我们希望美国认真履行“8·17 公报”，逐年减少直至停止对台军售，只有如此，中美关系才能顺利发展，两岸关系才能稳定，台湾问题才能最终得到和平解决。

三、美国为其对台军售所提出的政策“依据”是，维持海峡两岸的军力平衡，才能维持台海地区的稳定。必须指出，这种看法在逻辑上和实践上都是错误的。首先，中国大陆和台湾的防卫需要是完全不同的。中国大陆有 16 个有陆地边界的邻国，加上相隔近海的邻国则有 20 多个，有着漫长的海岸线和陆地边界需要守卫。在中国大陆的周边，还存在着国际公认的“热点”地区，有的具有潜在的核危险。因此，中国大陆发展与其地位和防卫需要相适应的国防力量是任何一个主权国家的合法权利。美国很清楚，中国的国防力量仍然很落后，实现国防现代化还有很长的路要走，中国的国防预算还不及美国的二十分之一，中国的军事力量还应当发展这是很正常的。而台湾的情况则大不相同，只要看一眼地图即不言自明。台湾目前维持着远远超出其需要的军事力量，其中有历史的原因，就是内战遗留下来的问题。但自李登辉主政之后，台湾的军事力量主要被李登辉用做对抗统一、推行分裂路线的资本。民进党执政后，提出更具冒险性的“境外决战”战略，本年度的“国防”预算高达 2700 亿新台币，对美国提出了新的军售要求，这已为两岸关系增添了新的危险变数，威胁着台海地区的稳定。很显然，美国通过售台武器来保持台湾与大陆之间的所谓“军力平衡”，只能鼓励“台独”势力，因此为中国大陆和平解决台湾问题设置障碍，这和美国坚持的台湾问题必须和平解决的政策目标也是相违背的。不能把中国军事力量的发展和美国对台军售对等起来看。坦率地说，美国的“军力平衡”政策进一步增强了中国人民国防现代化的紧迫感。“台湾海峡形势越紧张，中国人民就越有必要做好准备。如果海峡形势不那么缓和，中国军队就要做准备了。”（江主席语）目前，加快国防现代化，保障国家统一大业的最终实现已成为中国人民的强烈呼声。应当说，这种情况的出现是和美国不断提升售台武器的水平有着一定因果关系的。

四、美国是否把台湾包括在所谓的战区导弹防御系统（TMD）之内是中国政府和人民密切关注的问题，因为这个问题会对中美关系造成破坏性影响，必然使中美关系大倒退。据日本史料调查会所出版的《1977 年世界军事情势》一书，有关美日 TMD 磋商会议的资料显示，美国在1996年5月20日首次对日本表明，希望台湾和韩国也能加入TMD的开发。“美国其实早就规划将台湾纳入TMD，只不过顾及台湾的意愿和中共的反弹，一直不便公开声张。”（台湾《财讯》月刊1999年2月号）美国众议院也曾于1997年11月6日通过过不具约束力的“台湾导弹防御法案”，公然声称把台湾包括在美国的亚太地区导弹防御系统之内“符合美国利益”。这是对中国内政的粗暴干涉。台湾是中国的领土，不是美国的领土。目前，美国在TMD问题上态度模糊，但人们注意到，美国正以“化整为零”的方式向台湾扩散TMD，向台湾出售远程雷达、AIM－120C中程空对空导弹，并考虑向台湾出售“神盾”级驱逐舰。如果事态朝着这样的方向发展，后果将十分严重。中国希望美国明确承诺不向台湾提供战区导弹防御系统及其相关技术、设备和配套系统。

五、中国解决台湾问题的基本方针是“和平统一，一国两制”，这一基本方针不会改变，中国将继续尽最大努力通过和平方式实现国家的最终统一。但是，另一方面中国也不能承诺放弃使用武力，因为在台湾存在着要把台湾从中国分裂出去的势力，而现在主张“台独”的民进党已成为执政党，“台独”的危险性有增无减；在国际上也有人支持“台独”。使用包括武力在内的一切手段维护中国主权和领土完整是中国宪法赋予中国政府的神圣职责，也是所有主权国家的合法权利，美国也是这样。事实上，中国不放弃使用武力恰恰是为了不使用武力。这一政策一直对“台独”势力起着有效的威慑作用，使得它们不敢轻举妄动，否则台海地区可能早已发生战争了。美国在国际事务中一直在使用威慑政策，对这一问题应不难理解。

六、中国政府“和平统一，一国两制”的对台基本方针中，一个重要的政策往往被人们忽略，这就是在国家统一后，大陆不派军队到台湾，台湾将保留其军队，保留适当的防卫力量。这就是说，大陆不会像“中国威胁论”者所声称的那样，将把台湾作为向远洋投射军力的“不沉航空母舰”。因此，统一后的台湾将是和平之岛。

七、美国希望维持台海地区的现状。中国并不认为这一政策必然和中国的对台政策对立。因为中国政府的“和平统一，一国两制”的政策实际上就是在一个中国的框架下，维持台湾的现状，除了国名、国旗、国歌和外交等事务外，台湾现行的一切将继续下去。统一后的国名，不一定是“中华民国”，也不一定是中华人民共和国，国名可由双方商定。台湾的领导人还可以参加中央政府的领导工作。台湾不是香港，因此和平统一后的台湾地位也不同于香港，会享有更大的自治权，如保留军队等。对台海地区现状的挑战主要来自“台独”势力。在过去50多年的时间里，台湾当局在大部分时间里奉行一个中国的原则，主张国家统一。只是在李登辉上台后，台湾当局的分裂倾向越来越明显，使台海地区的稳定受到严重的冲击。现在执政的民进党至今仍拒绝放弃“台独党纲”，对台海地区的稳定和现状构成更大的威胁。因此，要维持台海地区的现状，首先要遏制“台独”势力，任何使“台独”势力感到有恃无恐的政策，如售台武器、“台湾前途的解决需经台湾人的同意”等，都不会起到维持现状的目的。坦率地说，完成中国的最终统一是绝大多数中国人的意志。台湾的“国统纲领”的第一句话就是：“中国的统一，在谋求国家的富强与民族长远的发展，也是海内外中国人共同愿望。”中国人民会排除万难实现国家的统一。台海地区的现状只能在统一的前景下才能得到维持。我们经常听到美国说愿意看到一个繁荣、稳定的中国，但没有听到美国领导人说美国支持一个统一的中国。我们希望美国明确支持中国的统一，这不但符合大陆的利益，符合台湾的利益，也符合美国的利益。台湾前“行政院长”郝柏村将军就说过：“过去50多年来，我们因主张一个中国而生存、发展、繁荣、壮大，为什么要放弃呢?”（台湾《联合报》2000年5月15日）

八、破坏台海地区稳定的一个根本原因是对一个中国原则的挑战，譬如李登辉1995年访问康奈尔大学和1999年抛出的“两国论”。我们希望美国恪守中美三个联合公报和“三不”的承诺，因为中美关系走过的历程说明，只有这样中美关系才能平稳发展，海峡地区局势才能稳定。我们注意到，近来美国有一种说法，要调整现行的美国对台政策，特别是要把“三不”改为“二不”，即“台湾不独立，大陆不动武”。这种主张表面上看是在两岸搞所谓的平衡，实际上是相互矛盾的政策，有害于美国政策目标的实现。如果美国不希望台海地区的现状因“台独”而被打破，美国就应当避免采取任何有利于“台独”的政策，简单地强调反对大陆动武，正是“台独”势力所希望的。我们希望美国不但在法律上，而且在事实上执行一个中国政策，明确支持中国最终统一，这样台海乃至亚太地区的局势才能真正稳定下来。根据我们的理解，台海和整个亚太地区的稳定是美国政策所设定的目标之一，因而是符合美国利益的。

（研讨会上的发言，2001 年 2 月 8 日）

检视布什政府对台政策

2001年初，共和党的布什政府执政之后，对民主党克林顿政府的对华政策进行了调整。其中对台湾问题的立场和政策调整最为突出。由于台湾问题是中美关系中最敏感的核心问题，这一调整使得因美国政府更迭而处于脆弱过渡期的中美关系步履维艰。加之很快发生了4月初的撞机事件，中美关系一时间黑云压城。笔者接触到的学者对布什政府的对华政策均严重关切，有的认为它发生了“战略性”的、或“结构性”的变化而不是仅仅做了调整。笔者认为，基于美国战略利益的美国对华政策大框架，自尼克松以来已逐步行成民主、共和两党共识，其基本内容不会改变，但在侧重点、优先顺序，软硬程度上会有所调整，特别在台湾问题上，支持台湾的“声调”将提高，对台军售将增加。“美国对华政策的调整不会在‘基本面’上，而只是在‘技术面’上。”就台湾问题而论，“美国不会愚蠢到在‘一个中国’政策上做调整。”①

冷战结束后，美国对华战略目标是防止中国因日益发展和壮大而最终挑战美国在亚太地区，乃至全世界的领导地位。同时要抓住中国经济发展所提供的巨大商机，谋求美国的经济利益，并通过经济手段促进中国“演变”。为达到这一目标的手段是遏制加接触。在这些“基本面”上，布什政府和克林顿政府的对华政策是一脉相承的。如果检视一下布什政府上台两年零八个月来对华政策的轨迹，特别是对台政策，即可发现它明显地走过了一个近似U字形的弯路。这个U字形左边的起点和右边的端点所在的水平线可视为布什之前6届美国总统的基本对华政策。这一政策最符合美国的战略利益。实际上，自尼克松以来，每次政府更迭，特别是当这一更迭伴随政党轮替时，美国对华政策都要走一段

---

① 许世铨和新加坡“联合早报”记者的谈话。“联合早报”2000年1月6日。

弯路。克林顿政府的对华政策经过4年多的摇摆和修正，在其第二任期内才基本上回落在前5届政府的水平线上。布什政府的对华政策从克林顿政府政策这个起点，经过下降、转折、回升，现在也接近了这条水平线。笔者之所以认为它只是接近了水平线是因为，布什政府对华政策的调整还没有最终完成，其某些内涵，主要是对台政策，仍干扰着和中国建立建设性合作关系，现在还不能完全排除两国关系在某一时段上发生倒退的可能。U字型的轨迹还表明，布什政府的对华政策虽然在朝着6届美国总统对华政策的水平线上移动，但它不会回到克林顿政府政策的原点上，即它会保有它自身的色彩，正如克林顿的中国政策在“色彩”上也有别于尼克松等5届美国政府的政策。笔者将在本文的第三部分就布什和克林顿对台政策的区隔试做分析。

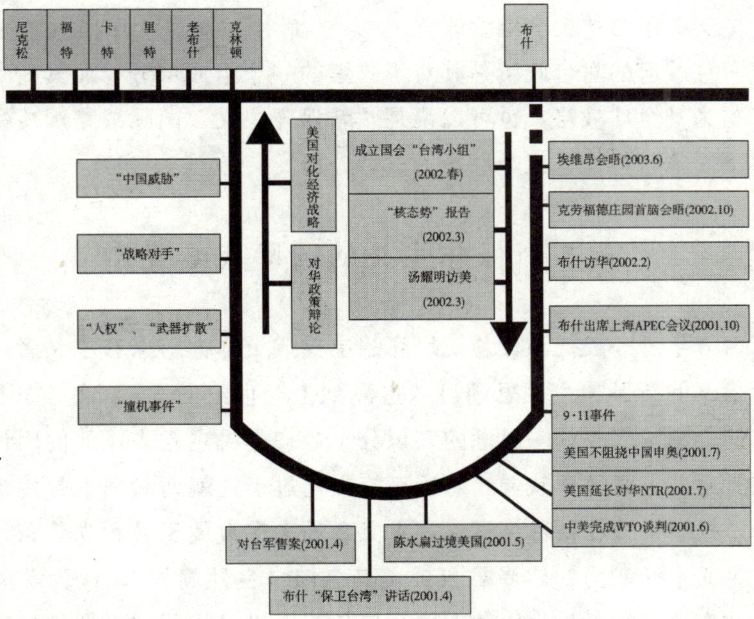

一些中外学者认为中美撞机事件使中美关系降至谷底。但笔者认为是2001年4月美国宣布的自1991年以来最大宗的对台军售案给中美关系造成的伤害最大。撞机是突发事件，笔者不认为是任何一方预谋的；但军售案是美国在完全清楚中方立场及其后果的情况下做出的，是公然挑衅对方，其破坏性最大，而且造成了台海问题中军事因素被进一步强化这样影响深远的恶果。“9·11事件”是中美关系的转机，这几乎是中外学者的共识。事件使布什政府顿悟，对美国安全最大的威胁是国际恐怖主义，而不是所谓的“中国威胁”，至少在可预见一段时期内是如此。为了给读者一个更直观的印象，笔者用下面的图表来描述布什政府对华政策调整的过程和在这一过程中发生的标志性事件。当然，在下降和回升的过程中都有阻力。下降时的阻力主要是美国在华的经济利益，而且这种利益是在快速增加而不是减少；其次是共和党保守势力所主张的对华强硬政策不代表美国官、学界的主流立场，布什班底内部一直有不同的声音，至今仍有争论。这些阻力减缓了下降的冲击力。回升的阻力是共和党保守势力在布什政府中还有相当的影响，中美之间在台湾、人权等领域还存在重大分歧，中美关系的改善不会一帆风顺，必有曲折。但是，对华强硬派的主张必然会因其过激、失去平衡而难以持久。笔者认为，在布什总统的任期内，中美关系总体上会继续改善。

布什政府的对台政策是其对华政策的一个组成部分，而其对华政策又是为其全球战略，也可以说是“新保守主义”国际战略观所决定的。下面笔者将在这三个层面上试做分析。

一、新保守主义的国际战略观

西方学者一般把布什总统班底的主要成员称为新保守主义者。他们所信奉的新保守主义思潮可以追溯到上个世纪的70年代。据西方媒体的介绍，代表这一思潮的知识分子最初是民主党人，他们因认为民主党对前苏联过于软弱，对反正统文化过于迁就而和民主党传统路线分道扬镳。现在被称为新保守主义者的大多数属于共和党阵营。新保守主义崇尚武力、崇尚霸权或美其名曰“良性霸权”，认为美国是一个“杰出”的无与伦比的大国，肩负着向世界推行“良性霸权”的特殊使命。为此，它必须重整军备、务必使任何一个国家都永远无法和它媲美，将“恶魔”和令人厌恶的政权从地球上赶走。其“最著名的知识分子”、美国《旗帜周刊》的主编威廉·克里斯托尔说过：“这个世界没有选择。要么就是由我们来领导，要么就是一片混乱。并不是要在美国霸权和美好的多边世界之间进行选择，而是在我们和一个十分危险的世界之间进行选择……美国必须进行干涉，否则全球的局势将很快变得更糟。”他们认为中国对美国安全构成严重威胁。1997年，他们成立了“新美国世纪计划”的智库机构以推销他们的主张。①

一般人认为，布什总统的父亲老布什在1991年选举中之所以败在克林顿手下，主因是经济问题，其次就是他失去了共和党右翼的支持。所以布什总统要胜选，不能没有以新保守主义者为代表的共和党右翼的支持。他仅以微弱多数获胜的结果更使他离不开共和党右翼的襄助，致使新保守主义者在布什政府中，特别是国防部门占据要津，他们的主张左右了布什政府的内外政策。在外交政策上，新保守主义所信奉的以实力作后盾、不惜以武力实施政策目标的单边主义表现得淋漓尽致。

美国学者蓝普顿等认为，布什政府的对外政策有三大优先议题：

1. 改造和加强美国的军事力量；

2. 重新确认美国和盟国的关系；

3. 建立国家导弹防御体系。

在这三大优先议题之下，布什政府还承诺严厉地对付“流氓”国家和敌对国家，反对大规模杀伤性武器及其运载工具的扩散。布什政府也“排拒”对它国建设和国际福利性事业的援助。“根据这些优先议题，布什的高级官员们勾画出他们对外政策的主要支柱，并把对华政策置于这个更大的框架之中。”②

二、布什政府的对华政策

兰普顿等指出，布什总统的外交政策班底中缺乏中国问题专家，在国防部尤为如此。负责亚洲政策的各部门主要官员，如副国务卿阿米塔奇，副国防部长沃尔福威茨，助理国防部长罗德曼，副助理国防部长布鲁克斯，助理国务卿凯利，前亚洲问题国家安全顾问帕特森等都不谙中国事务，他们往往根据他们在一些亚洲国家或地区的经历，如日本（阿米塔奇、凯利、帕特森）、台湾（布鲁克斯）、印度尼西亚

---

① 樊尚·韦若尔：法国《新观察家》周刊，2003年5月28日。

② David M. Lampton and Richard Daniel Ewing：U. S. ——China Relations in a Post—September 11th World，p. 2

（沃尔福威茨）来看待中国。而且，一些主管外交政策的高级顾问们相信，崛起的大国注定要挑战现状。这种以偏代全的成见使他们忽略了中国的特殊情况。他们还认为克林顿政府过分重视和中国的关系并为了在华的经贸利益而牺牲了美国的国家安全利益。因此，布什总统入主白宫之后其外交班底就着手调整克林顿总统的对华政策，首先是在两国关系的定位上。1997年江泽民主席正式访问美国时和克林顿总统共同确立了面向新世纪的两国关系发展目标：致力于建立建设性战略伙伴关系。这显然是两国所追求的长程目标的声明而不是对两国关系现状的描述。但是，布什总统的高级外交助手认定克林顿总统把两国关系定位为“战略伙伴”。他们认为“中国不是‘现状’国家，而是要改变亚洲的力量对比以对其有利。单单这一点就使中国成为一个战略竞争者，而不是克林顿政府曾经称之为的‘战略伙伴’。”①

其次，在亚洲地缘政治中提高和日本以及澳大利亚、菲律宾、新加坡、泰国等“盟国”关系的地位，降低对华关系的重要性，并通过前者来防范日益强大的中国。在这个问题上，布什总统主要外交政策助手的观点几乎是一致的。国务卿鲍威尔把和日本等亚洲盟国的关系比作美国亚洲政策的“基石”。他说：“削弱那些关系，我们就削弱了自己……这些强有力的关系是太平洋和东亚的其它（关系）的源头所在。”副国务卿阿米塔奇说：“我们清楚地表明，我们有兴趣重新活跃我们和包括日本、澳大利亚在内的联盟关系并赋予它们新的活力。”总统国家安全顾问赖斯在谈到1998年克林顿总统对中国的访问时说：“美国总统去中国访问9天却不在日本和韩国停留的事情永远不会再发生。”副国防部长沃尔福威茨早在1983年任国务院政策计划办公室主任时就主张，日本而不是中国应当是美国亚洲外交的关注焦点。②

再有，也是更具危险性的是强化针对中国的“军事威慑”。上面提到，新保守主义者更崇尚武力，他们认为美国现在的军事战略和军队结构是为适应冷战时期的情况而制定的，即把重兵部署在欧洲，准备在那里打一场大国之间的战争。而冷战之后美国面对的现

① 美国总统国家安全顾问赖斯：“Promoting the National Interests”，《外交》双月刊，2000年第一期，p. 56

② Darid M. Lampton and Richard Daniel Ewing：U. S. ——China Relations in a post——September 11th word，p. 3—4

实是打小规模的局部战争而不是全球大战；欧洲不会发生大战，亚洲却存在引爆大规模武装冲突的热点，特别是台湾海峡和朝鲜半岛。美国国防部2001年9月公布的《四年防务报告》即反映这种观念。报告要求确定对美国的长远威胁，建立应对这些威胁的战略和能力。为此，美国要在军事科技领域保持领先地位并调整美军结构，加强海、空军，使其具备更强的远程投放能力。报告影射中国说："一个具有可观资源后盾的军事竞争者将出现在（东亚）地区。"为了应对这一所谓的"中国威胁"，"美国在亚太及以外的地区正寻求更多进入和应付紧急情况的立足点，在西太平洋增加航母作战群的存在……以及导弹潜艇，以便改善我们前沿威慑力量的态势。"① 作为这一部署的一部分，布什政府在"防卫"台湾问题上，把克林顿时代的"战略模糊"政策调整为"战略清晰"政策，在质量和数量上增加了对台军售，更公开地加强了和台湾的军事联系与合作，并紧锣密鼓地筹建战区导弹防御体系（TMD)。本文将在第三部分就这个问题试做更详细的论述。

兰普顿把布什政府对待中国的总体态度概括为"战略上疑惧，经济上寄望"。这就是说，布什政府的主要决策者们出于他们新保守主义的理念，总是疑惧中国有朝一日会挑战美国的"领导地位"，把中国视为"战略竞争者"；另一方面，美国在中国又有重要的经济利益，美国不但要维护和增加这一经济利益，而且还要通过美中经贸关系促进中国"内部的演变"，把中国纳入美国主导的世界体系中来。基于这样的立场，兰普顿把布什政府的对华政策称为"钳式战略"，也就是遏制加接触的"双轨战略"。用赖斯的话说是："重要的是，在遏制中国的力量和安全野心的同时，通过（两国的）经济互动来促进中国内部的变化。要合作，但当我们（两国）的利益冲突时，我们决不要惧怕和北京对抗。"② 兰普顿把这一"钳式战略"的主要内容概括为下列6点：

---

① 见美国副助理国防部长布鲁克斯在布鲁金斯学会所做的演讲："After One Eventual Year：Assessing the Bush Administration' s Policy for Northeast Asia"，2002年4月3日

② 美国总统国家安全顾问赖斯："Promoting the Natienal Interests"，《外交》双月刊，2000年第一期，p. 57

1、加强在太平洋地区的联盟关系，包括日本、韩国、菲律宾、泰国、澳大利亚和新西兰；

2、逐步把美国安全资产的平衡从其它战区有限度地转移到太平洋地区；

3、降低在台湾海峡发生冲突的可能性，办法是（1）加强对北京可能动武的威慑，（2）通过诸如强化和台北的军事互动等措施，增强台湾人对美国政策和自身能力的信心；

4、促进贸易联系并推动中国融入全球经济（体系）；

5、强力反对北京转让危险的技术和武器；

6、继续导弹防御计划，最低限度地考虑北京的关切。

“9·11”事件使那些把中国视为美国主要威胁的论点失去了支撑点，在反对国际恐怖主义威胁成为美国安全当务之急的客观情势下，布什政府不得不对其中国政策进行调整，这使处于低潮的中美关系出现了转机。同时，伊拉克战争、朝鲜半岛核问题等等，戳穿了美国一家可以包打天下的新保守主义神话。中美之间合作的领域扩大，美国不得不更主动地改善美中关系，这就必然要涉及最敏感的台湾问题。但是，据笔者的观察，美国对台政策的调整至今为止脚步最为沉重。

三、布什政府的对台政策

台湾问题是中国内政，但就其国际因素而言，美国的介入和干涉是台湾问题至今未能解决的主要障碍。美国的反华势力一直企图通过分裂中国达到他们反共、搞垮中国的目的。他们幻想通过支持“台独”和其它分裂势力使中国像前苏联那样解体。他们至今仍抱着所谓“台湾地位未定论”不放。他们的“依据”是中美1982签署“8·17公报”后，里根总统背着中国对台湾当局私下所做的“六项保证”，其中第5项称“美国没有改变它在台湾主权问题上的立场”。他们对这一立场的解释既不是中美“上海公报”，也不是中美建交公报，而是1970年美国国务院提交给参议院的一个备忘录。该备忘录称：“台湾和澎湖列岛没有被现有的国际安排所包括，这一地区的主权是一个尚未解决的问题。”① 这股反华势力在美国是极端的少数派，但他们有着相当的蛊惑力。自 1949 年以来，他们不时兴风作浪，破坏中美关系的正常发展。在美国国内政治的背景下，在反共、反华、冷战思维、“以华制苏”、“中国威胁”、“以经促变”等复杂的意识形态、战略策略、利害关系的交互作用下，自尼克松总统 1972 年访华以来，美国政府虽然奉行一个中国的政策，但是都极力维持海峡两岸的“不统、不独、不战”的状态。美国右翼重要智库《传统基金会》研究员谭慎格不久前著文明确声称“美国重大的战略利益是把台湾置于中国的控制之外”。他罗列了 4 点“理由”：

1、不让“亚洲岛屿”落入“亚洲大陆”之手。美国是举世无双的海军大国，海上通道的安全对其国家安全至关重要。台湾扼美国西海岸、东亚和日本至中东海上通道的要冲……台湾是“亚洲岛屿”的一环。没有台湾，太平洋就向中国巨大而又现代化的海面和潜水舰只敞开了后门。台湾的先进雷达站向美国的太平洋司令部提供了有关中国军事部署的预警……台湾是“第一岛链”防御的组成部分。

2、美国与台湾之间有健全的情报交换关系，而如果出现了一个认同北京为宗主国的台湾政权，这种关系就难以为继了。

3、台湾进口大量的美国防务设备。美国的国防工业得益于和台湾“一手交钱，一手交货”的关系。过去 10 年来，台湾每年都是仅次于沙特阿拉伯的最佳客户……台湾是支付美国国防研究与开发费用的重要伙伴。

4、台湾拥有先进的科技基础设施，也拥有世界上最先进的半导体工业，而且能生产用于国防的重要电子元件。②

谭慎格的文章清楚地表述了美国右翼保守势力在台湾问题上的思维和图谋。利用台湾作为政策工具，“以华制华”，实施新保守主义的亚太战略和对中国的“军事威慑”，特别是“吓阻”中国大陆武力解决台湾问题，美国至少可收“一石三鸟”的功效：控制“亚洲岛屿”，

---

① John J. Tkacik Jr.（谭慎格）：“Stating America’s Case to China’s Hu Jintao：A Primer on U。S。－China－Taiwan Policy”，Heritage Foundation Backgrounder ＃1541，2002。4。26，p. 5—6

② 谭慎格：“即将来临的台湾总统选举与美国”，詹母斯顿基金会《中国简报》，2003 年 5 月 5 日

加强美军的前沿部署，构建地区导弹防御系统；增强台湾“武力拒统”的能力以减轻美国的牺牲和负担；通过出售武器装备获取商业利益。对于某些美国政策制定者来说，如果中国大陆以武力解决了台湾问题，那么不但他们分裂、肢解中国的图谋会破产，美国在亚洲的霸权也随之土崩瓦解。在这样的背景下，布什政府上台之初即着手调整克林顿政府的对台政策。

首先，把克林顿在“防卫台湾”问题上的“战略模糊”政策改变为“战略清晰”政策，以增强台湾分裂势力对美国政策的“信心”。实际上，早在1999年8月，布什总统班底的重要成员阿米塔奇、沃尔福威茨、博尔顿（副国务卿）和利比（副总统国家安全顾问）等就在“美国新世纪计划”公布的一份公开信上签字，反对“战略模糊”政策。该信件要求克林顿政府“毫不模糊地声明，如果出现台湾受到攻击或封锁的情况，（美国政府）将驰援台湾防卫”。① 2001年4月25日，《美国广播公司》播放了事先录制的布什总统对该电视台记者的谈话。布什总统在回答美国是否会动用美国所有的军力“防卫”台湾时说：美国将“采取一切必要（措施）帮助台湾保卫它自己”。虽然美国政府很快就出来辩解布什的说法没有背离过去美国政府的政策，但布什政府要提高支持台湾的声调，为台湾当局对抗大陆撑腰打气，已是司马昭之心，路人皆知。2000年2月竞选期间，布什就说过：“中国人要了解，如果出现了军事行动，我们将帮助台湾自卫。这一点是重要的。”② 布什政府的“战略清晰”政策和克林顿政府的“战略模糊”政策是否有本质的区别，这一政策调整的效果如何，笔者将在结论部分试做分析。

第二，在一个中国政策上一度摇摆。这里需要指出的是，自尼克松以来，美国历届政府所奉行的是一个中国的“政策”，而非一个中国的“原则”。也就是说，一个中国不是美国不可改变的行为准则或法律规范。上文已经提到，美国右翼保守势力至今仍抱着“台湾地位未定论”不放。布什政府班底的重要成员，在竞选期间和执政之后都表示过，不会继续奉行克林顿总统的“三不政策”，即不支持台湾

---

① David M. Lampton and Richard Daniel Ewing：U. S. ——China Relations in a post——September 11th world，p. 75

② 同①，p. 17

"独立"，不支持"两个中国"或"一中一台"，不支持台湾加入由主权国家组成的国际组织。1995 年李登辉访美和 1995—1996 年台海危机使克林顿政府认识到台湾问题的重要性和敏感性，着手改善美中关系，实现了两国元首互访。1998 年克林顿总统在上海表明了"三不"立场，使美国政府的一个中国政策的内涵更具体化、清晰化。2001 年 3 月 19 日，美国国务院发言人包润石在新闻简报会上说："如果让我回顾一下'三不政策'的历史，你可以发现原本的提法并非完全如此。我今天也无意那样说。"2002 年 2 月布什总统访华时，他一再向中方强调对台湾的承诺，但回避美中之间的三个联合公报和"三不政策"。在清华大学做演讲时，当被问到三个联合公报和"三不政策"时，他回答说："当我国做出一项承诺时，我们遵守所做的承诺。有一个《与台湾关系法》，我们执行这项法案。法案说，如果受到挑衅，我们将帮助台湾自卫。"① 一个时期，布什政府的官员在提到一个中国政策时，总是刻意回避中美三个联合公报，突出"与台湾关系法"，甚至搬出尘封已久、过去也不公开、没有任何法律效力的里根对台"六项保证"。于是，有的人把布什政府的一个中国政策说成是"三报一法六保证"。但是布什政府在一个中国问题上摇摆，显然是十分不明智的。它既危害了中美关系的最重要的基础、威胁着中美关系的全局，又向台湾当局发出了错误的信号。2002 年 8 月 3 日，陈水扁抛出了"一边一国论"，干扰了美国全球反恐部署。其后，在 2002 年 10 月中美两国首脑在布什总统的克劳福德庄园会晤时，布什总统明确地表示了不支持"台独"的立场。② 2003 年 6 月，两国元首在法国埃维昂会晤时，布什总统更明确地表达了不支持"台独"的立场。③ 有的学者把布什政府的一个中国政策概括为"三报一法一不"。副国防部长沃尔福威茨称其为"一个中国，两个原则（台湾不'独立'，大陆不动武）"。④ 如果说布什政府把克林顿政府在"防卫台湾"问题上的"战略模糊"调整为"战略清晰"，而把克林顿总统在一个中国问题上

---

① David M. Lampton and Richard Daniel Ewing: U. S. ——China Relations in a post——September 11th world, p. 75

② 路透社 2002 年 10 月 26 日电

③ 胡锦涛会见美国总统布什，《人民日报》，2003 年 6 月 2 日

④ 台湾《中国时报》，2002 年 5 月 16 日

的“政策清晰”（“三不政策”），调整为“政策模糊”的话，那么现在布什政府在这两个问题上都执行“清晰”政策。有的美国学者称之为“双清晰政策”。①

第三，调整了推动两岸对话问题上的政策。克林顿政府把它的对台政策主要内容概括为“三个支柱”，即一个中国，和平解决，两岸对话。推动两岸对话，包括政治对话，是克林顿政府稳定两岸关系的政策工具。1995～1996 台海危机使美国认识到，李登辉坚持分裂立场、拒不和大陆进行政治对话，和大陆表现出的统一“紧迫感”，随时都可能引爆台海地区孕育着的严重冲突。因此，美国要维持两岸不统不“独”的现状，就不能放任现状自行发展，而是要通过推动两岸对话，防止大陆从统的方面破坏台海现状，防止台湾当局从“独”的方面破坏现状。为此，白宫负责亚太事务的国家安全顾问李侃如和负责亚太事务的助理国务卿罗斯先后提出了“中程协议”的建议，使两岸在“没有协议”和“最终协议”之间，达成临时性安排，以稳定两岸关系。但是，李登辉不但没有在美国压力下重开两岸对话，反而在 1999 年提出“两国论”，进一步封死了两岸对话的大门。布什政府上台后，虽然口头上表示乐见两岸恢复对话，但至今没有提出任何政策予以推动。2001 年初，笔者到美国进行学术交流，从所接触到的美国官、学界人士那里得到的印象是，布什政府中主持对台政策的官员和支持他们的所谓“蓝队”学者均不赞成对陈水扁施加复谈压力。为了防止两岸政治僵局引发危机，他们企图在日益密切的两岸经贸关系中找出路。他们同意在两岸均存在的一种说法，即两岸经贸关系日益密切，政治关系渐行渐远。他们认为，两岸经贸关系不会使陈水扁软化分裂立场，但可以使大陆不会轻易对台动武，也符合在两岸投资的美国商人的要求。出于这样的研判，布什政府对两岸发展经贸关系，包括“三通”持较积极的态度。2002 年 4 月，美国商业部副部长阿尔多纳斯表示，美国相信，经贸关系的加强有助于降低两岸的政治紧张气氛。② 此外，一些美国政府的智囊机构的学者也看到台湾的经济前途在很大程度上取决于能否处理好和大陆的经济关系。“没有对其经济

---

① 2002 年 7 月初，笔者访问夏威夷《太平洋论坛》时和该论坛主任拉尔夫·柯萨的谈话

② 台湾《中国时报》，2002 年 4 月 12 日

发展和两岸经济政策的明智和果断的领导，台湾可能会失去经济发展的势头。”① 显然，为达到稳定两岸关系以维持“现状”的目的，克林顿政府除了支持两岸经贸交流之外，还从政治方面入手，推动两岸恢复对话；而布什政府只是从经济方面入手，支持两岸经贸交流。

第四，布什政府放宽了对台湾官员到美国的限制，提高了访问的层级。中美建交之后，美国就和台湾的“非官方关系”，对和台湾的人员等往来设定了一定的限制。但是右翼保守分子认为这些限制“冷遇”了过去的“盟友”。布什政府上台后不顾中方的交涉和反对多处突破了这些限制。其中最重要的是 2001 年 5 月，陈水扁“过境”美国时，美方同意他在纽约和休斯敦“停留”，参观了纽约证券交易所，观看了休斯敦的一场棒球比赛，并会见了 20 余名国会议员。2002 年 3 月，美国发给了台湾“国防部长”汤耀明落地签证，让他参加在佛罗里达召开的“防卫高峰会”，并会晤了副国防部长沃尔福威茨和助理国务卿凯利等国防部和国务院的官员。美国这些做法是中美建交以来所罕见的。

第五，大幅度提升对台军售并加强和台湾的军事联系与合作。这是布什政府对克林顿政府对台政策的最大、也是最具破坏性的调整。2001 年 4 月 23 日，布什政府宣布向台湾出售 4 艘纪德级驱逐舰，8 艘传统动力潜艇，12 架 P—3C 反潜巡逻攻击机，以及导弹、鱼雷、自行火炮的多项武器系统，总金额为 180 亿美元。② 这是自 1991 年老布什总统决定卖给台湾 150 架 F—16 战机以来，最大的一项对台军售案。此后，美国又陆续批准了一些军售项目，目前正压台湾购买爱国者 3 型反弹道导弹和远程预警雷达。另一方面，布什政府大幅度加强了和台湾军方联系与合作，特别是建立起“协调行动”（interoperability）能力方面。③ 美国卡内基国际和平基金会的学者史文把美国提升和台湾军事关系的措施归纳为 5 个方面：(1) 详细研究台湾的防卫需要；(2) 频繁地、更为公开地进行和台湾国防官员、军事人员和战略家之间的对话；(3) 帮助重组台湾的防卫机构和决策过程；(4) 让

① Denny Roy：“Taiwan’s Threat Perceptions：The Enemy Within”，Occasional Paper，Asia—Pacific Center for Security Studies，March，2002.

② 《中国时报》，2001 年 4 月 25 日

③ 《美国国家安全战略报告》

台湾军官观摩美军的演习；(5) 建立和台湾军方直接的机密数据和信息的联系。① 克林顿政府时期，一方面继续向台湾出售各种武器装备，② 但另一方面也希望通过政治途径稳定两岸关系。李侃如等人也曾提出过降低两岸关系中军事因素的建议。但是，布什政府至今仍顽固地企图通过武装台湾和强化对大陆的武力"威慑"来达到它的目的。

结　论

布什政府对台政策的调整是其对华政策调整最突出、也是最具破坏性的部分。这一调整是为了推行它对外政策的三大优先议题，而这些优先议题的确立又有着浓重的新保守主义的色彩。但是，新保守主义在美国并非主流思潮。美国的立国哲学是实用主义而非意识形态浓重的极端主义。因此，笔者认为崇尚武力、我行我素、盛气凌人的"独行枪手"式的外交政策不会持久。《纽约时报》的一位主笔托马斯·弗里德曼曾经指出，新保守主义自己认为，他们的光荣时代可能不会一直持续下去，他们的想法过于"革命"，他们不久也将被孤立起来。美国将很快处于昏沉状态，忘却全球使命。因此，现在应利用"机会窗口"尽可能多地达到目标。

（刊载于《国际问题研究》2003 年总字
第 98 期，编者对本文做了删节）

---

① Michael Swaine："Reverse Course? The Fragile Turnaround in U。S。——China Relations"，Carnegie Endowment for International Peace Policy Brief，2003. 2. 22

② 据笔者根据美国官方公布的数字统计，自 1992 年至 2000 年，美国向台湾共出售了 164 亿余美元的武器装备

布什第二任期对台政策

竞争激烈的2004年美国总统选举终于以布什连任而结束。

其实，不管是布什连任还是克里当选，他们对华政策中涉及台湾的政策，其“基本面”，即总体战略，不会有本质的不同；差异仅表现在“技术面”上，即策略的运用上。

冷战结束后，美国对华战略目标是防止中国因发展和壮大而挑战美国在亚太地区，乃至全世界的“领导地位”。因此，要对中国加以遏制甚至威慑。同时，美国也要抓住中国经济发展所带来的巨大商机，谋求美国的经济利益，并通过经济手段促进中国的政治“演变”。为达到这一战略目标的手段就是遏制加接触。而台湾就是美国用来遏制中国发展壮大的一张牌。只要美国对中国的发展壮大心存疑惧，认为中国有一天要挑战它的“领导地位”，它就不会放弃手中的台湾牌。布什政府中有人把其对台政策概括为“一个中国，两个原则”。所谓“两个原则”就是“大陆不动武，台湾不独立”，也就是维持海峡两岸“不统、不独、不战”的局面。在这一“基本面”上，布什政府的政策和克林顿政府的政策是一脉相承的。在“技术面”上，共和党和民主党的策略运用则在优先顺序、孰重孰轻、手段软硬等方面有所不同，例如共和党传统上更重视外交、安全；而民主党更重视内政、人权。但是，无论哪个党，都会在维护美国利益这个基点上，根据内外情况的变化而调整策略。不要忘记，美国的立国哲学是实用主义。

回顾布什总统入主白宫后对台政策的轨迹，可以发现它大致走过了一个U字形的弯路，或者说一个否定、再否定的过程，即从修正克林顿政府的政策开始，再回到克林顿政府政策的水平线上，但是涂上了布什政府“新保守主义”的色彩。

2001年布什政府上台后的对外政策表现出强烈的单边主义倾向，很像美国西部片中我行我素的“独行枪手”，在对台政策上尤为如此。

它对克林顿时期的政策做了四个方面的明显调整：（1）把克林顿在“防卫台湾”问题上的“战略模糊”，改为“战略清晰”，标志性的语言就是布什总统说的“采取一切必要手段协防台湾”；（2）在一个中国问题上一度含混其词，强调《与台湾关系法》和尘封已久的里根总统对台“六项保证”，将一个中国政策定位在“三（个公）报一法六保证”基础之上；（3）放宽了对台湾“官员”访美的限制，提高了层级；（4）大幅度增加对台军售并加强与台的军事联系，建立所谓的“协同作战能力”。布什政府的这些动作使得台湾的分裂势力弹冠相庆、气焰嚣张。陈水扁于是赤裸裸地抛出了“一边一国论”，提出2006年修宪、2008年制宪、成立“台湾共和国”的“台独时间表”，把两岸关系推向战争的边缘。这样的事态发展显然威胁了美国极力要维持的两岸“不统不独不战”的“现状”，因此布什政府又不得不对其对台政策再做调整，主要表现在：（1）强调一个中国政策不变，明确反对“台独”立场，标志性语言是布什总统2003年12月9日当着来访的温家宝总理的面所说的：“台湾领导人任何言论或行动，显示他有可能有意去片面决定改变（台海）现状，这是我们反对的。”（2）一个中国的政策进一步清晰化，标志性语言是国务卿鲍威尔10月25日所说：“台湾不是独立的，它不享有国家主权。”（3）台湾问题的解决需经两岸人民的同意。今年9月30日，鲍威尔和李肇星外长会谈后在记者招待会上进一步说，有关台湾的议题不能忽视大陆13亿人民的心声。从克林顿政府后期开始，美国经常强调台湾问题的解决需经“2300万台湾人民同意”。这样的表述实际上是违背美国的一个中国政策的，既然认可只有一个中国，台湾问题当然要由全体中国人民来解决。具有讽刺意味的是，布什政府的这些政策调整实际上是台湾分裂势力逼出来的。陈水扁“渐进式台独”的“切香肠”策略，不仅仅是企图突破大陆一个中国的底线，也一刀一刀地要切到美国对台政策的底线，要把美国拖进一场危险台海冲突中，这是美国所不能允许的。

不管白宫的主人是共和党还是民主党，对台军售问题都是中美关系中最麻烦，也是最具破坏性的问题。2001年4月，布什总统上台伊始即宣布向台湾出售包括驱逐舰、潜艇、反潜机、导弹等先进武器在内的一揽子计划，总价值高达180亿美元，企图增强台湾当局的武力拒统的能力。尽管台湾当局财政拮据，很多民众也强烈反对这笔交易，但美国至今仍多方施压要台湾当局出钱买武器。有的台湾人把美国比喻为黑手党老大向台湾索要“保护费”。此外，布什政府还大大强化了和台湾的军事联系，从军事指导思想、军队“国家化”、三军协调作战能力到和美军指挥系统接轨等各方面帮助改造台军，并使其具备和美军“协同作战能力”。这实际上是在恢复美台军事联盟关系。这不但助长了“台独”势力的气焰，也提升了台湾问题中的军事因素，增加了冲突的危险性。

克林顿政府时期在军售问题上虽然没有像布什总统2001年那样张狂，但在他执政的8年中也向台湾出售了164亿美元的武器装备。而且在1995—96台海危机期间派出了两个航母战斗群炫耀武力。美台军事联系的恢复也始于克林顿政府的末期。可以断言，在布什总统的第二任期内，对台军售仍将是中美关系中最具破坏性的问题。值得注意的是，2001年4月美国政府宣布的对台军售案期限为3年，已经到期，最迟到明年美国将和台湾讨论下一轮的军售案，届时美国如何处理这个问题将成为人们判断第二届布什政府对华政策走向的标尺。台湾当局肯定要利用这一机会造成美国政策向台湾倾斜的效果，并通过再次提出购买神盾级驱逐舰等要求和美国讨价还价，增强其武力“台独”的能力。因此，明春是中美关系的敏感期。

另一方面，如果布什政府有愿望和需要进一步改善美中关系，就其对台政策而言，还是有改进空间的。笔者认为美国至少可以做两件事。第一，调整在两岸恢复对话与协商问题上的现有立场。布什政府上台初期淡化了克林顿总统“三个支柱”对台政策中的“两岸对话”这个“支柱”(另两个支柱是一个中国与和平解决)，在两岸关系因陈水扁提出“一边一国论”而加剧紧张后，又转而力促两岸重开对话，企图以此稳住两岸关系。但是，美国促谈的立场是两岸无条件地恢复对话，也就是完全站在台湾当局一边，压大陆放弃一个中国的复谈基础，这实际上是在纵容和鼓励台湾当局“一边一国”的“台独”立场，从而增加了两岸复谈的难度。如果美国在这个问题上将无条件复谈的立场调整为“在双方同意的基础上”恢复协商的话，将同时构成对台湾当局的压力，应被视为一个“进步”。美国可以做的第二件事是，在中国统一问题上立场“清晰化”。美国在公开表态时，总是回避中国的统一问题，强调“和平解决”。但是，私下里，美国政府官员和多数学者则表示，美国关心的是“和平解决”的方式，而不是最终的结果。如果双方都同意统一，美国不会反对；如果双方都同意台湾“独立”，美国也不会反对。1998年克林顿总统访华时，在北京大学回答学生问题时曾说不反对统一的话，但事后被解释为“口误”。10月25日，鲍威尔接受“凤凰”电视台采访时又有了支持统一的“口误”。不管他们是无意的“口误”，还是有意地说给台湾听，在这个问题上我们还是有做工作、推着美国向前走的余地的。笔者认为，美国可以接受的表态是：“美国无意阻挠中国的和平统一”，或“美国不反对中国的和平统一”。当然，美国的现行政策是维持两岸“不统、不独、不战”的分裂状况，要它在表态上有所前进是非常困难的，只能是像挤牙膏似的一点一点地挤，但是我们仍然要争取，这有利于反“独”。而且，只要“台独”势力继续其“切香肠”的策略，总有一天要切到美国的痛处，迫使美国发出新的警告，防止他们“把船搞翻”。

（刊载于2004年11月5—11日《国际先驱导报》）

营造有利国家统一的国际环境

台湾问题是中国的内政，任何外国势力无权干涉，这是毫无疑问的。但是，大家也都清楚，没有外国势力的插手和干涉，主要是美国反华势力的插手和干涉，我们早就解决了台湾问题。因此，就台湾问题的国际因素而言，我们统一事业的主要障碍来自美国。自1949年以来，新中国一直为了早日实现国家统一而和美国反华势力进行政治的、军事的、外交的全方位斗争。大家一定还记得金门炮战、华沙谈判这些历史名篇。提到外交斗争，中国有句古训：弱国无外交。中国近代史中的外交，可以说是沾满了中国人血泪的记录。南京条约、天津条约、马关条约……无不是外国列强强加给中国的国耻。但是，中华人民共和国成立后的外交，从朝鲜停战谈判、日内瓦会议、华沙谈判到联合国恢复我合法席位的2758号决议，无不使中国人感到扬眉吐气，有效地维护了我国的合法权益。在台湾问题上，中美建交，则使国家统一事业向前迈进了一大步。

自1972年尼克松访华到1979年中美建交，中美两国谈判的核心问题就是台湾问题。毛主席当年敏锐地抓住历史的机遇，“以小球带动地球”促成尼克松访华，经过有理、有利、有节的外交斗争，使美国和台湾断交、废约并从台湾撤军，承认台湾是中国的一部分。这是我们排除美国干涉、阻挠我统一事业所取得的重大胜利。当然，中美建交之后，美国并没有放弃利用台湾来牵制我发展壮大的图谋，台湾问题始终是中美关系中最具破坏性的问题，美国的阻挠和破坏仍然是我们统一事业的最大障碍，因此我们和美国在台湾问题上的斗争从没有停止过。但是，现在的斗争形势和中美建交之前毕竟是大不相同了，美国不得不奉行一个中国政策，而且随着我国综合国力的不断提升，美国进一步意识到，如果在台湾问题上无视中国的立场和利益，必然要损害其自身利益，用美国的话说，是“认识到台湾问题的敏感性”。我们和布什政府在台湾问题上的外交斗争更清楚地反映出这种情势。

布什政府被认为是中美建交以来最“亲台”的政府。确实，布什政府在上台后不久即于2001年4月宣布了自1991年以来最大的一宗对台军售案，几乎答应了台湾当局多年来要求购买的所有先进武器，包括进攻性的潜水艇在内。同月，布什总统又说出了“采取一切必要（措施）帮助台湾自卫”的话。我们对布什政府上台后在台湾问题上严重干涉我内政的言行进行了严正的外交斗争，指出美国向台湾分裂势力发出的错误信号所带来的严重后果，以及我不惜一切代价维护国家主权和领土完整的坚定立场。正如我们所指出的那样，布什政府干涉台湾问题的一系列动作使得台湾的分裂势力弹冠相庆，气焰嚣张，陈水扁于是公然出来鼓吹“一边一国”，使两岸关系空前紧张。同时，台湾的分裂势力还大力宣传美国会无条件地“保护”他们，甚至不惜和大陆一战。这使美国感到紧张，看到台湾分裂势力要“突破极限”，要把美国拖到台海冲突之中，这无疑干扰了美国的反恐部署，布什政府不得不调整对台政策。同时，我们也就陈水扁利用选举之机进行以“台独”为目的的“公投”，向美国表明了我们的立场，说明了它的危害性。经过我们的外交交涉和工作，美国政府一再重申它一个中国的政策没有也不会改变，并更明确地表明其不支持“台独”的立场。布什总统本人在去年12月9日当着到访的温家宝总理的面表示，从台湾传出一些试图改变现状的信息令人不安，美国不赞成并反对单方面试图改变台海现状的做法。关于陈水扁要搞的“防卫性公投”，布什表示，台湾领导人的言行表明，他们可能要单方面做出改变现状的决定，美国对此表示反对。布什政府对台政策的这种调整既是其自身利益的需要，也是我们做工作，包括斗争的结果。没有我们的工作，美国的亲台反华势力可能会走得更远。

目前在美国有一种论调称，中国利用美国对台湾的分裂势力施压，增加了美国在台湾问题上的发言权。台湾的分裂势力则妄图借此使“台湾问题国际化”。这都是一相情愿的幻想。台湾问题是中国的内政，任何外国势力都没有发言权，也不会国际化。但是，外国，主要是美国反华势力继续插手和干涉台湾问题，台湾分裂势力极力挟洋自重则是现实的存在，我们也必须现实地予以面对。中国政府一再申明，中国人民有决心有能力解决台湾问题。我们的能力也体现在外交工作方面。中国早已不再是马关条约时的中国了。我们有能力通过外交努力维护维护我们的国家权益，我们在台湾问题上和美国的外交斗争清楚地表明了这一点，在国际范围内更是如此。国际上绝大多数国家奉行一个中国政策，承认台湾是中国不可分割的一部分，而且这种趋势还在进一步发展。在陈水扁搞的所谓“防卫性公投”的问题上，几个西方最高领导人出面表示反对是前所未有的。事实说明，我们的外交努力，包括对美外交，正在为我们国家的统一事业创造着更为有利的国际环境。随着我们国家的不断发展壮大，我们会更有效地排除外来势力在台湾问题上的阻挠和破坏，早日完成国家的统一大业。在台湾问题上的对美外交不但要继续做，而且要加强，这是推动国家统一事业的一条重要战线。实践必将证明，通过我们的工作，国际环境会越来越有利于我们的统一事业，我们的外交工作，特别是对美外交必然会取得更大的成绩。

（发言稿，2004 年 5 月 16 日）

对近期中美关系中台湾问题的评估

一、台湾问题是中美关系中最敏感的核心问题。在可预见的将来这种情况不会改变。美国在台湾问题上面临的最新挑战是陈水扁的“废统”。应当说，美国在政策宣示层面上还是坚持了它对陈水扁“四不一没有”承诺是“认真的（serious）”立场，迫使陈水扁在美国人面前只讲“终止运作”、“终止施行”，而不敢讲“废除”。美国则使用了“暂时停止（abeyance）”的表述。美国和陈水扁之间的这种文字游戏虽然不具实质意义，但在政治上使陈水扁处境尴尬。今后两年，对美国对台政策的最严重挑战，也是对中美关系最严重的考验，是美国如何处理陈水扁以“法理台独”为目标的“宪改工程”。美国对这个问题的现行立场是，它既关心“宪改”的结果（是否触及领土和主权），也关心“宪改”的过程（是否遵守台湾的相关法律程序，即先过“立法院”的门槛，再过公投的门槛）。根据台湾“宪法”，要改国土和国号，在“立法院”要有四分之三的多数支持，公投要有选民总数的一半以上的支持。民进党目前没有通过这两个门槛的实力。如果美国坚持这一立场（目前没有改变的迹象），这将有利于挫败陈水扁的图谋。美国很清楚，我们决不容忍“法理台独”，会不惜一切代价，它不会愚蠢到为了“台独”不惜和我们兵戎相见。

二、美国的对台政策是它对华两手政策的一部分。政治上它要维持两岸“不统、不独、不战”的分裂分治局面，作为牵制我的一张牌；军事上要在西太平洋部署足够的“威慑”力量，阻止我武力解决台湾问题。美国的官员和学者对美国的对台政策有如下表述：

——Paul Wolfweitze：一个中国，两个原则（台湾不独立，大陆不动武）；

——Ken Lieberthal：双遏制政策（遏制台湾独立，遏制大陆动武）；

——Ralph Cossa：双清晰政策（明确反对台湾独立，明确反对大陆动武）；

——Thomas Christiensen：双保证政策（给大陆以政治保证——一个中国政策，给台湾以安全保证——协防台湾）。

为了实现其政策目标，美国采取了下列三项措施：

（一）加强和亚太地区盟国的关系，主要是日本和澳大利亚，特别是日本。美国通过“2＋2会议”，已经迫使日本公开表示介入台海问题。

（二）把部分兵力从大西洋转移到西太平洋，把作战前沿从夏威夷推进到关岛，加强了对我的军事威慑。

（三）通过售台武器和恢复军事联系加强台湾的军力，使其至少具备抵抗大陆进攻两周的作战能力，为美国的干预赢得时间。

三、美国官方对其对台政策的表述是：奉行基于美中三个公报和“与台湾关系法”的一个中国政策；不支持台湾“独立”；反对海峡两岸任何一方单方面地改变台海现状；台湾问题必须和平解决；台湾现状的任何改变必须经由两岸人民的同意；大陆应和台湾民选的当局对话。美国学者普遍认为，美国上述对台政策是“平衡的、成熟的、成功的”，因此在布什政府的第二任期内没有必要，也不会再调整。

四、从2004年夏天开始，我们的对台政策有了一个重大调整，我们把反对“台独”确定为当前的政策目标。这一调整是基于邓小平同志的一项基本决策，即中国的问题，包括台湾问题，只能通过发展才能解决。实现祖国统一是我们不可动摇的目标，但它是一个过程，只有我们发展到一定水平、才具备实现统一的条件。急也没用。有了这个调整，我们的对台政策才有可能“硬的更硬，软的更软”，开拓了两岸关系的新局面。这一调整也使我们在台湾问题上的对美斗争处于更为有利的地位，化其部分消极因素为“积极因素”，尽力使美国不向“台独”分裂势力发出错误信号。我们之所以能这样做，是因为我们确定“反独”而不是“促统”为政策目标，使我们和美国在一个中国、维持现状、反对“台独”三个方面有了相近的立场。虽然双方在这三方面的立场仍有所不同，但大的框架是一个中国，这对我有利。

五、由于美国难于从伊拉克、阿富汗、伊朗、中东等处脱身，在朝核问题上有求于我，他不希望台海地区爆发危机。因此，陈水扁“切香肠”的“台独”分裂活动也会切到美国的利益，美国不会听之任之。在美国看来，陈水扁的问题在于他的政治目标和“9·11”之后的美国首要国家利益是相冲突的。虽然美国不会放弃民进党，但它不信任陈水扁。一位非常亲台的美国学者说，美国普遍认为陈水扁“是布什总统最不喜欢的民选领导人，他是一个为了个人的政治生涯，什么事都干得出来的机会主义者”。综上所述，我认为今后两年，台湾问题仍是中美关系中最敏感的核心问题，但是由于“台独”分裂活动越是升级就越会干扰美国的全球战略部署，美国只能予以约束。陈水扁为了保住自己的权位，必然继续玩“台独”边缘政策、制造两岸紧张，因而必然冒犯美国的利益，美国只能把他“放在盒子里”。从这两年美国的做法看，它是先在内部向陈提出警告；如果陈不听，则由国务院、白宫公开予以警告；如果陈再不听，则可能由高官（2003年12月由布什总统）提出警告；如果陈仍不听，则以行动予以惩戒。我认为2008年以前，中美关系会因为台湾问题而再一次恶化的可能性不大。

（发言稿，2006年3月30日）

美国对台军事关系中的“软件”问题

布什政府的亚太安全战略主要是针对中国的，总体上是要防止中国崛起挑战美国的领导地位，首要目标是防止在台海地区发生美国被拖入的战争，特别是要阻止中国武力统一台湾。五角大楼人士认为：“台湾海峡是世界上最危险的军事爆发点之一，而且可能是美国未来在亚太地区面临的最复杂和最富挑战性的外交和防务政策问题。考虑到形势的严重性、可能被卷入的大国以及带来的风险，台湾海峡比现在因北朝鲜核野心而出现的情况更重要。”（前助理国防部长帮办彼德·布鲁克斯［Peter Brookes］，2003．12）

对美国来说，特别是“9·11”之后深陷反恐和伊拉克、伊朗等中东难题，如果再被拖入台海战争，那将是灾难性的。同时，美国对中国为维护一个中国原则而不放弃使用武力的政策也极为疑惧。在它看来，如果我们武力统一台湾，那将不只是第二个越南的问题，也将是美国霸权终结的起点。因此，阻止我国武力统一台湾，是朝鲜战争以来历届美国政府的政策，不管2008年后是共和党继续执政还是民主党上台，下届美国政府还会执行这样的政策。美国就是在这样的战略思维下，处理和台湾的军事关系的。

但是，美国也开始意识到“台独意味着战争”（佐利克，2006．5．10）。2003年夏天，赖斯作为国家安全顾问首次访华时，中国领导人显然向她传达了明确而强烈的信息：如果台湾分裂势力悍然宣布“台湾独立”，中国大陆将没有其它选择，只能武力解决台湾问题。是真打而不是假打，将不惜一切代价。胡锦涛主席2005年3月宣示的对台四项基本政策中，更为权威地明确了“反对‘台独’分裂活动决不妥协”的立场。接着，全国人民代表大会高票通过了《反分裂国家法》，将这一政策法制化。中国政府在这个事关主权和领土完整的核心国家利益问题上的“政策清晰化和法制化”，使美国意识到必须谨慎处理“台独”问题，否则将被“台独”势力拖入一场灾难性的战争中去。毕竟，朝鲜和越南两次战争的教训还没有在美国人的记忆中消失。为此，美国在政治上加强了对“台独”的约束，但在军事上，美国则进一步强化了和台湾的军事关系，不但通过售台先进武器，在“硬件”上增强台湾的军事实力，而且在“软件”方面，即对台军进行改造并把它吸纳到美军的指挥和管理系统中来，做了大量半公开但切实的工作。美国的目标是，一旦台海有事，台军将成为美军可以指挥调动的“马前卒”。美国实际上在恢复被它废除的美台共同防御体系。因为人们对美台军售问题比较熟悉，这里我想着重谈一下美国在“软件”上如何深化和台湾的军事关系。为了更清楚地了解这个问题，首先谈一谈美国为应对台海危机所采取的对策。它是以建立“军事威慑”为核心的三重战略：

（一）以绝对的军事优势形成对中国的“军事威慑”，使大陆不敢轻易动武——在关岛部署攻击型核潜艇、各类导弹、增加武器弹药的储备，调整在亚太地区的军力部署等等。

（二）重新“活跃”和日本、澳大利亚、新加坡、泰国、菲律宾等盟国的联盟关系，把它们拉进来一起阻止我对台动武——修改美日共同防卫指针，鼓动日本通过“周边事态”法直接干预台海问题，加快和日本及台湾一起进行的战区导弹防御系统（TMD）的研发；2003 年布什访问澳大利亚时，曾公开要澳介入台湾问题。

（三）更全面和更公开地强化和台湾的军事关系。除卖给台湾更多、更先进的武器之外，特别从“软件”方面增强台湾武力拒统的能力，包括把台军改造和吸纳到美国的指挥和管理系统中来，从而使台军具备和“美军及潜在安全伙伴的协同作战能力”。（美国助理国防部长帮办劳力斯［Richavd Lawless］在“美中经济与安全委员会”作证时的证词，2004. 2. 6）

美国从“软件”上恢复和加强和台湾的军事关系实际上开始于克林顿政府时期。美国国防部的“中国问题专家”白邦瑞（Michael Pillsbury）2004 年 2 月 29 日在台北的一次研讨会上，做了题为“1997 年以来的美台军事关系”的报告。他在报告中第一次回顾了美国是如何“参与”台湾的“防务改革”的，并列出了一个它所采取的六个步骤的“大事记”。

根据这个报告，美台“软件”军事合作的“突破”性第一步发生在1997年12月。当时美台双方的“军事和政治领导者”在加利福尼亚的蒙特雷进行了首次“战略会谈”。从那时到现在，“蒙特雷会谈”每年举行一次。会谈的主要推手是美国的坎贝尔（Kurt Cambell，曾任克林顿政府的助理国防部长帮办）、薛瑞福（Randy Shriver，曾任布什政府的助理国务卿帮办）和斯托克斯（Mark Stokes，曾任国防部长拉姆斯菲尔德的中国和台湾地区处长，驻华空军副武官）；台湾方面的推手是民进党的蔡明宪。在第一次会议上，美方为会谈定了调：“只谈‘软件’，不谈‘硬件’”，即不谈军售问题，只谈台湾的“防卫改革”问题。

第二个步骤是1998年美国国防部负责防卫战略的助理国防部长帮办秘密访问台湾，他的一项活动是向70余名台湾高级军官讲解了美国关于由文职人员制定军事战略和计划的理论和过程，以及美国有关“综合风险评估”（Net Assessment）的观念。

第三个步骤是1999年美国派“实战”军事人员到台湾的战区和军事基地，和台湾战地军事人员就三个关键问题进行讨论，从而了解第一手的情况。这三个问题是：防空作战，反潜作战和反登陆作战。美国军官根据“考察”结果向台湾军方提交了他们的“建议”。从1999年至今，美国已向台军提交了300多份“建议”，台湾已把它们纳入防务改革计划之中。

从1999年开始，美国派了十数个这样的“考察团”到台湾，“考察”的项目很多都是过去从未做过的。“考察团”的活动直接推动了“蒙特雷会谈”，双方的与会者扩大到各有20余人，而且会谈的时间也大大延长了。此外，虽然这些“考察”侧重在“防务改革”的“软件”方面，但对“硬件”方面的售台武器决策，也产生了重要影响。例如，过去美国一直没有答应卖给台湾柴油动力潜艇，但2000年派出专门“考察团”到台湾“考察”后，2001年美国就同意售台8艘这样的潜艇。另一个例子是，经过“考察”后，美国同意卖给台湾阿帕奇攻击直升机。

第四个步骤是布什政府在2001年4月改变了售台武器的程序。过去美国和台湾每年举行一天的会议，讨论军售问题。从那时起，这种会议改为根据“需要”随时举行。这无疑为美国售台武器开启了更为便利的通道。同月，布什政府宣布了自1991年以来最大的一宗对台军售案。在这样的背景下，当时的美国国防部副部长威尔福维茨利用“美台商会”在佛罗里达开会的机会会见了台湾“国防部长”汤耀明。这是美国第一次公开发给了台湾“国防部长”访美的正式签证。美方对新闻界的说辞是，这次会谈主要讨论了“由文官控制军队”的问题。

第五个步骤是从2003年开始，美国公开对台湾“防务预算”的“优先项目”提出“建议”。第一项是导弹防御系统。1995年到1998年之间，美国国防部官员曾经对在台湾部署导弹防御系统持“怀疑”态度，但到2003年则公开要台湾把购买美国爱国者3型导弹作为优先项目。第二项是要台湾购买美国的指挥和管理系统（C4ISR），这不仅将使台湾的三军能够协同作战，而且“在战时，能够使台军和美军及潜在的安全伙伴协同作战”。

第六个步骤是公开“赞扬”台湾“防务改革”所取得的“八大成绩”：

(1) 正在形成总体安全战略，树立协同作战观念，建立协同训练、作战的能力；

(2) 确定了2007年到2010年前，台湾防务的重点；

(3) 10年来，首次提高了防务预算在GDP中的比例；

(4) 采取了积极措施使其C4ISR现代化；

(5) 增加了对“被动防御设施”的投入，削弱了大陆导弹和潜艇“威胁”；

(6) 使三军“流线化”（似指具备协同行动能力）；

(7) 采取措施解决飞行员缺员问题；

(8) 起草并执行了征召和保留文职人员的详细计划。

白邦瑞在报告中也毫不掩饰地谈到美国明目张胆地强化和台湾的军事关系的目的：

(1) 改变台湾“防卫能力”不利的发展趋势；

(2) 尽可能地避免美国大规模地卷入台海危机之中；

(3) 使台湾“能从实力地位出发决定其未来”（也就是增强其武力拒统的能力）。

除了白邦瑞的这个报告外，笔者看到的有关美台“软件”军事关系的较详细文件是美国《传统基金会》高级研究员、前布什政府负责亚太事务的助理国防部长帮办布鲁克斯（Peter Brookes）2003 年 12 月 14 日在海军学院做的报告。这篇题为“布什政府的美国与台湾防卫关系”报告的要点有：

1. 美国与台湾防务关系的目标是帮助台湾阻吓（deter）大陆对台湾使用武力；一旦阻吓失败，美国保证台湾有足够的防卫力量来挫败大陆的攻击。

2. 为达到这一目标美国要求台湾（1）进行军事观念（海陆空协同作战）和体制（军、政一体化）的根本性改革；增加财政预算购买美国武器来保持两岸的军力平衡；（3）一旦大陆动武，台湾必须具备抵抗大陆攻击直到美国援军到来的能力。

3. 美国要台湾实施的四个优先项目是：（1）加强对大陆动武各种可能方案的研究，制定对策；（2）防务计划的拟订要明确重点并合理化；（3）军队现代化（建立能经受攻击的指挥管理系统，三军具备协同作战能力，具备保护民用设施经受军事打击的能力，具备反空袭、反导弹袭击的能力，具备一定的反攻击威慑能力等）；（4）军、政必须一体化，军队服从政府。

4. 美国要台湾优先购买的军事装备是：（1）C4ISR 系统（指挥、控制、通信、计算机、情报和侦察）；（2）海军装备，包括海上侦察机，反潜装备和海面作战装备；（3）反弹道导弹一体化系统，包括战略预警雷达和反导弹导弹；（4）训练台军的军事服务。

从白邦瑞和布鲁克斯两个报告中可以清楚地看出，美国实际上在恢复和台湾的军事同盟关系。美国正在从军事观念、军事体制，军备采购、军事计划制定，武装人员训练等各方面改造台军，以增强台湾武力拒统的能力并为它的亚太安全战略服务。更为严重的是，美国的做法越来越明目张胆。用劳力斯的话说，“虽然有几个国家悄悄地和台湾在安全问题上合作”，但美国“以其政治勇气、战略需要和道义责任”，“独自站出来”帮助台湾。

以美国国防部为代表的美国保守势力在发展和台湾军事关系上的所作所为，是中美关系正常发展的最大障碍，破坏性最大，也是最蛮横无理的。美国学者蓝普顿（David M. Lampton）曾指出：在“9·11”事件之后，“要求中国在处理美国的首要安全问题（反恐）上全面合作，而我们却通过增强不了多少台湾安全的行动，威胁中国的首要安全问题（台湾），这是没有道理的。”另一位美国学者史文（Micael Swaine）也说过：“看来无限度地加深的美台防卫关系最终可能使美中关系的和解脱轨。”“加深美中关系的关键是在美国对台政策和对北京政策的更大战略立场之间取得更大的和谐。”他们的看法指出了中美关系中的核心问题，遗憾的是，这个问题今后仍将长期存在。

（2006 年 8 月 3 日）

中美经济关系与台、港因素

一、前　言

中美经济关系是世界上最大的发展中国家和最大的发达国家之间的经济关系，这一特性决定了它无论对于中国还是对于美国来说都是至关重要的。如若面对未来，尤为如此。事实上，在过去20年中，中美经济关系是世界上发展最为迅速和强劲的双边经济关系之一。据中国海关统计，1996年，中美贸易额为428.4亿美元，是中美1979年建交初期的18倍，美国是中国的第二大贸易伙伴；据美国海关统计，在美国的贸易伙伴中，中国的排名已从1980年的24位上升到1996年的第4位。两国统计数据虽然不尽相同，但都表明，在过去的18年中，两国贸易平均增长率超过18%。双方相互投资也迅速发展。截至去年6月底，已经批准的美国在华投资项目累计达23250项，合同金额达368.7亿美元，实际利用金额156.7亿美元。① 中国在美投资也在悄然、但快速增加。

在中美经济关系这种从无到有的茁壮发展过程中，中国的香港和台湾地区发挥了独特和重要的作用。对于台、港来说，和美国的经贸关系都是它们对外经贸关系中执牛耳者，而中国大陆、港、台三方通过投资、贸易、转口等的互动，又越来越强烈地影响和促进着各自和美国的经贸关系。就香港而论，经港的内地对美巨额转口贸易、前店（港）后厂（内地）格局的形成等等，使得其对美经贸关系与内地难舍难分；就台湾而论，仅以转移到祖国大陆的大量劳动密集型产业为例，它们中的相当一部分是依赖美国市场的，祖国大陆为它们提供了

① 中国对外贸易经济合作部长吴仪：《珍视双边合作，促进中美经贸关系稳定发展》，人民日报（海外版），1997年10月6日，第四版

保持和提升在美国市场竞争力的条件，使他们获得了所谓“第二春”。三方在对美经贸关系中的互补互利、相互依存、相互借重之势日趋明显，进一步密切关系实属必然。以至今仍困扰中美经贸关系的最惠国待遇为例。无论是英国殖民当局统治香港时期的做法，还是当前台湾当局推行的“戒急用忍”政策，在最惠国待遇的问题上，台、港方面在不同的程度上均出自切实的经济利益，以务实的态度对待之。实际上，克林顿入主白宫后所采纳的以所谓“十大新兴市场”为主攻目标的出口战略中，把中国名列榜首，而且把祖国大陆、台湾和香港三部分视为一个经济整体。① 这个整体在至今余波未平的东南亚经济危机中伫立风雨的不俗表现，无疑已经提升了它在美国亚太乃至全球经贸战略中的地位。可以预言，经此风暴洗礼，中美经贸关系势必进一步发展。

二、美国经济和亚太战略中的中美经贸关系

1992 年民主党在阔别白宫 12 个春秋后重新执政，其有别于以往政府的一个突出方面即是更为强调经济安全。克林顿总统在其执政初期，把经济安全列为对外政策的三大支柱之首（其他为扩展民主和军事实力）。已故的商业部长罗纳德·布朗为推行这一政策、为美国的商品和资本开拓国外市场，制定了以所谓“十大新兴市场”为主攻目标的经贸战略。他的负责国际贸易的副部长加顿（Jeffrey E. Garten）曾于 1994 年 1 月、6 月和 1995 年 3 月，在纽约的《全国对外政策委员会》连续 3 次发表演说指出，美国制定这一战略的出发点是，美国认为在未来的 20 年内，世界贸易增长的 3/4 将发生在发展中国家，其中大部分又发生在新兴大市场国家里，包括“大中国”（中国大陆、台湾、香港）、印度尼西亚、韩国、印度、土耳其、南非、波兰、阿根廷、巴西和墨西哥。20 年后，这些新兴大市场国家在世界国民生产总值中的份额可能会翻一番，即从今天的 10%上身到 20%。到 2010 年，它们的世界进口份额可能会超过日本和欧洲的总和。这些新兴大市场国家也将成为未来激烈竞争的场所，日本、欧洲和几个发展中国

① 参见加顿：《新兴大市场：全球经济中变化着的美国利益》，在纽约《全国对外政策委员会》上的演说，1994 年 1 月 20 日

家在这些市场中可能成为美国的竞争对手，美国因此必须立即行动，在这些国家开拓面对未来竞争的坚实阵地。

加顿在1994年1月发表的第一篇演说中指出："在过去的2年中，中国每年的经济增长率都达到12%或13%，这一点令人激动。任何观察家都能看出，中国是新兴大市场国家中最大的一个，是亚洲群虎中的大象。"他进一步指出，中国的经济改革给整个亚洲，尤其是"大中国"地区（包括中国大陆、台湾和香港）"注入了前所未有的活力。想一想这个增长中令人惊讶的两个方面。第一，尽管香港在3年后就要回归中国，但在过去的一年里，香港股市依然是世界主要股票市场中增长最快的一个，其股票价格上涨了100%。第二，尽管巨大的政治鸿沟把台湾岛和大陆分离开来，但双方贸易和投资仍迅速增长。"①

虽然近年来，特别是布朗在波斯尼亚空难去世、加顿离开商业部就教耶鲁大学之后，美国的新兴大市场战略有了某些调整，但大的战略取向并没有改变。正如克林顿所言："我们不仅仅着重致力于传统市场，还致力于属于21世纪的新兴大市场，这主要归功于布朗部长……与以前两党各届政府相比，我们可以自豪地宣布，本届政府的不同之处就是它积极地帮助美国公司赢得海外生意。"席卷东南亚的金融风暴显露出某些东南亚国家经济政策和经济管理中的问题，近期这一地区的平均增长速度将会减缓，但国际货币基金组织和不少经济学家对东南亚经济发展前景仍持乐观态度。另一方面，中国大陆、香港和台湾在这场风暴中所表现的厚重承受力，也为世界经济界所瞩目，更给投资者以深刻印象。江泽民主席去年应邀对美国进行国事访问在经济层面上表明，包括台湾、香港在内的中国大市场仍是美国在新兴大市场中的首选，美国无疑会更重视中国的经济改革和发展在亚洲继续发挥的巨大推动和稳定作用，中美经贸关系将进一步发展，台、港会从中获益。

从更为宏观的美国亚太战略来看，中美经贸关系也将进一步发展。美国驻华大使尚慕杰去年4月在香港演说时表示，美国整体的对话政策是和它在亚洲的历史和地区的利益密切联系的。这些利益包

---

① 参见加顿：《新兴大市场：全球经济中变化着的美国利益》，在纽约《全国对外政策委员会》上的演说，1994年1月20日

括：亚洲的和平、稳定和繁荣；维持与日本以及韩国、泰国、菲律宾、澳大利亚的区域联盟；把中国等国家纳入较大范围的国际贸易秩序，来增加美国的贸易和商业机会；“支持反映人民意愿的民主力量和政府的问世”；通过亚太经济合作组织和东盟地区论坛等，扩大区域合作。① 为上述利益服务的美国亚太战略框架可以说是一只“三角凳”，凳的三条腿是：以日美安保条约为“基石”，辅之以美澳（大利亚）新（西兰）、美泰（国）美菲（律宾）联盟，确保亚太安全；处理好和对 21 世纪亚洲格局影响最大的中国的关系，把中国纳入“世界经济和区域安全的架构中”，为亚太、乃至世界带来繁荣和安全；和东盟建立更为广泛的交往关系，一方面东盟是美国仅次于欧盟和日本的第三大海外市场，另一方面东盟地区论坛（ARF）为美国提供亚太多边安全沟通的所谓“第二轨道”。② 为落实这一战略框架，美国“正在和这一地区的盟友及其他国家构建一个亚太共同体”③，这个共同体是以亚太经合组织为核心的。美国负责亚太事务的助理国务卿陆士达曾表示，克林顿政府的亚洲政策不同以往之处在于它“对亚太共同体这个概念的开放、殷切及热情的态度”。他认为，亚太经合组织领导人非正式首脑会议已为这个共同体勾画出雏形，它将不同于北大西洋公约组织（NATO）和欧洲安全与合作组织（OSCE）。④

中国奉行独立自主的和平外交政策，反对任何形式的霸权主义，反对任何针对第三国的军事联盟，也反对任何国家以“人权”等为借口干涉别国内政。中美之间无疑存在着重要的分歧。但是，中美之间重大战略和经济利益的重叠，特别是在维护亚太地区的和平、稳定和繁荣方面，也是显而易见的。仅以经贸关系为例。美国和亚洲的贸易额约 4000 亿美元，占其世界贸易总额的 40%；而对大陆贸易总额已近 600 亿，约占其对亚洲贸易总额的 15%。进入 21 世纪，中国将为

---

① 参见尚慕杰：《亚太地区的美中关系》，在“期货行业协会和期货管理协会东西方 1997 年联合会”上的演说，香港九龙香格里拉饭店，1997 年 4 月 9 日

② 参见美国国防部长柯恩在华盛顿《亚洲协会》上的演说，1997 年 6 月 11 日

③ 参见美国国务卿奥尔布莱特：《美国在东亚的原则和目的》，在美国海军学院的演说，马里兰州，1997 年 4 月 15 日

④ 参见陆士达在香港《亚洲协会》上的演说，《中国时报》，1997 年 5 月 26 日

美国企业提供数千亿美元的市场。如果出于某种政治偏见而破坏双方的经贸关系，其后果自然是灾难性的。有人估计，由于亚洲金融风暴对泰国、印尼、韩国及日本的冲击，美国今年可能会增加1000亿美元的外贸逆差和110万到120万人失业。由此可见，稳定、发展、繁荣的中国和美国在亚洲的经济利益是息息相关的。凡此种种说明，出于共同利益，中美经贸关系必将进一步发展，而台、港将同时获益。

三、中美经济关系发展与台、港因素

中美经贸关系的发展前景是十分广阔的。由于这种关系是世界上独一无二的，即最大的发展中国家和最发达国家之间的关系，它们之间在资源占有、产业结构、消费水平等方面存在着明显的差别，因而两国经济也就有着特殊的互补性。首先，中国庞大的消费市场和相对低廉的劳动力资源对美国出口和投资具有极大的吸引力。到本世纪末，中国的进口总值会超过7000亿美元。美国的飞机、动力和机械设备、电子器件、通讯设备、化肥以及粮食和棉花等农产品都是中国市场所需要的。在过去3年中，美国波音公司生产的每10架飞机中就有1家卖给了中国。中国还是美国农产品的第6大出口市场。对华贸易为美国提供了30多万个直接的高薪就业机会和上百万个间接就业机会。对于中国来说，美国是一个广阔而相对自由的商品市场。实际上，中国已经是美国纺织品、服装、玩具、鞋类、家用电器和旅行箱包等商品的主要供应国之一，中国沿海地区有数百万个就业机会是和对美出口相关的。中国这些物美价廉的商品也给美国消费者带来了实际好处。有人估计，中国商品使美国家庭平均每年少花费500美元。此外，美国公司的先进科学技术、雄厚的资金以及有效的管理方法使它们成为许多中国企业的合作伙伴。美国最大的500家企业中，有200多家和中国有经贸合作关系，大多数取得了良好的经济效益。

当然，中美关系中还存在一些问题。最惠国待遇问题至今仍在干扰着中美经贸关系的发展。相互给予最惠国待遇原本是《中美贸易关系协定》中的核心条款，为中美经贸关系发展提供了条件和保证。但美国国会却使用“冷战”时期制定的法律，每年对最惠国待遇“审议”一次，使中美贸易处于不稳定气氛之中。越来越多的美国政经界人士对此提出异议，希望永久性地解决这个问题。这种明智之举中将会获得成功。中国加入世界贸易组织的问题是中美之间尚未解决的另一个问题。中国加入世贸组织不仅符合中国利益，也符合世界利益。美国领导人已多次表示，愿在“商业上可以接受的条件下”支持中国加入世贸组织。实际上，中国在义务和权力平衡的情况下早日加入世贸组织，将使中美经贸关系纳入更为稳定的构架中，对中美双方都有利。美国会越来越清楚地认识到这一点。中美贸易的平衡是另一个问题。中国国务院新闻办公室于1997年3月21日专门就此问题发表了白皮书，进行了详尽的评述，这里不再赘述。总之，随着中美关系的改善和发展，通过双方的共同努力，这些问题会逐步得到令双方满意的解决。

在中美经贸关系发展的过程中，在祖国大陆投资的台商和港商，既是获利者，也作出了贡献。据笔者所知，在大陆引进的投资中，港资名列第二，台资名列第四。香港的投资是港商获得了发展生产的广阔天地，形成了“前店后厂”的有利格局，同时也有力地促进了港美贸易的发展。台商的投资，如前所述，使众多的台湾中小企业在大陆获得“第二春”，同时也获得了部分大陆对美出口的份额。台资也是两岸贸易中台湾保持顺差的重要因素。另一方面，港、台投资也为促进大陆对外经贸关系的发展作出了贡献。

四、小　结

综上所述，中美经贸关系的发展过去和现在都带动台、港对美贸易，将来会更加如此。促进和发展中美经贸关系符合台湾和香港地区的利益。本届研讨会的主题是“中华经济协作系统”，而不是“大众化经济圈”或“华人经济共同体”等等，是探讨祖国大陆、香港、澳门、台湾四个地区多种内外因素相互影响的独特现象的，避免了政治上可能出现的误解。笔者认为，在世界经济日趋集团化和全球化的今天，为了全体中华民族的福祉，确实应当研究和促进四地之间的经济和贸易的交流与协作，特别是两岸之间的经贸关系。亚洲发生的这场金融风暴可能已使人们进一步认识到其重要和必要性。我相信本次会议将为此作出贡献。

中日关系中的台湾问题

目前中日政治和外交关系面临严峻挑战。中方认为挑战主要反映在历史和台湾问题上。但是，中日关系也面临着前所未有的机遇。这一机遇已经给两国带来巨大利益，并必将给两国带来更大利益。这里让我引用美国《纽约时报》今年10月31日刊载的一篇题为“经济纽带将日本和对手中国绑在一起”的文章。该文说：“在紧张的政治关系因日益膨胀的民族主义而加剧的同时，中国和日本的经济却比以往任何时候更密切地交织在一起。无论在广度和深度上，中日经济联系已经开始超过被认为是世界上最重要经济关系的美国和日本之间的关系。”对日本来说，快速增长的对华贸易使日本从十多年的低速增长和一再衰退中解脱出来；廉价的中国商品大大降低了长期受到侵害的日本消费者的费用。对中国来说，日本在华投资已达315亿美元，约有100万中国人在日本企业中工作。毫无疑问，如果两国政治关系能够恢复70和80年代那种健康发展的势头，两国一定能够从互利双赢的合作关系中获得更大的利益，并为亚太地区的和平与繁荣作出更大的贡献。为此，两国必须处理好历史和台湾这两个问题。作为研究台湾问题的学者，我想利用这个机会，根据我了理解，介绍一下中国大陆对台政策的近期情况，以增进相互了解。

中国大陆对台政策的近况。大陆对台政策的基础是一个中国原则，最基本的政策是“和平统一，一国两制”。这一政策没有改变。对这一政策的最新阐述是胡锦涛主席今年3月4日看望出席全国政协十届三次会议的台湾等委员时所说的“四个决不”，即坚持一个中国原则决不动摇，争取和平统一的努力决不放弃，贯彻寄希望于台湾人民的方针决不改变，反对“台独”分裂活动决不妥协。这里我想谈几点个人的看法：

（一）自2004年夏天开始，大陆明确地把反对“台独”分裂活动作为其处理台湾事务的政策目标。大陆领导人多次表示，大陆在解决台湾问题过程中有耐心。胡锦涛主席在用最明确无误的语言表达反“台独”立场的同时，也指出“只要和平统一还有一线希望，我们就会进行百倍努力”。他还强调“和平统一，不是一方吃掉一方，而是平等协商、共议统一”。大陆不但力争用和平方式，有耐心地解决台湾问题，而且不会单方面地解决问题，而是和台湾同胞一起共同解决问题。

（二）胡锦涛指出：“1949 年以来，尽管两岸尚未统一，但大陆和台湾同属一个中国的事实从未改变。这就是两岸关系的现状。这不仅是我们的立场，也是见之于台湾现有的规定和文件。”两岸的问题来自台湾的分裂势力要改变这个现状。

（三）大陆坚持的是一个中国原则，无意“孤立”台湾的某一个政党。胡锦涛表明：“只要承认一个中国原则，承认‘92 共识’，不管是什么人、什么政党，也不管他们过去说过什么、做过什么，我们都愿意同他们谈发展两岸关系、促进和平统一问题。”

（四）胡锦涛说：“只要是对台湾同胞有利的事情，只要是对促进两岸交流有利的事情，只要是对维护台海地区和平有利的事情，只要是对祖国和平统一有利的事情，我们都会尽最大努力去做，并且一定努力做好。这是我们对广大台湾同胞的庄严承诺。”大陆正在实践这些承诺，包括年初的“春节包机”，推动大陆同胞到台湾旅游，准许台湾民航飞机飞越大陆，设立支持在大陆求学的台湾学生的奖学金，对台湾学生收取和大陆学生同样的学费，建立支持台商融资的 300 亿人民币的基金，赠送台湾同胞喜爱的大熊猫等等。

胡锦涛主席在当前新形势下对大陆对台政策的新的阐述以及采取的一系列实际措施，对稳定两岸关系、维护台海地区和平已经起到积极的作用。大陆今后还会继续做出努力。

（发言稿，2005 年 11 月 16 日）

亚太格局发展趋势及对两岸关系的影响

一、前　言

6 月 25 日，克林顿总统开始为时 9 天的访华行程，这是 9 年来美国总统对中国的首次国事访问，中美关系实际上走出 89 年以来的阴影。在亚太地区，象克林顿总统访华这样的重大政治行动，今年下半年还有多起：9 月，江泽民主席将正式访问日本。同一个月，江泽民还将在莫斯科和俄罗斯总统叶利钦进行定期的非正式会晤。刚辞职的日本首相桥本龙太郎原定于 7 月下旬访问华盛顿，下半年还将和叶利钦正式会晤。10 月，克林顿将访问莫斯科。中美俄日四国首脑这种密集的交叉访问，实际上是去年下半年开始的亚太大国外交热潮的继续。去年 10 至 11 月间，在不到 3 周的时间里，中美俄日四国首脑交相访问，掀起了一次亚太外交史上绝无仅有的大国外交高潮。亚太地区的频繁大国外交使冷战结束后一度扑朔迷离的亚太格局有如“浮萍破处见山影”，展现出一幅以 21 世纪为背景新蓝图，人们不难从中看出以下几个特点：在亚太地区起主导作用的中美俄日以及东盟所谓的“四国五方”经过一段的探索，重新制定了各自的亚太战略；大国关系通过相激相荡的调整也重新定位，转向各自“伙伴关系”，并更直接地主导亚太局势；而一度借大国关系重新定位之机纵横捭阖期间的东盟集团外交，因亚洲金融危机而暂失活力；在依然以经贸为主轴的亚太政治中，安全因素重新浮升，特别是在印度和巴基斯坦之间爆发核军备竞赛之后；美国以其经济和军事优势仍占据着主导地位、其政策基点是维护“领导权”，但中美俄日四国间的双边和多边关系及相互借重又相互制约，美国势力在不可避免地减弱，亚太多级均势格局呼之欲出。本文拟就亚太格局出现的变化和发展趋势以管窥之所得试做分析，并就其对海峡两岸关系产生的影响抒陈一己之见。

二、大国重新擘划亚太战略，谋求在21世纪的亚太格局中占据有利位置

冷战的结束，使以两大集团对峙为基本架构的国际旧秩序骤然坍塌。世界各国都在混沌之中憧憬未来的国际新秩序并为自身找寻新的定位和调整与其他国家的关系。由于亚太地区政治、经济、历史、文化的多元特质，以及中美俄日四大力量和东盟在漫长的冷战时期所演化形成的复杂关系，所以四国五方的亚太战略的调整都经历了适应—调整—重新定位的过程。

（一）美国：区域联盟与“亚太共同体”

克林顿政府在第一任期内推行的全球战略是所谓“参与和扩展战略”，对外政策以经济安全、扩展民主和军事实力为其三大支柱，对经济安全尤其情有独钟。在这种战略的主导下，美国对日政策执著于突破其市场准入的壁垒而相对降低了对安全合作关注，使美日贸易摩擦烽烟四起；对华关系则意欲“扩展民主”，突出所谓人权这一单一议题，结果一叶障目使中美关系困难重重。这种情况极大地影响了其亚太战略的全面推行。1997年提出的《国际安全战略》不再使用“参与和扩展”的提法而提出面向21世纪的“塑造——反应——准备”三位一体新战略。参与就是主动构建一个对美国更有利的国际秩序；反应是要对威胁美国利益的各种危机，根据其性质和程度作出迅速和有效的反应；准备是指美国应利用2015年前的所谓“战略机遇期”为不确定的未来做好各种准备。现今流行于美国的一种判断认为，2015年以前，美国将稳居唯一超级大国的地位，其后则可能出现可以挑战起领导地位的全球性对手。和“参与和扩展战略”相比，新战略和前者虽然一脉相承，但它更具前瞻性、多样性、灵活性、主动性和进攻性，对安全的关注有所回升，可以说是向“后冷战型”战略的一种演进。

随着战略思考的修正，美国调整了和日本的关系。1996年4月克林顿总统访问日本并和桥本首相签署了《美日安全保障联合宣言》，重申两国的战略同盟关系并扩大和加强安全合作。两国贸易战相对沉

寂。1997年9月新的《美日防卫合作指针》出台。对华关系则从犹豫于遏制和接触之间转向以全面接触为主，改变了因人权议题而影响全面关系的作茧自缚政策，着眼于“塑造”面向未来的美中关系。1997年10月江泽民主席正式访问美国，1998年6月，克林顿提前访华，中美关系在“建设性战略伙伴关系”的轨道上迈进。两国高级领导人的定期互访将成为美国接触政策的标志。对日、对华关系的这种调整使美国面向未来的亚太战略新架构脱颖而出。这个架构可以说是一个“三角凳”，凳的三条腿是“以美日安保条约”为“基石”，辅之以美澳（大利亚）、美新（西兰）、美泰（国）、美菲（律宾）联盟，以主导亚太安全；妥善处理对21世纪亚洲格局影响最大的中国的关系，把中国纳入“世界经济和区域安全的架构中”；和东盟建立更为广泛的交往关系，一方面东盟是美国仅次于欧盟和日本的第三大海外市场，另一方面东盟地区论坛（ARF）为美国提供亚太多边安全对话的所谓“第二轨道”。① 为落实这一战略框架并同时促进美国在亚太地区的经济利益，美国“正在和这一地区的盟友及其他国家构建一个亚太共同体”，② 这个共同体是以亚太经合组织为核心的。美国负责亚太事务的助理国务卿陆士达曾表示，克林顿政府的亚太政策不同以往之处在于它“对亚太共同体这个概念的开放、殷切及热情的态度”。他认为，亚太经合组织领导人非正式首脑会议已为这个共同体勾画出雏形，它将不同于北大西洋公约组织和欧洲安全与合作组织。③

（二）俄国：“双头鹰”全方位外交与“新东方政策”

苏联和美国作为冷战时代对立的两极，争夺的重点在欧洲。作为传统的欧洲国家，苏联在亚太地区的影响历史上即相对薄弱。苏联解体之后，“超级大国”的泡沫破裂，俄罗斯政治地位一落千丈，经济转型又困难重重，在亚太地区的地位自然进一步受到削弱。同时，俄罗斯开初实行了亲西方的外交政策，沦落为对西方唯唯诺诺的“二等

---

① 参见美国国防部长柯恩在华盛顿《亚洲协会》上的演说，1997年6月11日

② 参见美国国务卿奥尔布莱特：《美国在东亚的原则和目的》，在美国海军学院的演说，马里兰州，1997年4月15日

③ 参见美国亚太事务助理国务卿陆士达在香港《亚洲协会》上的演说，台湾《中国时报》，1997年5月26日

国”，在亚太的影响自然更加式微。但是，它很快意识到这种一边倒的对外政策是战略失误，因此1992年下半年，外交政策的争论即成为俄罗斯上层政治斗争的焦点，提升和亚太国家关系的呼声甚高。92年底，叶利钦出访韩国和中国，提出了同时面向东西方的“双头鹰”全方位外交政策。1993年4月制定的《俄罗斯联邦对外政策构想基本原则》，确立了恢复俄罗斯“大国地位”外交目标。1996年1月，普里马科夫接任外长之后，更明确提出了东西方并重的“新东方政策”。同年5月公布的《俄罗斯国家安全构想》进一步确定要与世界各大国和力量中心发展“平等伙伴关系”，要在“多极世界形成的长期过程中成为独立的一极”，指出“与亚太地区国家开展对话和全面合作符合俄罗斯国家利益”。至此，俄罗斯面向21世纪的亚太外交战略的框架已经明晰。

俄罗斯亚太战略的调整和重新定位，既为现实政经利益所驱动，又有地缘战略的考量。首先，冷战的结束使亚太地区在俄国地缘战略中的地位发生了重大的转化。冷战时期，由于苏联执行和美国争夺霸权的扩张政策，在亚太地区威胁中国安全、与日本、韩国敌对，亚太地区形成了美、中、苏战略大三角主导下的“准两极”格局，成为牵制苏联在欧洲与美国争夺的重要力量。冷战结束后，美国及其欧洲盟国执行北约东扩政策，同时遏制俄国重新控制乌克兰、白俄罗斯以及中亚各国的努力。俄国需要改善和稳定与亚太主要国家的关系，以避免重蹈冷战时期背腹受敌的覆辙。其次，俄国地跨欧亚大陆，但大部分领土在亚洲。苏联的解体使其失去了500多万平方公里的领土，特别是失去了欧洲和中亚的粮食、能源等基地，亚洲部分的经济和安全地位更加重要，开发西伯利亚和远东成为俄国经济复兴的关键一环。再者，俄罗斯在经济转型初期面临巨大困难时，曾把希望寄托在美国等西方国家的身上，但西方援助口惠而实不至，条件也很苛刻。1992年，西方宣布给俄国240亿美元的援助计划，实际只给了150亿；1993年承诺给434亿，实际只兑现了50亿。俄国不得不在拉住西方的同时，在东方找寻新的财源，发展和中国的贸易，从日本和韩国获得资金和技术。俄罗斯学者认为，“俄罗斯真正大举进入中国市场是融入世界经济的重要和决定性的阶段之一”。① 去年 11 月，叶利钦总统和桥本首相在俄罗斯远东非正式会晤时提出“叶利钦—桥本计划”，要在政治、经济和金融等领域进行双边合作，包括磋商签署投资保护协定、促进公私经济领域的合作、高科技合作及日本参与发展跨西伯利亚大干线等。

（三）日本：日美联盟与“欧亚大陆政策”

日本外务省情报局长孙崎亨著文称：“世界上没有哪一个国家像日本这样深受冷战结束的影响。”② 此话不无道理。苏联的消失、新旧世界秩序的交替，亚太国家关系的重新定位、经贸因素在世界政治中的提升等新情况，不仅对日本的内外政策造成巨大冲击，而且引发了国家发展战略的大辩论。战后日本的国家发展路线完全受制于美国的战略需要。麦克阿瑟制定的日本宪法企图通过非军事化和民主化防止日本重新成为美国的敌人，但冷战很快使美国通过美日安保条约把日本拴在遏制苏联的战车上。“华盛顿将日本视为东西方竞争中的一项主要战略资产。”③ 日本别无选择，接受“附庸式的独立”，在自身依循非军事化的和平宪法同时，通过为美国提供军事基地，使美国“可以高效率地将其兵力投放到西太平洋”。④ 这就是所谓的“吉田茂主义”。冷战结束和已成为世界第二经济大国的现实，使日本自明治维新以来所追求的一个“梦想”又强力地释放出来：“赶超西洋”、称雄世界。要求修改日本内政外交路线、重建国家发展战略的“脱吉田茂主义”者主张在经济大国的基础上，使日本进而成为政治大国和军事大国，改变“经济巨人、政治侏儒”的形象。这一派人的主张实际上已见诸于修宪强兵、调整日美安保条约、争当联合国常任理事国等内外政策的调整中。日本利用参与联合国在柬埔寨等地的维和行动方式极力突破宪法对其在本土之外使用军事力量的限制，而 1997 年 9 月《日美防卫合作指针》的出台则标志着日美同盟已进行了“后冷

---

① 参见格尔布拉斯：“亚太地区和俄罗斯融入世界经济问题”，《俄国世界经济与国际关系》周刊，1997 年 12 月号

② 参见“东亚新的外交课题”，日本《中央公论》，1998 年 4 月号

③ 前美国驻日本大使阿马科斯特：《朋友还是对手》，新华出版社，第 70 页

④ 同③，第 70、71 页

战”处理。日美军事合作更突出了与日本“周边”发生的不测事件，把双方联合军事行动的地理范围扩大到整个西太平洋地区，为日本借助于美国的军事合作来参与地区安全问题提供了条件。

今天，日美同盟关系依然是日本外交的基轴，但日本为“走向国际事务前台”，极力拓展“欧亚大陆外交”，尤其对其俄罗斯政策做了较大的调整。战后，日本和苏联之间的根本问题是北方四岛的领土问题。日本奉行“扩大均衡”的对苏政策，即两国关系的发展取决于领土问题的进展，两国经济及其他领域的合作必须和领土问题的解决相“均衡”。在冷战状态下，领土问题自然无从解决，两国关系处于敌对的封冻状态。冷战结束后，日俄关系这种严重的滞后状态既影响了日本开展大国外交，也使日本无法参与俄国远东地区资源的开发。至今，俄国对日贸易仅占其贸易总额的3%，俄国的外国投资中日本仅占0.3%；在日本的贸易总额中，俄国只占0.6%，对俄投资只占日本海外投资的0.06%。为了改变这一状况，日本在去年初提出了“多层次接触”的新对俄政策，要同时推动领土谈判、首脑政治对话、双边安保对话以及在国际问题上的合作，以改善两国关系。去年11月和今年4月，叶利钦和桥本龙太郎先在俄罗斯远东、后在日本进行了非正式会晤，两国首脑达成了在2000年之前签署和平友好条约的协议，缓解了不解决领土问题就不能缔结和约的僵局，同时还制定了加强经济合作的“桥本—叶利钦计划”。日俄还缔结了新的安全捕鱼协定，俄国准许日本渔民到北方四岛的海域捕鱼。日本对俄政策的这一重要调整突破了半个世纪以来钳制日俄关系的一些“瓶颈”。俄驻日本大使帕诺夫今年5月在日本内外政策调查会发表演说时指出，“在两国关系中，现在第一次在出现建立新的、非常少有的、例外的关系的可能性。”他表示，俄国支持和欢迎日本国际地位的提高，支持日本要成为联合国安理会常任理事国的希望，俄国在军事上不威胁日本，也不视日美安保同盟为对俄国的威胁。7月，不顾桥本首相因自民党在参议院选举中惨败而辞职的乱象，俄国总理基里延科如期访日。两国首脑还预定在今年下半年和明年初相互正式访问，进一步推进两国关系。

（四）东盟：集团外交和亚太安全战略新构想

东南亚国家联盟自1967年成立以来，不断发展壮大。冷战时期，东盟各国生存与两大军事集团对峙的夹缝之中，为了生存自保左右逢源，努力化解内部争端和分歧并通过渐进的一体化措施共同振兴经济。30 年来，东盟从 6 国扩大到 9 国，在亚洲金融危机爆发之前，以年平均 7%以上的经济增长率成为世界上发展最快、最富活力的地区。同时，东盟的集团外交也日趋活跃，特别是在亚太地区发挥日益增长的影响。冷战结束后因大国关系重新洗牌所带来的战略间歇期，为东盟的集团外交提供了前所未有的机遇。东盟外交更趋进取性和自主性。在柬埔寨问题上，东盟坚持政治解决，为问题最终和平解决做出重要贡献。对美国提出的“新太平洋共同体”，东盟持有异议，反对将亚太经合组织转变为政治安全机构。马来西亚总理马哈蒂尔抵制了由美国倡议的 1993 年亚太经合组织领导人非正式会晤。为平衡美国在亚太经合组织中的影响，东盟倡导并促成亚欧会议；1997 年东盟还和中国、日本、韩国进行了“9+3”和“9+1”首脑会议。东盟在大国之间合纵连横，成为不容忽视的一个地区力量中心。

东盟集团外交中另一个为人瞩目的方面是它提出的亚太安全战略新构想。这一构想的核心是 1994 年 7 月开始运作的“东盟地区论坛”(ARF)。论坛以东盟为核心、以欧盟、中国、美国、日本、韩国、澳大利亚、新西兰、加拿大等国为对话伙伴，通过“合作安全”来处理和解决地区冲突、领土争端、民族矛盾、宗教分歧。论坛在解决柬埔寨问题上发挥了成功的作用。通过论坛的 21 方，东盟为自身构建了一个层次多、辐射广的安全保障圈，并成为冷战时期亚太安全新结构中重要的一极。

去年 7 月开始的亚洲金融危机使东盟在亚太乃至世界上的政治、经济地位受到严重的损害。东盟多数国家的经济遭际巨大的困难，尤其是东盟的“旗舰”印度尼西亚同时爆发了政治动乱，东盟一时陷入群龙无首、各求自保的局面。印尼、泰国、马来西亚等国为走出经济困境，接受了国际货币基金组织的援救方案，美国的政治、经济影响也随之扩大和增强，东盟国家在亚太地区政治和经济中的自主性和影响受到了削弱。亚太金融危机暴露了东盟应对全球、地区以及内部政经危机的能力仍有严重的缺欠，但是经过这次风暴的洗礼，东盟在亚太地区的重要地位仍然会再度彰显出来。美国负责政策的国防部副部长斯洛科姆今年 5 月在众议院一次听证会上承认，30 年来，东盟已经凭其自身的能力发展成一个多方面的力量中心，一个对整个亚太地区来说不可缺少的力量中心。

三、大国间的双边和多边关系相互借重、相互制约，朝着更加稳固的“伙伴型”多极结构演进

从上述情况可以看出，冷战结束后，美、俄、日及东盟（中国从略）经过对骤然变化了的形势一段适应之后，对各自的对外政策以及相互关系进行了调整，在亚太新格局中谋求确立对各自有利的定位。美国以其“唯一超级大国”的经济、军事实力在亚太地区占据了主导地位。亚洲金融危机又进一步增强了美国的地位。政治上，美国借机推销其自由民主制度，贬抑亚洲价值观；经济上拓宽了在东南亚的贸易和金融市场；军事上加强了对这一地区的安全介入。美国显然对东盟地区论坛这一安全对话“第二轨道”表现出更大的兴趣，对“预防外交”跃跃欲试，企图通过有其主导的“集体干预”强制解决地区争端。当然，如上所述，美国亚太安全战略的基本方针仍然是以美日联盟为“基石”，辅之以在这一地区的其他的双边联盟，保持“前沿驻军”，反对以多边安全对话与合作取代双边关系作为亚太安全的主要构架。“美国认为，这些多边机制是重要的，而且将来还可以发挥更大作用。但是，我们还认为，这些多边机制只有建立在牢固的双边关系和美国继续在这个地区派驻前沿部队的基础上，才会取得成功。这就是美国绝不会支持有意无意地试图限制我们的军事态势或作战灵活性努力的原因。”① 很明显，美国的亚太战略是要在这一地区维护既有的优势和主导地位，认为唯有如此才能确保美国的利益。但是，按照流行于美国的新现实主义（亦称结构现实主义）的观点，国家拥有的权力过大过小都会有风险。一国过于强大就要刺激其他国家增加防御力量并联合起来。因此国家最终所关心的不应当是权力而是安全。以此来观察美日联盟则会发现，无论是联盟内在特质所决定的演变趋势，还是其外延所造成的反弹，美国的优势战略都不可避免引发反制其战略目标的效应。

---

① 参见美国国防部副部长斯洛科姆 1998 年 5 月 7 日在众议院国际关系委员会亚洲和太平洋小组委员会听证会上的证词

首先，从美日联盟内部的特质来看，美日关系真的是坚硬的"基石"，还是最终将被证明为"砂堡"？美日联盟关系可以说是世界上最"奇怪的同床人"，是第二次世界大战和其后冷战所产生的畸形儿。美日名为联盟，实际上双方关系在政治上是不平等的、不对称的，在安全上是保护与被保护的，在经济上是相互竞争的。曾任卡特总统国家安全顾问的布热津斯基，在其所著的《大棋局》一书中，详细论述美日关系的这种特性。他认为，在当前，日本各派政治势力对与美国的联盟关系所具有的共识是："利用与美国的特殊关系去争取全球对日本的承认，与此同时避免亚洲对日本产生敌意，并在条件尚不成熟时避免使美国的安全保护伞受损。"① 从此不难看出，日本对与美国的联盟关系抱持极大的权益考量。当然，这一共识也表明日本对美国仍有难以割舍的依附性。布氏透露，1996 年初，美日在复审美日防卫合作指导方针时，日本政府把这一方针的适用范围作了扩大，把使用日本防卫力量的范围从"远东有事"扩大到"日本周围地区有事"。日本当局的这一举措自然引起中国和有关周边国家的强烈反应，提高了亚太国家对日本要重蹈军国主义老路的警惕。这一举措实际上是短视和不明智的，也有悖于日本的民意主流。日本的三党执政联盟即因此而解体。布热津斯基也指出，日本在对华问题上的主流意见是："小心谨慎地培养同中国的友情远比对中国实行在美国领导下的直接遏制要好得多。"② 从长远看，布氏认为"日本目前的这种地位不大可能继续被新一代日本人所接受"，③ 日本多数人相信，"更加多边化的亚太合作的出现是符合日本利益的"。④ 美国前国务卿基辛格也认为，新的国家秩序及其多重的挑战将迫使日本重新检讨其依赖单一盟国的做法。"日本对亚洲的均势必然更为敏感，此种感觉会超过对位于不同半球而切须要兼顾大西洋、太平洋、南美洲三方面的美国所作出的感应。中国、韩国、及东南亚对日本会形成和对美国颇不相同的重要性，也会导致日本采取更自主的外交政策。"⑤ 日本迟早要纠正日美

---

① 《大棋局》，上海人民出版社，第 235 页

② 同①，第 239 页

③ 同①，第 228 页

④ 同①，第 238 页

⑤ 《外交》英文版，第 26 页

关系的不平等、不对称状态。问题是日本将以何种方式做此纠正。走军国主义的老路显然绝不能被亚太国家和国际社会所接受；向美国所设计的那样，用美日安保条约“框住”日本已非长久之计；唯有在亚太多边、平等的大框架之下，均衡的安排各方面合理权益才是长治久安之策。

从美日联盟所造成的外延反应来看，美国以日本为奥援、执意要在亚太维持优势和主导地位的战略也越来越难于和冷战后亚太格局的发展趋势相契合。这一发展趋势的主要特点是：和平与发展是人心所向，亚太人民既不要新的冷战，也不要所谓的“冷和平”，和平共处、经贸交流与合作应为国家关系的主轴；中国的崛起是不可阻挡的，而且中国将成为亚太乃至世界上的和平与稳定力量，挑战这一事实是错误地判断中国的发展方向，必将损耗其自身的政经资源并将危害亚太地区的和平、稳定和发展；俄罗斯和东盟作为次级力量中心发挥重要作用（俄罗斯很大的注意力仍不得不集中在欧洲）。任何联盟关系都有其特定针对目标的。美日联盟作为冷战的产物，继续作为政策工具已经大大滞后于现实，而防卫合作指针修订后把“远东”进一步扩大到“周边”，是违背亚太地区发展趋势的逆向行为。中俄“战略协作伙伴关系”的确立和发展、东盟倡议的“9＋3”和“9＋1”首脑会、乃至亚欧首脑会议，在一定程度上都可以说是对美国亚太战略的反应。布热津斯基也认为，不明智地扩大美国同日本的军事合作会破坏美国的欧亚地缘战略。① 实际上，自去年开始的亚太大国外交热潮，包括中美、中日、俄日关系的改善，都以此为背景，都是对美国在亚太地区谋求优势主导地位的一种制衡和化解。中美俄日以及东盟，任何一对双边关系的改善都将促进他们和其他国家关系的改善，同时也是对其他双边关系的制约；而任何一对双边关系的恶化都将有利于其他双边关系与国家。随着时间的推移，亚太国家之间的这种相互激荡、相互制约而又相互借重的网络关系将越来越明晰。美国必须以前瞻的目光审视亚太格局的演化，真正以平等的“伙伴”来处理和亚太国家的关系，调整谋求优势、实质是“霸权”的战略，这样才会对亚太地区的繁荣和稳定作出积极的贡献。实际上，这是美国力量不可避

① 《大棋局》，第272页

免地相对削弱这一历史趋势所导致的必然选择，也是美国的民意所在。《大棋局》一书承认，“只有一小部分美国人（13%）赞成‘美国作为剩下的唯一超级大国在解决国际问题方面继续担任一个举足轻重的世界领袖’。压倒多数的美国人（74%）都赞成‘美国在与其他国家一道解决国际问题的努力中做自己公平的一份。’”① 一个均衡的多极权力机构，辅之以相互借重而又相互制约的双边与多边关系，将为亚太地区的和平、稳定和繁荣奠定坚实的基础，也是亚太格局演进的必然趋势。

四、亚太格局的发展有利于两岸关系的稳定与改善，一个中国的原则已成为亚太国家的共识

亚太格局这种朝着多极、均势方向的演进，意味着中美关系的改善是大势所趋。而中美关系的改善则意味着，两岸关系的发展和改善获得了更为良好的外部环境。台湾问题使中美之间最核心、最敏感的问题，无论是过去、现在还是未来，它都是中美关系改善与发展的主要障碍，因此中美关系的任何改善自然有利于两岸关系的改善。

冷战结束后，美国的对华政策围绕台湾问题做过两次重要的调整。第一次是1994年9月完成的“台湾政策审议”。这次调整是在苏联解体之后，反共思潮汹涌、分裂活动泛滥，克林顿政府在第一任期内热衷在世界各地“扩展民主”，美国，特别是在国会内，遏制中国派得逞一时的情况下进行的，因此调整在仍维持一个中国大原则的情况下，带有明显的以支持台湾“民主”来遏制、演变中国大陆的意图，结果提升了和台湾的关系，导致李登辉访美，使中美关系陷入了中美建交以来最困难的时期。然而，恰恰是李登辉访美又使美国开始了新一轮对华政策大辩论和调整。针对在美国和国际上敌视中国势力支持下岛内“台独”和其它分裂势力的嚣张活动，中国大陆在1995—96年间进行了一系列军事演习，以向台湾当局和国际社会表明保卫国家主权和领土完整的坚强决心。这一系列的军事演习，特别是1996年3月在台湾海峡进行的导弹发射演习，对美国朝野来说起到了振聋

① 《大棋局》，第275页

发聩的作用。美国从被迫对事件作出极具危险的反应中认知到，台湾问题涉及战争与和平，美国处置不当，将使自己冒被拖入军事冲突的巨大风险。美国在中国问题上意欲打“台湾牌”，让李登辉到康乃尔大学发表“中华民国在台湾”的“两个中国”演说，结果被台湾当局玩了“美国牌”，险些被拖入战争。此外，台湾当局的分裂路线进一步为岛内“台独”势力提供了发展空间。去年底，主张“台独”的民进党在地方选举中获胜，陡增了两岸关系中的不稳定因素，也使美国感到必须更加慎重地处理台湾问题，恪守一个中国政策至关重要。今年6月21日和22日在克林顿总统访华的前夕，《华盛顿邮报》连续长篇报道了台海危机的所谓内幕新闻。文中提到：“1996年3月的几件大事是转捩点——从升高的冲突到双方政府目前所希望建立的‘战略伙伴关系’。”

美国主动提出和中国建立“战略伙伴关系”，也标志着美国在台湾问题上做了新的政策调整。这次调整，引发点是台湾当局挑战一个中国原则所造成的台海危机，宏观政策背景则是美国的亚太总体战略经过探索和调整之后，基本确立了构建与“对21世纪亚洲影响最大”的中国的战略伙伴关系是这一战略的重要支柱。用布热津斯基的话说，中国应是美国欧亚大陆战略的“东方之锚”。中国在1997年7月开始亚洲金融危机中所表现的厚重的承受力和不谋私利的负责任大国风范，以及在南亚核军备竞赛爆发后所发挥的建设性作用，更彰显了中国在亚太地区和世界上的重要战略作用。1997年10月，江泽民主席访美时双方发表的联合声明正式宣布两国“致力于建立建设性战略伙伴关系”。建设性意味着双方关系是积极的、互利的；战略意味着两国关系是全面地、前瞻的、而且关系到地区乃至全球的利益；伙伴意味着两国关系是平等的，非对抗性的，经由对话和协商解决分歧。今年6月，克林顿总统回访中国，双方在“建设性战略伙伴关系”的道路上迈出历史性的新一步。双方为联合声明中列举的三组九个“篮子”中都增添了新内容。在台湾问题上，克林顿总统在上海重申了美国不支持台湾“独立”，不支持“两个中国”或“一中一台”，不支持台湾加入联合国的“三不”政策。实际上，“三不”的承诺已见诸于中美之间的三个联合公报，美国领导人近年来多次专门就此宣示政策，在很大程度上是台湾当局意欲迫使美国改变一个中国政策的结果，是美国对一个中国政策部分内涵的明确化和具体化。其实，克林顿总统国家安全顾问伯杰在北京还做了两个具体、明确的表态。当有记者问到美国是否支持台湾的所谓“民选政府”宣布的“台独”或经“公民投票”宣布“台独”时，伯杰回答：“不支持。”可以预言，如果台湾当局继续企图改变美国一个中国的政策，并不惜重金游说美国国会对白宫和国务院施压的话，美国为维护其国家利益，势必对中国政府作更具体、更明确的表态。据台湾《联合报》今年6月23日报道，有李登辉背景的《台湾综合研究院》，在过去4年累计投注高达615万美元，聘请美国“卡西迪公关公司”在美国为台湾进行游说活动。该院院长刘泰英今年还同意将所付的公关费从每年的150万美元提高到165万美元并称，卡西迪公司近来表现积极，促使美国众议院通过“中共不得对台动武”的决议。

其实，对台湾当局来说，中美关系的改善是利还是“弊”完全取决于它对祖国大陆的政策。冷战结束后，台湾当局日趋明显地执行了一条分裂分治的路线。对国际形势，他们认为反共思潮的泛滥、苏联、前南斯拉夫的解体、中美在人权等问题上的冲突等，为台湾的分裂分治提供了难得的机会，因此加紧扩展“务实外交”，炮制“新的国家主权观”，提出实为“两个中国”的“中华民国在台湾”，接过民进党的口号、开始重新加入联合国的活动，要在国际上确立“独立主权国家地位”。在岛内，则加紧实施“本土化”，树立“台湾主体意识”，割断台湾与祖国大陆的文化、历史联系。针对两岸经贸关系和人员往来的迅速扩大，提出“戒急用忍”政策。在两岸谈判问题上，提出“从哪里断就从哪里开始”、“一个中国、各自表述”、“一个中国、两个对等政治实体”，谈判只能谈“事务性”和“功能型”问题、不谈政治议题等先决条件，为谈判的恢复设置重重障碍，“以拖待变”。台湾当局的这些做法，由于国际大气候和岛内的小气候的影响，在一段时间内得到了部分收效。然而，随着世界局势的变化，特别是上述亚太格局的演进、中国的发展和壮大、中美关系的改善，台湾当局的分裂分治图谋总体上受到遏制，其挑战一个中国的努力遭到严重的挫败。一个中国的原则已成为亚太地区和国际社会普遍信守的政策。

从现在的情况看，台湾当局虽然在两岸关系上态度较前有所松动，但似乎还无意改弦易辙。他们仍认为，其分裂分治路线在国际上，特别是在美国还有施展的空间。主要依据有二：美国要在亚太地区扩展民主和人权，台湾地处海上交通的战略要冲，因此台湾当局的政策“与美国维持此一区域安定的利益、美国的价值及理想相符”。①

美国在世界上“扩展”其人权、民主等价值观，使它和许多国家的关系发生摩擦和困难。这个问题在中美关系中也将长期存在；在台湾问题上，美国还会打“民主”牌。台湾当局视此为“最重要的政治资产”。然而，按照新现实主义观点，国家行为的变化主要是因为实力的不同而不同，而不是由于其意识形态或社会及政府形式的区别。回顾一下战后美国对华政策的历史，无论是《开罗宣言》、《波茨坦公告》、杜鲁门在朝鲜战争之前的对华政策调整、还是尼克松访华，都不难看出，美国在台湾问题上的立场是根据其实力消长，也是国家利益的需要而变化的，不是价值观。在谈到一些“台独”分子所寄望甚殷的美国武力干涉台湾问题时，布热津斯基在《大棋局》中明确表示。“那并不是为了一个分离的台湾，而是为了美国在亚太地区的地缘政治利益。这是一个重要的区别。一个分离的台湾本身对美国来说并无任何特殊利益。事实上，美国官方的立场一直是，而且应该继续时，只有一个中国。”②

台湾战略地位确实重要，这也是为什么中国决不会准许国内外任何势力利用台湾进行危害中国主权和领土完整的事情。今天，在美国、日本等国家中确实有少数持冷战思维的势力，把台湾视为遏制中国的“不沉航空母舰”。但另一方面，和上述价值观问题一样，美国对台湾战略地位的认知也不是一成不变的，也是随着实力和切身利益的变化而变化的。例如，1949 年底美国国务院曾要美国军方评估，在使用政治和经济手段仍不能阻止中共解放台湾时，美国可否使用军事手段？军方的回答是，“目前在台湾承担任何军事义务都是不明智的”，因为美国在全世界承担的军事义务已与其实力不相称，在台湾使用军事手段，就会使美国无力应付其它地方的紧急情况。同时，军方指出，台湾对美国在战略上固然有其重要性，但还没有像诸如冰岛

---

① 参见李登辉接见美国《时代》杂志访问团专访，台湾《中央日报》1998 年 6 月 16 日

② 《大棋局》，第 246 页

等地区那样与美国的切身安全有关。[1] 这一评估在今天仍然耐人寻味。“中国威胁论”的制造者还散布另一种论调，妄称中国统一后，台湾将成为中国向敞开的大洋“扩张”的不沉航空母舰。这当然是无稽之谈。但西方的多数学者在他们对台湾问题研究中有一个盲点却值得一提。邓小平制定的“和平统一、一国两制”的对台基本政策，准许台湾保留不构成对大陆威胁的自己军队，大陆不派军队去。这意味着按“一国两制”统一后的台湾将是和平之岛，这也是中国的和平外交政策所决定的。

克林顿总统成功地访问了中国在台湾引起强烈的震撼，“台独”势力尤感压力沉重，为台湾是否受到“损害”而吵作一团。台湾《中国时报》6月21日社论提出的看法值得一些台湾当权者思考：“台湾自飞弹危机后，两岸关系的主导权已因对美国的安全军事依赖，而走向单一依赖关系，则美国对台湾的要求，自然具有决定性的分量。此所以当美国要求两岸应恢复会谈，以和平方式解决问题时，当局即使百般不愿，采取拖延战术，但口头上亦无反对余地，只有同意一途，以避免被美国视为‘麻烦制造者’，从而失去支持。陷入到如此被动地位，孰令致之？”

小　结

冷战结束后世界局势经历的混沌、纷乱过渡期已在云收雨霁，国际关系更明显地朝着多极化发展。在亚太地区，美国仍占据相对的优势，中国日益发展壮大，俄罗斯政经实力迟早要恢复，日本谋求与其经济地位相称的大国地位。中美俄日以及东盟之间正加速形成相互借重、相互制约的双边和多边互联互动的网络状关系。建立在这样基础上的亚太格局，有利于抑制霸权主义的膨胀，力量结构将更趋平衡、国家关系更趋平等，因此更有利于冲突的解决，更有利于经济的发展和繁荣。这样的环境自然有利于两岸关系的良性互动、有利于中国逐渐迈向和平统一。

（1998年7月19日草，刊于《台湾研究》1998年第三期）

---

① 资中筠：《美国对华政策的缘起和发展》，重庆出版社，第290页

东亚区域经济合作及对两岸关系的影响

区域经济合作是伴随经济全球化日趋发展、国际竞争日趋激烈而出现的多边经济合作形式。“欧洲联盟”（EU）、“北美自由贸易区”（NAFTA）等地区经济合作组织的成功发展，进一步推动了世界其它地区的区域经济合作。比较而言，东亚地区经济合作的发展则相对滞后。其原因可归结为，东亚是世界上政治、经济、民族、文化、宗教、历史背景、国际关系最为多元和复杂的地区之一。冷战时期，两大阵营在这一地区的对峙和争夺十分激烈，烽烟时起，政局动荡，相互关系错综复杂，很多国家和地区的经济发展受到了严重的影响，区域性的经济合作自然很难提上日程。1967 年成立的“东南亚国家联盟”（ASEAN），在冷战的背景下，主要是政治性区域组织，在推动经济合作方面，成效甚微。直至冷战趋于尾声的 1990 年，泰国首次在东盟第 22 届经济部长会议上提出建立“东盟自由贸易区”。1992 年 1 月，在新加坡召开的第四届东盟首脑会议上，6 国政府领导人正式决定成立“东盟自由贸易区”（AFTA）。然而，东亚区域经济合作的全面启动则始于 1997 年的亚洲金融危机。在此之前，东亚是世界上经济增长最为迅速的地区，前景似乎也是花团锦簇。但突然降临的危机不但暴露了东亚许多国家经济的脆弱面，而且也凸显了各国间缺乏应对危机的协调机制。危机的惨痛教训促使东亚各国决心采取切实步骤加快区域经济合作的进程。本文将就东亚区域经济合作的发展现状、中国大陆的政策及对两岸关系的影响试做管窥蠡测的评述。

一、东亚区域经济合作在向纵深发展

中国的一些学者认为，目前，东亚有 4 种合作形式与发展方向：一是东盟和东盟自由贸易区；二是东盟和中国、日本、韩国的合作对话（10＋3，APT）；三是东盟分别与中、日、韩的合作对话；四是中、日、韩三国的合作对话，即狭义的东北亚合作对话。（谷源洋，2002年3月）

在这4种合作中，东盟自由贸易区正在兼程加速落实。东盟1992年1月第四届首脑会议发表《新加坡宣言》和《加强东盟经济合作的框架协议》，确定自1993年1月起，在15年内（2008年之前）建成东盟自由贸易区，关税最终降至0—5%。同时召开的东盟经济部长会议签署了“东盟自由贸易区共同有效普惠关税方案协议”（CEPT）。此后，东盟分别于1994年9月、1998年10月、1998年12月、1999年9月，多次决议加速落实AFTA的规定，并将许多永久和暂时除外减税项目包含在CEPT之内。1993年开始的15年降税期限，在6个东盟老成员之间已提前到2002年完成。（王玉主，2002年3月）

东盟和中、日、韩三国的“10＋3”合作机制始于1997年，以各国领导人一年一度的会晤框架为核心，相继建立了部长级和工作层会议机制，推动各个领域合作的全面展开。至今，“10＋3”会议已进行了5届。会议是为应对1997年爆发的亚洲金融危机而创立，因此起初以经济合作为重点、金融合作为先导。1999年马尼拉会议发表《东亚合作联合声明》，进一步确定了经济、社会、政治、和安全等8个重点领域。同年成立的“东亚展望小组”又为东亚合作长远发展做出了规划。

在2001年11月5日于文莱首都斯里巴加湾市举行的第5届“10＋3”领导人会议上，中国总理朱镕基提出：“在复杂多变的国际环境中，要有效应对经济、社会和安全领域的各种挑战和风险，实现社会稳定和经济发展，必须进一步加强区域合作。”中方向会议提出了后续行动报告，具体建议在5个方面加强东亚合作：

（一）作为东亚合作的主渠道，首先应着力健全地区贸易和投资的合作框架，促进金融、科技、信息、环保等领域互利合作，谋求本地区经济的更大融合和共同发展。同时，可以本着协商一致、稳步前进的原则，逐步开展在政治、安全领域的对话与合作。

（二）促进“10＋3”与“10＋1”的协调发展。

（三）继续推进金融领域的合作。为落实“清迈协议”，中国和泰国、日本签署了双边货币互换协议。中国将启动短期资本流动监控方面的合作。

（四）广泛开展社会各界的交流。

（五）开展非传统安全领域的对话与合作，包括恐怖主义，毒品走私，非法移民等跨国犯罪活动。（《人民日报》2001 年 11 月 5 日）

东盟与中、日、韩三国间的 3 个“10＋1”的合作机制是和“10＋3”配合启动和运行的。2001 年 11 月，朱镕基总理和东盟国家领导人在斯里巴加湾市“10＋1”会议上共同决定，在 10 年内建立中国—东盟自由贸易区。（笔者将在下一节就此进行评述）这一历史性决定也有力地推动了其他两个“10＋1”的合作对话。日本已开始和东盟研究建立东盟—日本自由贸易区的可能性。在此之前，日本和东盟有关官员和学者组成了“日本—东盟更密切经济伙伴关系”（CEP）专家会议，并于 2002 年 1 月召开了第一次会议。预计，该会议将于 2002 年秋天向日本和东盟提出建立日本—东盟自由贸易区的可行性报告。（冯昭奎，2002 年 3 月）此外，日本和东盟成员国新加坡已签署了日本和外国的第一个双边自由贸易协定（FTA），并于 2002 年夏季生效。日本和另一个东盟创始国泰国已同意建立工作小组来研究签署 FTA 的可行性。日本和韩国也已成立了专家小组来探讨双边的 FTA。(Japan Times，May 4，2002)

在“10＋3”框架内的中国、日本和韩国的三国合作也在深入发展。朱镕基总理在斯里巴加湾市会议期间和日本首相小泉纯一郎、韩国总统金大中举行了三国领导人的第 3 次非正式会晤，就进一步促进三国经贸合作等问题交换了意见，取得广泛共识。

朱镕基总理认为，在三国的共同努力下，2000 年三方会晤时所提出的各项倡议已经落实或正在落实。为进一步促进三国经贸合作的发展，他建议：建立三国经济和贸易部长会晤机制，在“10＋3”领导人会议期间会晤，以加强和协调合作；建立三国质量监督检疫部门之间的磋商机制，以便及时发现和解决问题，促进经贸关系的健康发展；促进信息技术合作；积极落实人员交往年的倡议，将 2002 年的三国交流与合作逐步推进到新阶段。

朱总理的建议得到小泉纯一郎首相和金大中总统的响应。三国领导人一致认为，在“10＋3”框架内开展三国合作对促进东北亚以及亚太地区的和平与发展具有重要意义。三方同意：建立经济和贸易部长会晤机制；支持三国财政部长继续会晤；加强工商企业界人士的交流与合作，成立三国经济界人士组成的商业论坛。三国表示要促进环境保护、信息技术、文化、旅游等领域的交流，落实2002年人员交往年倡议。三国表示坚决反对一切形式的恐怖主义，同意加强三国公安部门的联络与合作，共同打击跨国犯罪。三国还同意加强三国间的外交磋商机制。（《人民日报》，2001年11月6日）

二、中国积极参与区域经济合作

中国在与东盟领导人第5次“10+1”会议上，倡议在10年建立中国—东盟自由贸易区并得到响应，是中国第一次承诺与他国达成自由贸易安排，具有重大的指标意义。

冷战结束之后，中国认为和平与发展是世界发展的主流，从而确立了以经济为主轴的发展战略，对于世界范围内的经济全球化和区域化的趋势予以密切的关注和研究，并做出与时俱进的战略决策。中国对外贸易经济合作部部长石广生2002年4月撰文称，江泽民主席曾指示，中国要尽快适应新形势和新要求，更加积极地拓展对外贸易增长空间，参与国际区域经济合作，合理有效地利用外资，引进先进技术和管理经验，更好地利用经济全球化带来的有利于生产力发展的因素，发挥我们的比较优势，加快我国经济的发展。“江主席的指示明确了我国今后对外经贸的发展战略，并为我国以更加积极、主动的姿态参与经济全球化进程指明了方向。”（《人民日报》2002年4月21日）石广生认为，中国参与区域经济合作具有3个方面的现实和长远意义：

（一）是深化中国与世界各国，特别是与发展中国家双边关系的战略需要。密切与发展中国家的经济联系，巩固彼此间业已建立的政治友好关系，有利于加强中国与发展中国家之间的南南合作，走联合自强的道路。与发达国家在互惠互利的原则下开展合作、建立互动关系，有利于世界多极化的进程。积极参与区域经济合作不仅符合中国政治、经济和安全上的利益，也可以为中国的现代化建设创造一个良好的国际环境。

（二）有助于中国出口市场的多元化，在新世纪实现“走出去”

的战略目标。

（三）有利于和区域内国家共同抵御全球化带来的风险。

石广生指出，中国—东盟自由贸易区一旦建立，将创造一个拥17亿消费者、近2万亿美元国内生产总值、1.2万亿美元贸易总量的经济区，从而改变世界经济发展的格局。按人口计算，这将是世界上最大的自由贸易区。从经济规模上看，这也是在发展中国家之间组成的最大区域贸易集团。根据中国—东盟专家组的研究分析，自由贸易区建成后，中国向东盟国家的出口将增加55%，东盟国家对中国的出口也将增加48%。还需要指出的是，东盟国家是中国西部省份主要的出口市场，中国—东盟自由贸易区的建立必将有力地配合中国西部大开发战略的实施。

中国和东盟在“10＋1”框架内的各项合作总体上均进展顺利。2002年5月14日在北京举行的第三次中国—东盟经济高官会，就落实中国—东盟领导人会议的指示，加强双方在新世纪经济合作的后续行动交换了意见。会议发表的新闻公报表示：高官们审议了双方在农业、信息技术、人力资源开发、投资和湄公河开发5个重点领域开展的活动。

高官们注意到中国对湄公河开发作出的贡献，以及2001年双方在人力资源开发领域利用中国—东盟合作基金实施的9个合作项目。

高官们重视中国—东盟经济合作框架协议，认为该协议是未来中国和东盟开展经济合作的法律依据。框架协议将涵盖货物、服务、投资及其他相关领域等广泛领域的合作。协议将确定自由贸易区及其早期收获的方针和原则、模式和范围，以及考虑到中国和东盟不同发展水平，给予的特殊差别优惠待遇及灵活性。

高官们还决定成立中国—东盟贸易谈判委员会（TNC），就框架协议着手进行深入讨论，以便于2002年底前，由在柬埔寨召开的中国—东盟领导人会议就框架协议达成一致。（《人民日报》2002年5月15日）

三、东亚区域经济合作对海峡两岸关系的影响

世界上只有一个中国。但是作为中国内战遗留下的问题，过去50

多年来，台湾海峡两岸处于不正常的分离状态。由于共同的地理、历史、文化等背景，海峡两岸和东亚地区的经贸往来有很高的同质性。两岸和这一地区的经贸往来都是其对外经贸活动的重要部分。从进出口贸易的总量来看，中国大陆对东盟各国的进出口超过了台湾；就与东盟国家进出口贸易在两岸对外贸易中的比重而言，台湾的比重超过了大陆。这可从下表中看出来：

2001 **年两岸与东盟贸易关系**

地区	项目	出口	进口	进出口
中国大陆对东盟	金额（亿美元）	183.9	232.3	416.2
	占中国大陆比重（%）	6.9	9.5	8.2
台湾对东盟	金额（亿美元）	145.9	159.5	305.5
	占台湾比重（%）	11.9	14.9	13.3
大陆对台湾	金额（亿美元）	50	273.4	323.4
	占大陆比重（%）	1.9	11.2	6.3
	占台湾比重（%）	22.2	4.7	14.1

资料来源：根据《2001 年国民经济和社会发展统计公报》、“人民日报”2002 年 4 月 26 日第七版、台湾编“进出口贸易统计月报”2002 年 1 期有关数据制作

很显然，进一步发展和东盟国家的经贸往来对两岸来说都是既需要又重要。但是由于台湾当局自李登辉当权到目前民进党执政，都执行了“两个中国”或“一中一台”的分裂政治路线，并企图利用和东盟的经贸关系在东南亚地区制造“两个中国”或“一中一台”，致使两岸和东盟的经贸关系因台湾注入政治因素而复杂化。李登辉时期为了阻挠台商到大陆投资，提出所谓“南向政策”，试图人为地推动台商到东南亚地区投资。但由于经济规则不以人的意志为转移，这一政策收效甚微。1996 年 9 月，李登辉又提出进一步限制台商到大陆投资的“戒急用忍”政策，但两岸经贸关系仍冲破阻力快速增长。据大陆统计，到 2001 年底，两岸贸易总额累计 2232 亿美元，其中大陆对台湾出口累积 360 亿美元，从台湾进口累计 1872 亿美元，对台贸易逆差累计 1512 亿美元。同期，台商在大陆投资累计超过 5 万件，合同金额超过 500 亿美元，实际利用金额接近 300 亿美元。台湾上市、上

柜公司中约有一半在大陆有投资，40%以上的投资项目已经赢利。两岸经贸关系已成为台湾经济发展，特别是产业升级的重要动力。越来越多的台湾同胞认识到台湾经济发展的腹地在大陆。然而，台湾民进党当局执行的分裂主义政治路线，却使台湾在处理两岸经贸关系上处于进亦难、退亦难的尴尬境地。对于大陆和东盟共建自由贸易区的决定，台湾当局忧心忡忡。“一向仰赖贸易维系生存的台湾颇有可能遭边缘化的疑虑。”作为应对之策，台湾正加紧推动与美国和日本签署自由贸易协定。（《中国时报》2002 年 4 月 17 日）

大陆对台湾的经贸政策是一贯的，即不应让两岸政治分歧阻碍两岸经贸关系的正常发展。在两岸授权的对话与协商恢复之前，两岸经贸往来中的问题可通过民间对民间、企业对企业等方式解决。对于台湾的对外经贸往来，只要不违背一个中国的原则，大陆不持异议。很清楚，问题的症结是一个中国的原则。台湾当局如果试图通过对外经贸往来，达到在国际上制造“两个中国”或“一中一台”的政治目的，大陆必将予以坚决反对。相反，如果台湾当局能够回到 1992 年两岸就一个中国原则所达成的共识，大陆会立即同意恢复两岸的对话与协商，而且愿意和台湾方面协商任何议题，包括大陆和东盟的自由贸易区这样的问题，找到使两岸都能从区域经济合作中获得发展机遇的途径。总之，在一个中国原则的基础上，两岸间的问题可以通过协商得到解决。海峡两岸都是中国人，大陆决不谋求有损台湾同胞利益的单方面利益，大陆的政策是为追求两岸的“双赢”而不遗余力。

四、东亚区域经济合作的前景

前文提到，东亚是一个国家多、民族多、宗教多、历史遗留问题多的多元、复杂地区。冷战时期，在东西方对峙的催化下，相互关系被进一步复杂化，致使区域经济合作经历了曲折跌宕的过程。展望未来，人们仍然可以看到历史纷争和现实国际政治所投下的阴影。新加坡国际事务研究所所长 Simon S・C・Tay 撰文认为，“美国仍然是东亚新区域主义的最重要的外来因素”。美国和东北亚的日本和韩国、东南亚的泰国和菲律宾都有防务条约。这些国家视美国在东亚的继续存在为其安全的保证。美国也是东亚的主要投资者。但另一方面，许多东亚国家“对美国在无知和单方面采取干涉行动之间反复无常的霸权主义倾向有着共同的关切”。美国曾明确反对过日本在1997年亚洲金融危机早期所提出的建立“亚洲货币基金组织”的设想，也反对过马来西亚总理马哈蒂尔“东亚经济集团”的倡议，致使这两个提议都胎死腹中。Tay认为，如果美国强烈地反对新生的东亚区域机制，这一机制将失败。他还认为，中国和日本的关系是东亚区域内的重要因素。部分地由于二次世界大战的历史原因，中日关系“为猜疑和分歧所困扰”。同时，日本的“道歉加健忘”政策使日本和朝鲜以及东盟国家的关系也遭际麻烦。他认为：“历史、现状以及未来的前景都需要以中日和解作为东亚的基石。”（“Reinventing Asean”，Seng Lee Press Pte Ltd，2001）

设在日内瓦的“世界经济论坛”学者Frank－Jurgen Richter和Pamela Mar认为，在经济方面，中国和日本已互为第二大贸易伙伴，越来越多的日本企业把生产基地转移到中国大陆。中日要实现自由贸易，最棘手的是农产品问题，今后这个问题可能更严重，因为中国廉价产品冲击了在日本受到保护的行业。

他们认为，中国和韩国之间的问题是中国对韩国的贸易逆差。因为中国对韩国技术密集型进口的“胃口”很大，这一逆差今后还会增加。

对于中日韩三国一旦建立自由贸易区的影响，他们认为将产生“意义重大的地缘政治影响”。“美国对台湾的支持以及日本认识到她的命运更依赖中国而不是美国，将削弱美国在这个经济势力强大地区的影响。”(Far Eastern Economic Review，April 18，2002)

尽管东亚区域经济合作的发展还面临着这样那样的问题，但历史毕竟在不停地迈着前进的脚步，东亚各国在谋求发展的进程中必将联合自强已是很难逆转的趋势。中国政府认为，区域经济合作已与全球化成为当前世界经济发展的两大趋势。中国今后“将本着由近及远、先易后难、循序渐进的方针，以更加积极的姿态参与区域经济合作，在互惠互利的基础上与其他国家和地区建立更为密切的经贸关系”。(石广生，2002年4月)

中国外交部副部长王毅今年4月26日在《人民日报》发表文章，对中国和东盟就建立自由贸易区开始的谈判持乐观态度。他指出，新中国成立后，中国和东南亚国家的关系经历风风雨雨，逐渐走向成熟。至1991年，中国与所有东盟成员国建立或恢复外交关系，5年后又成为东盟全面对话伙伴国。中国和东盟建立自由贸易区即适应了经济全球化的大潮，与历史的前进方向相一致；又应对了全球化带来的挑战，符合本地区各国的共同利益。双方的谈判会面对各种各样的问题，克服许许多多的困难，花费较长的时间，但一定会达成令各方都满意的自由贸易安排，为亚洲的全面合作开辟新的道路。

结束语

中国—东盟自由贸易区建立的过程也将是东亚区域经济进一步融合的过程。中国大陆对区域经济合作持积极态度，并愿为其发展贡献自己的力量。对大陆而言，东亚区域经济合作提供的机遇大于挑战，前景是美好的。就台湾而言，东亚区域经济合作提供的机遇大，还是挑战大，这要看台湾当局如何处理两岸关系。维护中国的主权和领土的完整，是大陆也是包括台湾同胞和海外华侨在内的全体中国人的共同责任。只有在一个中国原则的基础上，台湾才能和大陆一起共同致力于东亚区域经济合作的发展进程，并分享这一进程的成果。大陆期盼着台湾当局从台湾同胞的根本利益出发，回到一个中国原则的立场上来，共同为东亚地区的和平、发展与繁荣做出中国人的贡献。

（论文，2002年5月17日）

第三部分　台海楼札记

按：2003 年 5 月，《环球时报》为作者开《台海楼札记》专栏，以关尔言笔名发表短评计七篇。

蓝绿对决　鹿死谁手

2004 年 3 月台湾“大选”的序幕现已拉开。4 月 18 日，在野的国民党和亲民党，在支持者千呼万唤之下，终于宣布由国民党主席连战为正、亲民党主席宋楚瑜为副，组成“连宋配”角逐 2004 年的选举。至此，在野的“泛蓝军”与执政的民进党和其“盟友”台联党的“泛绿军”对决态势已成定局。人们关心的是，这场对决会鹿死谁手？从目前的情况看，还只能说是“五五波”。原因有二：两大阵营各具优势；选前变数仍然很多。

“泛绿”方面至少有三大优势。其一，大权在握，占有丰沛执政资源，特别是军、警、特及司法系统。其二，民进党执政三年来，大力经营自己的政商关系，“白金政治”已取代国民党时代李登辉所培植的“黑金政治”。民进党再也不是擅于街头打拼但却囊中羞涩的草莽组织了。其三，美国保守政治势力对陈水扁情有独钟。陈水扁当着美国人的面多次毫不掩饰地说，他的政策“要使美国满意”。那些企图利用台湾来遏制中国大陆发展的美国政治势力自然对他会倍加维护。

“泛蓝”方面也有三大优势。其一，基本支持者在选民中的比例仍大于“泛绿军”。从台湾过去重要选举的投票情况看，国民党的支持率在一路下降，但是一种阶梯式的下降，相对稳定，目前的支持率在 45％左右；民进党的支持率在上升但不稳定，起伏于 21％到

43%之间。亲民党是2000年3月选举之后才成立的，在2000年3月的选举中，宋楚瑜得票率为36.8%；在2001年底“立法委员”选举中，亲民党得票率为18.57%。但国民党和亲民党本是同根生，票源重叠，不能用简单的加法来评估“泛蓝军”的实力。以李登辉为“精神领袖”的台联党是在2001年成立的，在当年“立法院”选举中得了7.76%的选票。但台联党和民进党也有相当的同质性，它代表了台湾的“急独”势力和铁杆李登辉分子，也不能用简单的加法来评估“泛绿军”的实力。比较客观的评估是，“泛蓝”和“泛绿”两大阵营各拥有45%和35%的“铁票”。其二，“泛蓝军”握有“经济牌”。民进党上台后，台湾经济困难重重，除了国际因素外，其施政路线错位和政策失误是主要原因。回顾三年来民进党掌权的历程，可以清楚地看到它施政的主线是“拼政治”、“拼选举”，是政治理念挂帅、选票挂帅。“台独”和“反核”是民进党的两块“神主牌位”。它上台后，坚持分裂路线，使两岸关系潜伏巨大危机，因而使台湾经济发展失去了必须的稳定环境，内外投资都下降。在停建第四核电厂问题上的政策大转弯，在工时、农渔信用社整顿等问题上决策失误，无不笼罩着“拼政治”、“拼选举”的阴影。台湾民众普遍质疑民进党的施政能力，而把恢复台湾经济的希望寄于“泛蓝军”。其三，“泛蓝军”握有“大陆牌”。在大陆政策上，“泛蓝军”认知“92共识”，主张“三通”，谋求两岸“双赢”。但其基本立场是“反台独，不急统”。和民进党的“台独”立场相比，“泛蓝军”的政策更符合台湾民众求和平、求发展、求稳定的主流民意。

虽然蓝、绿两大阵营各具优势，但未来选举的结果并不完全取决于这些基本面的因素。台湾选举的变数太多。和西方国家的选举相比，台湾的选举还处于孩提时代。它没有坚实的法制基础，简单说，不按牌理出牌。台湾近年重要选举中，本应是中心议题的民生问题统统被抛在一边，揭隐私、斗口水、相互抹黑、彼此攻讦是选战主旋律。分裂势力则把煽动族群矛盾、挑起统“独”之争作为拉票的利器。2000年选举时，李登辉先分裂国民党，后祭出置宋楚瑜于被动的“兴票案”，使民进党得以上台。可以预期，到投票前两三个月，民进党攻讦对手的“撒手锏”必然亮相，选举仍然会是失去重心的混战。

从现在的情况看，民进党对明年的选情是不敢掉以轻心了，但还没有完成对选情的评估，因此大的选举策略尚未确定下来。民进党将采取何种竞选策略，人们正拭目以待。

（2003年5月10日）

阿扁惯技　两手策略

美国布鲁金斯学会东北亚政策中心主任卜睿哲先生曾任美国在台协会理事主席，是美国“知台派”学者。日前他发表了一篇谈两岸关系的文章，其中认为明年3月台湾选举时，陈水扁可能重提“一边一国论”以巩固民进党的基本票。这涉及陈水扁将采取什么竞选策略的问题。

民进党为了胜选将全力巩固基本票这是不言而喻的。问题是民进党的“铁票”只占选民的35%左右，只有基本票如何胜选？所以台湾的评论多认为争取中间票是明年选举的决胜点，对民进党来说尤其如此。民进党要争取中间选票唯有在两岸关系上做文章。台湾中间选票的主体是中产阶级，他们最希望两岸关系稳定，以便能过安居乐业的日子。两岸关系稳定、良性发展的基础是一个中国原则。虽然民进党内主张淡化“台独”色彩，向中间“转型”的呼声日渐提高，但还远没有壮士断腕的勇气，砸碎“台独”这个“神主牌位”。因此，民进党的文章可能要作在两岸经贸关系这样“低政治”领域，特别是台湾民众要求最迫切的“三通”问题上。年初，民进党当局曾放风，它们已完成了“三通”对两岸经济影响的评估，但一再推迟公布评估的结果。这说明，民进党对今后选情的发展心中还没有底，如何打“三通牌”还举棋不定。它必须算清楚的一本账是，打“三通牌”所争取到的中间选票，必须多于它可能丢掉的“台独”基本教义派的选票，否则它就是个大输家。陈水扁现在是处在巩固基本票和争取中间票的两难之间。在此情势下，他最可能的对策是玩弄两手策略：一方面释放出“三通”有望的信息，或松动某些对“三通”的限制，如准许某些公司或民间组织和大陆的对口单位进行有关“三通”的技术问题进行接触和商谈，以造成两岸关系“柳暗花明”的气氛。为此，陈水扁手中已准备了评估“三通”这张牌。另一方面会故伎重演，再次煽动族群矛盾，挑起统“独”之争，给对手扣上“买台湾”的帽子，加上“外省人欺负本省人”的罪名。这历来是民进党打选战的“利器”，运用起来是驾轻就熟。4月18日，“连宋配”成局，4月20日，素有“府报”之称的“台湾日报”就发表社评，把这场选举描绘成“‘中国意识’的四个政党正在围攻‘台湾意识’的两个政党”，舆论造的不能再及时了。

民进党的两手策略还会有两个特点，一是有虚有实，二是在不同的时间和不同的地点有不同的运用。坚持分裂立场是实，改善两岸关系是虚。目前，期待陈水扁会回到“92共识”、接受一个中国原则是不切实际的幻想。他割舍不掉党内的基本教义派，也摆脱不了李登辉的台联党的牵制。做出“三通”姿态是虚。在“三通”问题上，民进党的基本策略是拖，不能拖就谈，谈起来后再拖。但是“三通”已是势在必行，不是一个拖字就能挡得住的。民进党越拖就越被动。

台湾的政治地图是南“绿”北“蓝”。因此，民进党在它的“票仓”南部，会更多地说“硬话”，以煽动省籍问题为主要一手；而在北部则会更多地说“软话”，在两岸关系上搞哀兵政策。当它研判基本票比较稳固时，它会更多地着眼于争取中间选民；当它发现基本票动摇时，它会绷紧两岸关系以护盘固票。如果在投票临近时陈水扁发现选情告急，那么他就很可能像卜睿哲先生所预测的那样，打出“一边一国论”，甚至破罐子破摔，保住基本票。

（2003年5月14日）

陈水扁又在挑衅

5 月 19 日，在日内瓦召开的世界卫生组织年度大会，再次挫败了台湾当局要以“观察员”名义挤进会议的图谋。和前 6 次会议一样，大会按照世卫组织的规章制度做出这样的决定是很自然的。和往年不同的是，台湾当局这次别有用心地利用两岸同胞都面临抗击“非典”繁重任务的特殊情况，在会内会外变本加厉地制造反大陆舆论，并在岛内煽动类似“千岛湖事件”的反大陆情绪。岛内分裂势力利用一切机会遂行其“台独”图谋，这是路人皆知的。但是他们利用牵动人心的“非典”疫情做文章，则有其特殊的背景和意图，值得警惕。

5 月 20 日，陈水扁在世卫大会碰壁之后即迫不及待地在民进党中常会上提出要进行加入世卫组织的“公投”。这可谓图穷而匕首现，清楚地暴露了他利用“非典”在岛内外掀起反大陆恶浪的真实目的。他是要利用“非典”来推行“台独”主张；利用“非典”来为明年的选举服务。

台湾的分裂势力一直企图以所谓公民投票为“台独”贴上“合法”的标签。但是，台湾是中国领土固有的一部分，不是公民投票的问题。因此，他们的这一图谋不但受到大陆同胞和多数台湾同胞的反对，而且在国际上也鲜有市场。陈水扁利用“非典”又提出“公投”问题说明他不但顽固地坚持其分裂立场，而且企图在两岸关系中制造新的事端，为明年的选举服务。可以说，这是他继去年提出所谓“一边一国论”后，在两岸关系上采取的又一个危险挑衅动作。

自从台湾爆发“非典”疫情以来，台湾采取了一系列措施来抗击“非典”，但台湾民众对民进党当局的表现并不满意。台湾主要媒体所做的民调显示，有 65％的民众对当局的应对能力不满意。对陈水扁表示满意的人占 45％，而对台北市长马英九表示满意的达 81％。对国民党主席连战和亲民党主席宋楚瑜表示满意的也多于陈水扁。有台湾专业人士认为，民进党当局应对“非典”有“三不足”：配备不足、宣导不足、培训不足，而且完全看不到“卫生署”的角色。这种情况自然为民进党明年的选情蒙上了浓重阴霾。陈水扁提出“世卫公投”，一方面讨好了民进党内的基本教义派和李登辉之流，另一方面企图转移民众视线，把他们对当局的不满转嫁到大陆身上。

近几个月来，台湾当局利用“非典”对大陆进行无理攻击可以说是无所不用其极。从使用粗俗语言漫骂，到歪曲事实、误导舆论；从歧视性地限制两岸某些正常往来，到拒绝接受大陆同胞捐赠的抗“非典”物资，不一而足。台湾当局这次煽动反大陆情绪的手法，和当年台湾分裂势力利用“千岛湖事件”毒化两岸关系如出一辙，目的也是一致的。大家都知道，民进党上台以来的施政主线是“拼政治”、“拼选举”，随着明年选举的临近，这条主线就更为突出。在“蓝”“绿”两军对决之势已成定局的情况下，民进党要想胜选，一是要分化“泛蓝”阵营，二是要争取中间选民。要争取希望两岸关系稳定、良性发展的中间选民，民进党有两种选择：一是正面的、建设性选择，就是改善两岸关系，如采取措施推动两岸“三通”等；二是负面的、破坏性的，就是煽动反大陆情绪，离间两岸同胞的关系。陈水扁现在选择的显然是后者。但是，利用“非典”和世卫组织问题煽动反大陆情绪，虽然能蒙蔽一部分民众，得逞于一时，但犹如浮云蔽日，台湾同胞迟早会明白真相，就像“千岛湖”事件一样。祖国大陆在世卫大会上坚决反对台湾当局的分裂活动，和维护台湾同胞享有的卫生保健权利是截然不同的两码事。历史早已证明，在自然灾害面前，两岸同胞总是相互关怀、相互支援的。作为在世卫组织中的唯一合法代表，大陆一直责无旁贷地维护包括台湾同胞在内的所有中国人的卫生保健权益。同时，大陆也责无旁贷地在国际上维护中国的领土和主权完整，决不能姑息制造“两个中国”或“一中一台”的图谋。这是中华民族根本利益所在。其实，自1949年以来，台湾当局在大部分时间里在国际上也是维护一个中国原则的。现在，台湾的多数政党和政治派别也是认知一个中国原则的，它们和大陆的分歧是在一个中国的政治义涵上，这和“台独”有本质的不同，是“家务事”，完全可以求同存异或通过协商解决。因此，台湾分裂势力目前煽动的反大陆情绪总有一天会烟消云散。

但是，人们对于陈水扁“世卫公投”的挑衅则不应掉以轻心。虽然，台湾在野党派讥讽陈水扁在搞政治闹剧，但“台独”分子们正借机在“立法院”中再次推动“公投法”。台湾有评论指出陈水扁已经打开了“潘多拉的盒子”，为了“拼选举”，他在台海地区再次掀起狂风恶浪的可能性不能排除。

（2003年5月30日）

美对台政策向中间摆动

6月1日，国家主席胡锦涛在法国埃维昂出席南北领导人非正式对话会议时，会见了美国总统布什。作为中美关系中最重要、最敏感的核心问题，台湾问题在两国领导人的会晤中自然无可回避。胡主席指出，台湾当局拒不接受一个中国原则，“台独”势力仍在竭力进行分裂活动，这是海峡地区局势紧张、两岸关系不能改善的根本原因。他希望美国恪守承诺，妥善处理台湾问题，不向“台独”势力发出错误信号。布什总统表示，美国政府将继续坚持一个中国政策，遵守美中三个联合公报，反对“台独”，这一政策没有改变，将来也不会改变。

从布什总统的表态看，美国对台政策仍延着布什去年和江泽民主席在他的克劳福德农场会晤时所表述的立场，朝中间摆动并趋向稳定。2001年布什总统入主白宫之后，在共和党亲台保守势力的压力下，其对台政策曾一度偏离了前6届美国政府的政策，向“右”激烈摆动。2001年4月，美国宣布了1992年以来最大的售台武器案，允诺卖给台湾包括8艘潜艇在内的先进进攻性武器，粗暴地践踏了“8·17公报”的文字和精神。布什本人还有过“采取一切手段保卫台湾”的“口误”。同时，美国政府提升了对台湾当局领导人“过境”美国的“礼遇”，放宽了对台湾高级官员来访的限制，军方提升了和台湾军方的联系，特别是在指挥管理系统的“一体化”方面。在一个中国问题上，则以干涉中国内政的“与台湾关系法”作为挡箭牌，在中美三个联合公报的立场上后退。有的美国学者指出，布什政府上台以后，在一个中国和“防卫”台湾这两个关键问题上，把克林顿政府的政策倒置过来。克林顿政府的一个中国政策是清晰的，核心内容是“三不”，而在“防卫”台湾问题上保持“战略模糊”；布什政府则把“防卫”台湾清晰化，同时模糊了一个中国政策立场。

然而，美国新政府对台政策的摆动起到了什么样的效果？正如胡锦涛主席所说的那样，是向台湾的分裂势力发出了错误的信号。一时间，“台独”分子弹冠相庆，到处做演讲、写文章，宣扬美国不但会买给他们所要的武器，而且会不惜和大陆一战来“保卫”台湾，可以放心大胆地搞分裂活动。在这样的背景下，去年陈水扁公然抛出了“一边一国论”，使海峡地区再度出现危机。这自然使美国感到恼火，毕竟美国的对台政策是为美国的利益服务的，而不是为台湾。

美国的对台政策历来是要维持两岸的“不统、不独、不战”的状态。在美国总是有那么一些势力要用台湾作为一个筹码来遏制中国的发展。至今美国政府还拒绝或回避表态支持两岸统一。但是美国也极力避免因台湾问题而被卷入一场武力冲突之中。因此，和“台独”分子的期待相反，美国历届政府对台湾当局玩的也是两手策略。一方面，它要极力维持两岸的分离状态，阻挠两岸统一，通过向台湾出售武器使其“武力拒统”；另一方面，它不能允许台湾当局搞法律上的“台独”，挑战一个中国，点燃两岸战火。头脑冷静的台湾学者指出，美国“保护”台湾的政策目标是“台湾防卫”而不是“防卫台湾”。也就是说，美国是要通过售台武器和把台湾军队的指挥管理系统纳入美军的体系，使台湾成为它在东亚战略布局中的一个棋子，一旦台海地区有事，台湾就成了美国摆在第一线的马前卒。这中间的苦辣酸甜只有当事者体验得最深切。

经过一段弯路之后，布什政府的对台政策基本上又摆向了前6届政府的政策，但仍保留了它自身的色彩。有的美国学者把它概括为“双清晰”政策，即在一个中国和“台湾防卫”两个问题上立场明确。它今后会继续奉行一个中国的政策，不支持“台独”；同时会借口“与台湾关系法”，继续向台湾出售武器，以维持两岸“不统、不独、不战”的局面。在布什政府的任期之内，这一政策不会出现大的摇摆。台湾问题仍然是影响中美两国关系健康发展的最敏感、最核心的问题。但是，任何一个国家的对外政策都会随着国际形势变化和国家关系架构调整而演变。美国迟早会认识到排除台湾问题这个障碍，发展和中国的建设性合作关系最符合美国的利益。

（2003年6月6日）

民进党每日一骂宋楚瑜

这些天，台湾正上演一幕“连宋三密约”的选举戏。说的是，“泛蓝军”正副“总统”候选人连战和宋楚瑜曾策划于密室，私相授受三项承诺：如果连宋明年当选，连战只作一任“总统”，下一届由宋楚瑜选；宋兼任“行政院长”；国民党和亲民党合并，由宋任党主席。从台湾媒体的报道看，这出戏的编导是民进党和它的盟友台联党。它们调动了方方面面的力量炒作这件“秘闻”，火力集中在宋楚瑜身上，攻击他要权谋，要“架空”连战，连战将成为“儿皇帝”等等。民进党、台联党的“泛绿”阵营演这出戏当然是为了离间连、宋的关系，进而瓦解“泛蓝”阵营。

自从国民党和亲民党推出“连宋配”角逐明年选举以来，当权的民进党日感压力沉重。它的基本票源不抵“泛蓝军”，上台三年来政绩乏善可陈，特别是经济疲惫不振，民众普遍感到失望。在此情况下，陈水扁的竞选策略越来越显露出重演故技的迹象，即主打族群意识和分裂“泛蓝”阵营。这是他惯用的策略，也是他两次胜选的利器。在1994年的台北市长和2000年的“总统”选举中，陈水扁就是因为国民党的分裂得以不到半数的选票当选。而在1998年的台北市长选举中，由于新党选民最后转向国民党的候选人马英九，在台北经营了4年的陈水扁还是败下阵来。因此，早在国民党、亲民党酝酿联合竞选时，民进党就不遗余力地破坏“泛蓝”阵营成军。而要分裂“泛蓝军”，最易攻难守的突破点就是宋楚瑜。

在2000年的选举中，宋楚瑜得到36.7%的选票，仅以2.7%的微弱之差输给陈水扁。此后，宋楚瑜的光环虽然有些退色，但他领导的亲民党在2001年的“立法院”选举中赢得46席，而且当选者多为政治精英，是一支很强的问政力量。外界对宋楚瑜的评价是有魅力、擅权谋、精明强悍，绰号“湖南骡子”。他的形象和连战的形象反差强烈，对比之下给人以连战站在宋楚瑜影子里的印象。一般人认为，没有宋楚瑜的绿叶扶持，连战要胜选几乎没有可能。民进党就是抓住了这一点离间连宋的关系，“架空”说、“儿皇帝”说都是由此而来。宋楚瑜的另一个“软肋”是他的外省籍。他原籍湖南，幼年来到台湾。这为民进党利用省籍问题做文章提供了着力点。同时，也因为省籍问题，国民党内的部分“本土派”势力也排拒宋楚瑜，这自然为民进党提供了可利用的奥援。宋楚瑜的另一个问题是使他在2000年选举中功亏一篑的“兴票案”。虽然国民党已经明言不再追究“兴票案”，但民进党方面仍然咬住不放，声言这件事不能“私了”，并称手中已有了新的证据。为了打宋，民进党还把台北市长马英九拉了进来。

在今天的国民党内，选举时吸票能力可以和宋楚瑜匹敌的唯有马英九。他在1998年台北市长选举一役中硬是把陈水扁拉下马；4年后又以创纪录的64%选票把民进党对手打得落荒而走。他的形象和操守也受到不少台湾民众的肯定。因此，早在“连宋配”成局之前，民进党就采取了“拱马排宋”的策略，不断制造“连马配”的舆论，以打掉“连宋配”。今后民进党仍不会放弃机会打马英九牌。日前，一位民进党的地方“议员”甚至提出要陈水扁请马英九作搭档竞选，来个“扁马配”，这引发了在野势力的一片哄笑。有评论说：“阿扁急了。”

由于上述原因，“泛绿”阵营为分化对手，打宋是不会手软的。有评论说，到明年3月20日投票之前，它们会每天一骂宋楚瑜。然而，“泛绿军”用宋楚瑜做箭靶子分裂“泛蓝军”已是司马昭之心，路人皆知，其效用已在打折扣；而且，“泛蓝”方面深知，国、亲两党不合是死路一条，根本就不用选。在夺回政权才有一切的利益驱动之下，现在要拆散“连宋配”恐怕不是那么容易。以马排宋也是一相情愿。马英九对自己的政治生涯有慎重、周密的规划。虽然他的民望稳定地高于陈水扁，但他知道他在南台湾的政治根基尚浅。很多人认为，马英九的声望还没有渡过南北分界的浊水溪，他的机会在2008年而不是2004年，他会谨守分际。

当然，“泛蓝军”决非铁板一块。外来的挑拨加上内部的矛盾还是会为“泛绿军”提供机会。不过，总的看，“泛蓝军”的问题恐怕在选后而不是在选前。《聊斋》的《张鸿渐》故事中有一段张妻方氏对“秀才做事”的评论。她说他们“胜则人人贪天功，一败则纷然瓦解，不能成聚”。明年“泛蓝军”如果选赢，会不会“人人贪天功”而内讧顿起？如果选败会不会“纷然瓦解”而相互指责？这很值得人们思考。

（2003 年 6 月 18 日）

美国缘何“关注”台湾“公投”

台湾“非典”疫情刚刚缓解，“选举”大戏立即重新开锣。这些日子，民进党当局闹得最凶的是要在明年3月选举前，甚至和选举同时搞“公民投票”，借口是将第四核电厂存废问题、“加入世界卫生组织”问题以及“立法院”改造等问题“诉诸民意”。

大家都知道，“公投”是民进党为遂行其“台独”图谋而拉来做“虎皮”的“大旗”。直至今日，“台独”在台湾只是少数人的主张，而且也是违反台湾现有法规的。“台独”既不得人心，又无“合法性”，民进党就想借助“公投”来为“台独”披上“合法”的外衣。这是台湾分裂势力闹“公投”的真正目的。在选战日趋白热化的今天，民进党闹“公投”则有“一石二鸟”的如意算盘。首先，它企图迈出“公投”第一步，实现“突破”，为推行“渐进式台独”打开最重要的一扇门；再者就是利用“公投”再次挑起统“独”之争，为它在选战中浑水摸鱼捞选票服务。祖国大陆对“台独”分子搞“公投”的立场是明确和坚定的。大陆坚决反对任何企图分裂国家主权和领土完整的所谓“公投”。大陆已经警告台湾分裂势力不要玩火。近来，美国方面也对台湾当局搞“公投”多次表示“关切”。那么，美国的“关切”是从何而来呢？

台湾问题是中国的内政，但就其国际因素而言，美国的介入和干涉是台湾问题至今还没有解决的主要原因，在这个意义上说，台湾问题就是美国问题。因此，自1949年以来，台湾问题就是中美两国关系中最核心、最敏感的问题。在美国有一股势力，它们出于反共的冷战思维，一直企图利用台湾问题来分裂、削弱中国。美国共和党在入主白宫之前和执政之初，一直对发展、崛起中的中国错误定位，认为中国是美国的“潜在敌人”或是“战略竞争对手”，而“撞机事件”进一步加深了这种疑惧。因此，美国政府在台湾问题上就做出了出售大量武器、声言“保卫”台湾等严重损害中美关系的事。然而“9·11事件”廓清了美国政府中多数人对中国的迷思，他们认识到对美国的威胁不是来自中国，而是国际恐怖主义，而且中国也深受恐怖主义之害，在国际反控斗争中，中国发挥着积极、不可或缺的作用。同时，美国政府也意识到，上台之初对台湾的“倾斜”给“台独”势力发去了错误的信号，引来了“一边一国论”等嚣张的言行，给美国处理对华关系带来了麻烦。加上中国政府冷清地处理中美关系，美国的对台政策开始向回摆动，明确了“不支持台独”是美国一个中国政策的组成部分。有美国学者认为，在处理反恐、朝鲜半岛核问题以及其它战略议题上，布什总统认为“与中国大陆合作具有高度优先利益。因此，他特别希望美中关系稳定。所以，布什或许比美国过去几任总统更强烈地向台湾示意，他不会忍受可能让华盛顿与北京关系严重紧张的挑衅行为”。有消息说，副总统切尼也“告诫”台湾当局不要向大陆挑衅。美国现在为“保护”台湾加上了一个前提，就是不要挑衅大陆。美国对大陆在“台独公投”上的立场应当是清楚的，民进党当局炒作意在分裂的“公投”是在玩火，是在挑衅。如果美国纵容、甚至支持这样的挑衅，必然会给中美关系造成巨大的损害。人们又怎能期待中美之间能建立建设性合作关系呢！这可能是美国在不同层面上对民进党搞“公投”表示“关切”的原因所在。

然而，美国总有一些敌视中国的势力不愿意放弃手里的“台湾牌”。在华盛顿的当权者中，仍有人相信支持台湾的分裂势力和改善中美关系可以“平行不悖”。台湾问题仍然是中美关系中最核心和最敏感的问题。就美国而言，它仍将会面对民进党当局推行“渐进式台独”过程中给它制造的一个又一个麻烦。美国在处理这些问题时，必须把握好打“台湾牌”和维护美国自身利益之间的平衡。只要美国不放弃“台湾牌”，这个伤脑筋的问题会始终困扰美国。

（2003年7月5日）

陈水扁要把台湾推向灾难

近来随着选情的白热化，民进党在“台独”的不归路上越走越远，态度越来越嚣张。陈水扁公然提出了所谓的“制宪时间表”，声言要在2006年“公投新宪法”。在民进党的操弄下，“蓝”、“绿”两军在“立法院”中就“公投法”进行了一年多的攻防战也出现了逆转。国民党、亲民党“立法院”党团的负责人11月12日宣布，两党将对“公投立法”采取“更开放和包容”的态度，除了仍坚持“公投”需由人民发动并经过严格程序外，“不设底线”。民进党闻讯后则得寸进尺，宣布将由绰号“蔡公投”的“立委”蔡同荣打头阵，于11月21日进行“绝食救公投”的活动，并组织“台独”组织到“立法院”示威。台湾的选战已经被民进党演变成一场政治大赌博。对于陈水扁和“台独”势力来说，台湾的前途、民众的安危、两岸关系、台海和平都可以置之度外，都可以拿来当赌注，继续把持权力就是一切。

陈水扁之所以铤而走险，主要有两个原因。

自从今年4月“连宋配”成军之后，连宋的民调支持率一直高于“陈吕配”。虽然连宋的支持率从50％左右一路下滑到40％左右，但陈吕的支持率上升的幅度也很少超过3％，即在民调允许的误差之内。从过去10多年台湾举行过的主要选举结果看，“蓝”、“绿”两大阵营的差距在10％左右。这种“基本面”上的实力对比在民进党上台后没有根本的改变，主要是因为陈水扁不放弃“台独”立场，顽固地“拼政治”，致使施政成效不彰，经济疲惫不振。面对这样的局面，民进党为了竞选连任，采用了惯用的挑动族群矛盾和统“独”之争的竞选策略，强力巩固基本票源，同时使选民“两极化”，压缩中间选民的空间，对“泛蓝”实行“割喉战”。为此，陈水扁拉“民主”和“改革”的大旗做虎皮，把“一边一国”、“公投制宪”的“台独”货色偷换成竞选议题，使选战陷入了歧途。

再有就是国际上，主要是美国反华势力的撑腰打气。不久前，陈水扁再次跑到美国搞“过境外交”，并把选举造势活动搬到了美国。美国则通过提供讲坛、“礼遇”、“握手”等方式予以纵容。美国的一名国会议员甚至对他当面表示，“期待有一天”台湾“加入”联合国和其它由主权国家组成的国际组织，公开支持“台独”，为陈水扁站台造势。陈水扁对此感激涕零，公开在美国鼓吹“催生新宪法”。回到台湾后他的气焰更为嚣张。

但是，陈水扁的“割喉战”最终会割谁的喉？台湾的选战被民进党制造的“台独”议题牵着鼻子走会走出个什么结果？

首先，陈水扁进一步割裂、搞乱了台湾。这次选举正在被他操弄成族群对立的强化、统“独”斗争的摊牌。可以断言，这场恶斗的内伤，无论谁胜选，短期内都是难以平复的。在这种情况下，台湾怎么能创造一个良好的投资环境，以利经济的恢复和发展呢？台湾经济界对此既忧心又无奈。

更严重的是，陈水扁肆无忌惮地挑衅一个中国的原则，正在把台湾推向灾难。如果陈水扁认为他靠对内翻云覆雨，对外仰仗反华势力的纵容，就可以铤而走险，按照他的“时间表”搞“台独”了，那就打错了算盘。维护一个中国原则，维护国家主权和领土完整是我们的最高国家利益，是海内外所有中国人的神圣职责，它是不容挑战的。中国历史已从割地赔款的如磐风雨中走出来。如果陈水扁执意要推行他的“台独时间表”，那么就必有反“台独”的时间表，最终的结果只能是，“台独公投”之日，就是它走进坟墓之时。不要怀疑绝大多数的海内外中国人维护国家主权和领土完整的决心和能力！广大台湾同胞的普遍愿望是要和平、要稳定、要发展。从长远的观点看，陈水扁如果执意要反其道而行之，他最终必将被台湾同胞抛弃！

（2003 年 11 月 15 日）

第四部分 答记者问

按：台湾及香港、澳门等地报刊采访作者后的报道，绝大多数未经作者过目，有不准确之处，某些用语与大陆也不同。故作者对某些文字略有删改，有的用语加了引号。

台海演习后，中美关系正常化

来台参加后九七两岸关系学术研讨会的中国社会科学院台湾研究所所长许世铨，昨天在接受本报专访时指出，台湾问题一直是中美关系的问题核心，主要是在一个中国承诺及对台军售上。台海演习是中美关系正常化的关键，之后克林顿政府对于“一个中国”的承诺愈趋明确，美台关系的框架应该很清楚了。

北京有关方面认为在台海演习后，美国与北京权力平衡的地理线已自台海海峡移至台湾以东，许世铨很含蓄地表示，华府及美方学者对此变化已有相当了解。许世铨曾任人民日报驻联合国高级记者两年，之后接任现职。以下是访谈纪要：

与美关系进展要看实际态势

问：最近有关中美关系互动文件中，华府用语是建立“战略对话”，但北京官方透过新华社的用语则是“战略伙伴关系”，这是否意味着双方关系有积极进展趋势？

答：这是个重要讯号，不过还是要看实际的态势，要评估美方建议内容如何，才能进一步了解。

其实目前中美关系并无冲突，我们无意挑战华府。自从邓小平先生复出后，中国的对外路线即有明显转变，采取和平独立自主原则，北京倾向认为，着眼内部经济发展，世界大战已是不可能，否则国家资源的部署不会是目前格局；过去那种针对苏联，牺牲其他项目的作法不会重演。

八九年后，中国不愿再树敌，“不扛担，不当头”，集中力量建设，所以提出“增加信任、减少麻烦、发展合作、不搞对抗”的行为原则，希望美方同样遵守；但美方回应并不充分，例如人权问题上，美方并未承诺不搞对抗。

不介意谈人权问题　但绝不在压力下谈

问：可是沈国放在今年初提到，人权问题可以讨论，似是一项让步，是否暗示美国可以台湾问题交换？

答：我们不介意谈人权问题，但绝不在压力下与美国谈，中国人权有其历史背景。中国现在也很重视人权问题，不否认有缺点，我们曾先后与欧洲及澳洲谈过。事实上在九五年克江会谈中克林顿总统已表示不搞对抗，但美国政治生态复杂，克林顿一时也难落实到国会、舆论。

问：美国内部歧见也是因为担心中国未来的扩张威胁。

答：这是中国往何处去的问题，美国基本上是以美国标准谈扩张；而且从美国来看，即使目前领导人承诺和平发展，日后发展的确还是问号。邓小平先生生前已注意发展策略的问题，明确表示“永不称霸，不作超级大国”，历史经验证明搞侵略，如日本，是不可能长治久安，从民族长远利益考虑，不能靠侵略扩张国力。

如果美国能了解，中国就没什么可怕；如果美国要挑战，便很危险。朝鲜及越南的战争，是中国最弱的时候，中美军事对抗，我们也没吃亏，美国更没好处。

问：美国担心的武器扩散问题，目前双方的对话情况如何？

答：实际上，美国才是最大的军火商，都是卖到中国的邻国，对中国威胁比我们军售对美国威胁更大。站在发展经济建设的前提上，中国没有必要对着周边国家搞军备，让邻近区武装起来。

台海演习发挥影响　美国态度转趋现实

问：沈国放去年在中国与东盟会议的记者会中，以对台军售回应美国质疑中国武器扩散。中美对武器扩散的对话，是以对台军售作交换？

答：这在外交上是合理的。台湾问题主要是在一个中国及对台军售上，美国应遵守“八一七”公报，不与台湾官方接触。如果有人想籍台海军备竞赛拖垮中国，是异想天开；这些钱中国花得起，不可能让步。更何况根据台湾学者研究，国家军费投资还有助大陆军工事业的发展。

问：台湾在中美关系上影响如何？中美战略对话议题包括台湾，是否意味日后美台关系的框架趋紧？

答：台湾问题一直是中美关系的核心。中美关系不佳时，是台湾发展对美关系的时机，那是采取意识形态看待国际关系的理想主义者当道阶段。根据美国学者指出，九三年至九四年，基于台湾战略地位、和平演变北京、对美经贸利益，美国政界主张提升对台关系，那是中美关系低潮之际；但九五年台海演习，美国发现中国对台湾问题底线时，便转向务实。

美国不愿被拖下水，态度转向现实，台海演习发挥了积极的影响，自此之后中美关系恢复了正常。事实上，台湾一直在中美对话范围中，中美关系是基于三项公报及一个中国原则：台湾问题是中国内政问题，美国不能干涉；双方都体认到中美关系良好，两岸关系才稳定，美国在亚太地区的利益才能维持。这一任克林顿政府及国务卿欧布来特的表现已充分显示对“一个中国”的承诺。

美北京权力平衡线　已移台湾海峡以东

问：美日安保条约中台湾是否在有事范围内的争议，似与你所说的美立场有别？北京有些学者指出，台海演习后美国与大陆在亚太地区权力平衡线移至台湾以东？

答：这个问题美国已明确表态不希望将台湾明文列入，争议在日本内部。这令我想到二次大战前日本的军国主义，以大东亚共荣圈包装侵略意图，这一点亚洲各国已有反应。其实这是日本右翼籍安保条约挑起矛盾，企图使军国主义复活，美国其实正注意此趋势发展。希望日本维持和平立场，内部各政党别为此相互倾轧，自己先乱了态势。

权力平衡线东移的事，我想华府官员及美国学者都有相当认识与了解。

（刊1997年8月25日台湾《联合报》）

展望“汪辜会”后两岸关系前景

备受瞩目的第二次“汪辜会晤”在即。本月十四日，台湾海基会董事长辜振甫一行将正式踏入大陆，与大陆海协会会长汪道涵继五年前的新加坡首次会谈后再次于上海会面，此举被普遍视作标志海峡两岸三年多来处于僵局的关系得以解冻。

此次上海的“汪辜会晤”具有何种意义？汪辜两位老先生何以能再次坐到一起晤谈？今后两岸关系将会如何走向？“汪辜会”会不会为将来的“江李会”铺路？

台当局三方面考量

带着这些问题，本报记者专访了中国社会科学院台湾研究所所长许世铨。

许世铨认为，尽管此次辜振甫先生前来大陆被定义参访，并无设定具体的实质内容，但面对两岸事隔三年之后再次启动的新起步和新接触，即使汪辜之间仅仅是一般意义的会面，更何况江泽民主席还要在北京会见辜振甫一行，相信彼此会就许多感兴趣的问题交换意见，这已使得此次辜老先生的大陆之行具有了政治指标的意义。

对最终促使两位老先生再次聚首会晤的主因，许世铨分析指出，从台湾方面看，估计有以下三个方面的考量：一是减轻岛内的压力。因为从最近台湾不同的调查机构所进行的民意调查结果来看，约有占六成以上的台湾同胞希望恢复两岸的协商、对话和谈判，此一压力还有增大的趋势，因而台湾当局对此作出了回应；二是减缓来自国际上的压力，特别是美国的压力。因为95年李登辉访美，给中美关系造成了严重破坏，李登辉所执行的挑战一个中国的政策显然与美国的对华政策是不一致的，另外也不符合美国的全球战略利益，尤其是美国在亚太地区的战略利益。我记得97年4月，美国《纽约时报》有篇社论，是评述台湾因素的，美国媒体第一次提出了要警惕台湾的外交冒险主义，而且美国的官方和学界还有一种看法，认为台湾是麻烦的制造者。美国已意识到台湾挑战一个中国的政策与美国主张的一个中国政策有矛盾，台湾当局所推行的政策是不利于台湾海峡两岸和平与稳定的，所以美国通过第二管道向台湾施加了不少压力，希望台湾能够重开与大陆的协商谈判，使两岸关系能够稳定下来。我认为这也是克林顿访华时在上海谈到对台"三不政策"的背景；三是台湾当局着眼于今年底的"三合一选举"，国民党明显想通过改善与大陆关系的气氛表明国民党还是有能力处理两岸关系的，这也是台方常说的安定牌，是对付民进党的一张牌，对新党也有冲击。此次选举，国民党并非处于一个很强的位置上，所以它有必要在各个方面努力，以增强自己的地位，而两岸关系又是一个很重要的方面。

对台政策务实灵活

从大陆方面来看：我们的对台政策是一贯的，一直希望推动两岸关系良性发展，冲破延续了三年的僵局。我觉得大陆的有关方面、涉台部门，以及中央政府都采取了相当务实和灵活的态度，比如大陆方面认为，两岸的问题只能通过政治谈判才能解决，包括事务性的、功能性的和经济方面的问题都只有通过政治谈判才能有实质性的成果。这样说，是有事实依据的。回顾两会三年多来所进行的17轮谈判即可看出，谈判中如果双方不涉及或者可以回避政治问题的话，无论是事务性的，还是功能性的、经济性的都很难解决。比如管辖权问题，这本身就是政治问题，而不讨论政治问题又怎么谈这一问题呢？而管辖权的问题又涉及渔业纠纷等很多问题，所以两会谈了3年多，没有达成什么实质性的结果，关键就在台湾方面刻意回避进行政治方面的讨论。台湾记者王铭义所写的"两岸谈判"一书也提出两岸谈判的症结是政治谈判问题。由此看来，两岸谈判必须要进行政治谈判才行。而大陆坚持政治谈判完全是为了解决问题，这是根本的出发点。为了能够推动政治谈判，而且考虑到台湾方面不想立即进入政治谈判的主观和客观方面的原因，我们给以理解。因此祖国大陆又提出，在政治谈判之前，我们可以进行程序性的磋商。这可视作一种让步。大陆方面近期注意到，台湾的高层领导人提到，两岸可进行范围广泛的对话，因此海协会对此作出了回应，今年 8 月对海基会的回应中正式提出政治对话，就程序性问题交换意见。这说明，为恢复两岸的接触，大陆方面又一次从务实和灵活性上作出了让步。

他同时表示，在最后确定辜先生来访的问题上，台湾方面也采取了一些务实的作法，比如说，在整个商谈过程中，海基会没有再坚持他们过去所坚持的一些立场，诸如“从哪里中断，会谈就从哪里开始”，“一个中国两个对等政治实体”，“一个中国，各自表述”等等，避免了重提先决条件，最终两会达成了协议。由此可见，只要双方采取务实和灵活的态度，都抱有诚意的话，许多问题都可以解决。

三年僵局勿蹈覆辙

对 93 年于新加坡举行的汪辜会谈，许世铨回顾道：第一次汪辜会谈使两岸关系出现了一次高潮，当时很多人对两岸关系的进一步发展曾经寄予了很大的期望，但是事后表明，台湾方面一方面通过台湾海基会和大陆海协会进行接触，另一方面却通过美国的卡西迪公关公司做工作，暗中推动李登辉赴美访问。李登辉 95 年访问美国康乃尔大学，实际上表明台湾当局的最高领导人对于推动祖国逐步走向和平统一是缺乏善意的。所以“两会”的会谈中断，以及造成持续 3 年多的僵持局面，应该说，责任在台湾方面。

他进一步说，这期间，“两会”间的事务性接触并未中断，函件往来也很多，有些具体的问题，两会也通过交换函件来处理。比如，法律文书的认证，根据过去双方达成的协议一直在进行着。所以说，三年多来两会完全结束了接触也是不符合事实的。但从整个 3 年多的情况看，台湾方面给人的总体印象是采取了拖的方针，在一个中国这个原则问题上明显后退。同时，在国际上积极开展所谓“务实外交”，实际上就是搞“两个中国”或“一中一台”，另外又提出“戒急用忍”的政策，所以总的讲，台湾方面的政策不是积极的，不是在积极推动两岸关系的发展，采取步骤以打破两岸关系的僵局。

许世铨对汪辜此次新一轮会晤后可能出现的局面评述道：迄今为

止，台湾还未制定出一项有着长远目标的大陆政策，对是否坚持一个中国，以及“戒急用忍”、“三通”的问题都还没有出现改变的迹象，在这种情况下如果期望“汪辜会晤”达成实质性成果，似乎不太现实。所以说，现在过分乐观，还为时太早。不过，辜先生能越过海峡前来，是一种好的事态，值得欢迎，这毕竟比隔着大海喊话要强得多。

他希望台湾当局不要把“汪辜会晤”作为一种策略来使用。他指出，从过往两会的谈判看，台湾方面的表现带有明显的策略性。我们仍有一种担心，即年底台湾的“三合一选举”结束后，所有的问题又回到原点。如果一切再回到原点，台湾当局继续采用“拖”术的话，对两岸同胞都没有好处，对岛内同胞的利益更无好处。

许世铨乐观地估计：从好的方面预测，“汪辜会晤”后，台湾在两岸的经贸往来方面所采取的“戒急用忍”可能会出现松动。这一观点也取决于当前的世界经济形势。整个世界经济明年不抱乐观，处于景气低迷状态，世银对台湾今年的经济增长预测是百分之四，预测明年可能是百分之二，李登辉说世银低估了台湾的经济潜力，我们也希望台湾明年的发展比世银估计得好。尽管大陆今年也遇到了许多困难，但是下半年要比上半年好，增长八个百分点的目标可能达成。无论如何，大陆的经济增长位于世界第一，台湾是出口导向型经济，大陆是其对外贸易顺差的最大来源，其出口、投资的最好出路还是大陆，最大的机会也在大陆。最近李登辉和萧万长先后会见在大陆投资的大台商，恐怕也考虑的是这个背景

“和平之旅”会否实现

对“汪辜会”后能否促成“江李会”，许世铨表示，94 年台湾方面曾提出了李登辉来大陆的设想，95 年初江主席提出了针对台湾问题的八项主张，但其后台湾却传出李登辉必须以“总统”身份来大陆的说法。如果台湾真的坚持“总统”身份的话，那么所谓的“和平之旅”也不过是宣传伎俩而已。身份的问题恐怕不是真正的问题，相信台湾的决策者不会如此不现实。和平的关键是大家朝一个共同的目标努力，如此才有可能达致两岸最后的统一。如果李登辉真的要来，我

看与其称作“和平之旅”，不如称作“团结之旅”，因为只有彼此团结，才能最终达至和平。

许世铨最后表示，期望此次“汪辜会晤”真能成为两岸关系发展的新起点，新契机，推动两岸关系朝着稳定的健康的方向发展。

（香港《大公报》1998年10月10日）

建设性政治对话　两岸双赢

大陆对台智库负责人许世铨指出，在一个中国的原则上，中共的立场始终一贯，也就是在两岸达成协议前，中共坚持只有中华人民共和国是中国唯一合法政府，这一立场不因为大陆同意海基会董事长辜振甫访问而有所改变。

自去年海协会会长汪道涵在上海向许历农表示，一个中国不是中华人民共和国，不是中华民国，而是统一后的中国，接着，今年九月间，中共又同意辜振甫访问大陆，并决定由国家主席江泽民亲自接见后，海外媒体即盛传中共的一个中国政策趋向弹性。

对此，担任中国社会科学院台湾研究所所长的许世铨认为，台湾所谓"内外有别"的解释，比较符合实际，也就是在一个中国问题上，两岸之间可以就一个中国的内涵交换意见，但面对国际社会时，在两岸就一个中国内涵达成协议前，谁代表中国，应由国际社会来决定；而两岸外交战现在愈演愈烈，许世铨认为，是因为中共认为台湾在两蒋过世后，开始在国际上推动双重承认。

不过，谁在国际上代表中国的问题，也不是非要你死我活不可，长期专研国际事务的许世铨认为，如果台湾方面能明确承诺遵守一个中国，对于台湾的外交权，两岸可以进行讨论。

对于外界质疑中共此次处理辜汪会有"外热内冷"的倾向，也就是表面上盛情接待辜振甫一行人，并派出大批记者跟随采访，但对内却刻意将辜振甫访问期间的发言消音，例如，大陆主要报纸最近报道辜汪会晤的消息，通篇都是汪道涵和海协会常务副会长唐树备的讲话，但辜振甫的讲话却一个字也看不到。

对此，身兼海协会理事的许世铨解释说，大陆媒体对于重大新闻的报道，一直就是采用新华社的通稿，但这次的官方报道基本上是正面的，突出和谐的气氛；他本人并没有听说当局采取外热内冷的指示，而且，此次大陆接待辜振甫的礼遇之高，都让人感到双方气氛良好。

许世铨承认从辜汪首次会晤的情况看，两岸在一些问题上仍有分歧，但双方都愿意就分歧交换意见，并考虑到对方的立场，例如，对于海基会要求的重开事务性协商的呼吁，汪道涵回应说，在两岸开始政治谈判的程序性商谈后；台湾陆委会在辜振甫行前的表态，大陆方面也认为是台湾方面刻意营造良好的会晤气氛。

即使首次辜汪会晤后，双方在“政治对话”和“建设性对话”之间有不同表述，但从气氛看，这次会晤是有建设性的，而从双方充满政治性的会谈内容看，这次会晤也是政治性的，特别是辜振甫表示，他与汪在谈话中，并不回避政治问题，而陆委会主委张京育也称，不排除任何政治议题；许世铨认为这些现象反映这次会晤是“政治”加“建设”，是“建设性的政治对话”，双方都达到目的，因此是双赢。

（台湾《中国时报》1998年10月17日）

中共有信心解决“台独”问题

“辜汪会谈”使两岸关系的发展进入新的阶段，关于会谈中所涉及的共识与基本分歧，以及今后两岸关系可能的走势，记者特别专访了中国社科院台湾研究所所长许世铨，发表其看法，以下是访谈摘要：

问：整体来看，你对“辜汪会谈”评价如何？

答：可以用几句话概括：分歧依然存在，气氛有所改善，出现新的希望，但也不宜过分乐观。汪、辜两位老先生的会晤是两岸高层接触的恢复，双方的立场明显存在很大的分歧，期望通过一、两次会晤就能解决所有问题显然是不现实的，但通过这次会晤，双方可以面对面针对一些重大问题交换意见，对加深双方的相互理解和推动两岸关系显然是很积极的发展。两会恢复高层接触是很好的开始，汪先生接受海基会的邀请去台湾，代表这个过程会继续，但大家应该有耐心。

问：辜先生去大陆之前不久，大陆方面突然出乎意料地宣布安排辜先生与钱其琛先生与江泽民先生会面，你觉得这个决定背后的考量是什么？

答：这次辜先生大陆之行定位于参访，这是考虑到海基会的需要，也是海协会善意的回应。由于参访的定位比较低，大陆决定给予很高规格的接待，我想大陆方面想传达一个讯息，即对于两会恢复高层接触，进行对话协商，是持非常积极的态度。另外，辜先生来大陆之前，曾表示曾和江先生在 APEC 会议上见过几次面，这次去大陆总该向江先生问个候。我想江先生可能也注意到这些表示，所以在海协会积极的建议和推动下同意见辜先生和他的几位随行先生。这是很好的发展，使辜先生的大陆之行出现几个高潮。这个情形在两岸都受到欢迎。

问：目前政治对话中的分歧这么大，如何可能发展到大陆所希望的政治谈判的程序性协商？

答：双方恢复对话是很好的开始，实际上两岸之间的问题很多都涉及政治问题，台湾方面希望解决的问题中很多也涉及政治问题，譬如说海基会提出所谓司法管辖权的问题，这就是非常政治的问题，所以要解决这个问题，台湾方面也需要进行政治对话，所以解决政治问题是解决很多经济和事务性问题的关键，如果这个问题达成共识的话，大家会有意愿就未来的政治性谈判作出程序性的安排。我对这比较乐观，不过前提是大家希望解决问题，而不是采取拖的战术。

问：当台湾称自己是“中华民国”的时候，在大陆的心目中，这跟“台独”有基本的区别吗？

答：关于“中华民国”的概念，大陆的立场大家都很清楚，就法统方面，大陆认为1949年之后，中华人民共和国已经取代了“中华民国”，联合国的2758号决议已在国际上解决了谁代表了中国的问题。这是这个问题的一个方面，另一个方面，在两岸之间，在一个中国的原则下，什么问题都可以谈，包括国号的问题。所以两岸只要有一个中国的共识，大家可以就这个问题举行探讨。

问：在现实中，“台独”在台湾的民调中一直升高，大陆评估情况有无失控的可能？

答：民调中“台独”比例的问题可以做更精细的分析，维持现状的主张始终在六、七成以上。另外，目前岛内谈到“台独”的意涵已经偏离了基本教义的解释，譬如有人提出台湾已经“独立”，不需要再宣布独立，有人说“中华民国”在台湾已经是“独立”的国家，也有人改变了过去的立场，根本不再提更改名称的问题了。近年来，“台独”的内涵已经发生了变化，这意味着人们对“台独”的认知已经与基本教义派对“台独”的解释，有了很大的不同。从这个意义看，主张“台独”比例的扩大是和它的内涵的变化有关系的。所以这个东西是浮动的。总的来讲，我认为只要大家看到台湾真实的利益的时候，大家对“台独”问题的看法便会趋于更务实。大陆对解决“台独”问题是有信心的。

问：越来越多的台湾人似乎把台湾的未来与大陆本身的民主化联系在一起，大陆的民主化进程能否与两岸统一进程结合？

答：大陆和台湾各有优先考量的问题。大陆目前的重心是经济建设，同时进行法治与民主建设。从很多国家的经验，特别是最近俄罗斯经验可以看得出来，中国走的路是正确的，这几年中国取得的成就证明这个政策是对的，就是稳定压倒一切，同时有计划、有目的地进行法治与民主化的进程，特别是要为我们的民主改革建立扎实的法治基础，使我们的民主是在有序的情况下进行的，因为我们从文化大革命中得到负面的教训实在是太多了。没有法治的民主就是混乱。我想在“一国两制”的方针下，民主不应该是两岸关系良性发展的障碍；相反的，应该是促进的力量。

（台湾《中国时报》1998年10月27日）

TMD应纳入两岸结束敌对谈判

——大陆社科院台研所所长强调两岸没有必要军备竞赛　促美勿干涉中国内政

在大陆国务院总理朱镕基倡议尽速进行政治谈判，结束两岸敌对状态之际，大陆社科院台湾研究所所长许世铨强调，只要两岸开展结束敌对状态的谈判，有关台湾有意参与TMD等问题都可以进行商谈。他并强调，两岸应早日谈判结束敌对状态，没有必要进行军备竞赛，而把预算资源浪费在军备上。

许世铨在接掌社科院台研所之前，曾任《人民日报》驻联合国特派记者等职，近来曾两度参与华府决策智库所主导的美、中、台学者专家的"圆桌论坛"，上周并在北京与美国前国防部长裴利率领的高级退休将领、学者专家会晤。他在接受本报专访时，对开展政治谈判等问题，提出前述看法，以下是专访内容摘要：

建立互信　再谈敏感问题

问：朱镕基总理在政府工作报告中提议，两岸应进行政治谈判，结束敌对状态而台湾的萧万长"院长"也曾倡议，两岸应可商谈建立军事互信机制，以当前的气氛与条件，开展这类议题谈判的可行性如何？

答：只要双方真的想解决这些问题，难度并不是很大。大陆为什么希望先从结束敌对状态谈起，因为，这是台湾先提出来的建议，也确实是最重要的问题，如果能就敌对状态进行磋商，比较容易建立互信，相关敏感的议题，就可以提出来讨论。包括两岸军事交流往来等等，但是，只有在开始进行结束敌对状态谈判的情况下，才能顺利商谈这些问题，否则，孤立的提出相关问题，根本无法谈起来。

问：大陆方面对结束敌对状态议题的实质内涵，究竟包括哪些具体项目？

答：如两岸能顺利开展结束敌对状态的谈判，涵盖的议题将非常广泛，包括如何建立两岸军事互信机制，甚至最近受到各方议论的台湾加入“战区飞弹防御体系”（TMD）问题，都可以提出来进行讨论。其他有关经济领域、外交领域的议题也可同时进行商谈。我还是强调那句老话，“中国人不打中国人”，两岸间没有必要进行军备竞赛，应积极开展结束敌对状态的对话，只要两岸有效化解敌意，我们就不会把资源浪费在军备上。

问：台湾领导人近日在会晤美国前国防部长裴利时曾强调，只要大陆撤除东南沿海对台部署的导弹，或将发射基地往内陆移防，即可化解对台军事威胁的敌意，你对此有何评论？

TMD案　美不技术移转

答：大陆的导弹部署并不是针对台湾人民，大陆与台湾的防卫需要是完全不一样的。与大陆有陆地边界的邻国有十五个，隔海的近邻有二十余个，大陆必须要有整体的防卫计划。美国方面经常说，台海应该维持军事平衡，这是干涉中国内政，也是不科学、不符事实的说法。大陆地区对防卫的需要和能力，与台湾地区对防卫的需要和能力，不能做半斤八两的比较，彼此的需要不同。大陆地区防卫力量的设计发展，是从国家的整体状况规划的，并不是针对台湾而来，如果两岸能开展结束敌对的谈判，台湾根本没有必要担心大陆的导弹威胁。

问：台湾积极评估参与TMD计划，主要也是针对大陆的武力威胁而来的，台湾并可籍以强化美台之间“准军事同盟关系”的印象。

答：从过去的历史情况来看，美国绝对不会把TMD的核心技术转移给台湾，更不会把TMD的操控权转移到第三者，而是由美国直接来操纵。目前，从“日美安保条约”的操作情况来看也是如此，其实质的决定权完全在美国方面，在TMD的计划中，美国也不会把核心技术转移给其他国家或地区，这是普遍的常识问题。

TMD的计划目前仍在研究设计阶段。根据美方的专家透露，在公元2007年之前，并不会具体定案，但美方确实有人希望将台湾纳入TMD计划之内，这是对中国内政的严重干涉，所以中国的反应是非常强烈的。希望美方认真严肃的思考这个问题，不要让美中关系再出现大的波折，这才符合美国在亚太的利益。

两岸协商　先碰政治问题

问：在两岸连低度政治性问题都未获共识下，开展结束敌对状态等高度政治性议题的谈判，是否好高骛远？

答：从两岸过去的谈判历史来看，经过17轮的谈判，对事务性议题的谈判未能取得实质性的成果，根本问题仍在政治问题未能达成共识。要彻底解决两岸问题，仍必须触及政治问题，政治问题并非难以解决。我认为政治议题与事务议题，并不是相互制约、相互矛盾，而是相辅相成，相互促进的，两岸协商应该要更深入一些，如同盖房子，基础是最重要的。

问：海基会与海协会对去年辜汪会晤所达成的四项共识中有关加强对话，出现不同的理解，两岸目前开展政治经济对话有何成熟条件？

答：辜汪会晤之前，双方即认为应就双方关心或一方关心的问题交换意见。海协目前在安排汪先生访台行程时，表达希望就特定政经议题交换意见，这是海协的意见。如果海基会也提出希望开展建设性对话的项目，海协应会认真听取。因此，海协提出开展政经对话，并非先决条件，双方都可提出来讨论。

不怕歧见　怕无交流对话

我们也注意到，“陆委会”新任主席苏起最近一再强调，两岸谈判并不排斥任何议题，台湾的立场是开放的，这是积极的态度，对促进两会交流将产生良好的作用。实际上，辜振甫先生去年在上海、北京的各项谈话中，也曾提出经济议题，尤其，辜先生还提到《波茨坦宣言》、“中华民国主权在台湾继续存在”等话题，这难道不是政治性对话吗?

问：北京认为辜先生的提法就是政治议题?

答：这当然是非常政治性的问题，而且还是非常敏感的，两岸对这些争议仍存在重大分歧。但能当面就重大争议问题交换意见是需要的，这有助于双方更明确、更准确地了解对方的立场。一时不能解决，再持续进行探讨。如果不对话，只是隔岸喊话，进行口水战，根本无助于问题解决，两岸不怕有分歧，就怕没有交流对话。

（台湾《中国时报》1999 年 3 月 10 日）

台湾与科索沃问题性质不同

中国社会科学院台湾研究所所长许世铨教授说，台北如果认为美国既然能出兵科索沃，就会军事支持台湾的分裂主义，将是“非常错误的研判”。

许世铨前天接受本报专访时说，中美是否再次发生军事对峙，“要看美国，也要看台海冲突是如何发生的”。

他指出，这次台湾李登辉发表“两国论”引起台海紧张，与 1995 年李登辉访美事件背景不一样，而科索沃问题与台湾问题“性质也大不相同”。

“虽然台湾岛内的当权派认为现在的中美关系紧张，对它公开推行分裂主张提供了机会，但究竟是否会得到美国的支持，关键要看美国在这个地区的根本利益是什么。”

与美国“期待”相反

他说，美国的政策是很清楚的，他们希望维持台海两岸的和平与稳定，这样就有利于整个亚太地区的和平与稳定。“美国是再不希望被拖入 1996 年 3 月发生的危机。”

许世铨认为，李登辉的做法引起的“效果”恐怕与美国的“期待”恰恰是相反的。美国从国务院、学术界到舆论界这几天都发表了一些看法，连前国务卿基辛格也说李登辉是在“挑衅”。

“台湾有关人士应该认真思考这个问题。”许世铨说：“作为中国人，我们不但对台湾海峡的和平稳定有责任，对整个亚太地区的和平稳定也负有责任。”

提到科索沃问题时，许世铨说，它与台湾问题是两个性质完全不同的问题；美国和中国之间有三个联合公报，是中美关系的基础；到目前为止，美国一直在重申恪守三个公报的原则。

他说：“我还没有看到美国权威人士有不同的说法。”

“即使是从美国的《台湾关系法》来看，美国和台湾地区的关系只是一个非官方的关系，这在《台湾关系法》中是非常明确的。”

“至于说美国国内有一些人强烈主张在全世界建立美国的霸权，有些人对于出兵、动武也很感兴趣，但是这些人是不是代表美国的利益？现在美国的舆论也对此提出强烈的质疑。”

许世铨说：“美国推行所谓的‘威尔逊主义’的时候，历史上在他国内就有很多的争论，这说明了‘干涉主义’对美国并不是好政策。战后，美国的干涉主义也多次受到了挫败。”

对于台湾有人认为，如果中国采取军事行动，美国不可能坐视不理，许世铨表示，首先，中国大陆的根本政策很清楚，就是要维持中国主权和领土统一和完整，在这个问题上立场非常坚定，决心不容任何人怀疑。中国大陆会“采取一切手段”维护国家和民族的根本利益。

至于美国会采取什么政策，他说，要由美国自己来研判。

但他补充说：“根据我的理解，台湾关系法中也没有明确表示，如果台海发生战争，美国就自动介入。美国方面还保持着所谓的模糊政策，即很大程度上要看冲突是如何发生的。”

许世铨提到，《华盛顿邮报》在克林顿总统去年访华前曾发表两篇长文，指出1996年台海导弹危机成了美中关系的转折点，说明美国认识到台湾当局制造麻烦的冒险行动，会把美国拖入它不愿意参与的冲突之中。因此，《纽约时报》也提出，要警惕台湾的冒险主义。

许世铨说，最近美国前国防部长佩里写的《预防性防御》一书，描述了美国的决策过程，也反映了美国最关心的事，那就是“这个地区的和平稳定”。

（新加坡《联合早报》1999年7月17日）

两岸关系发展的基石不容破坏

“一个中国原则是我们对台政策的核心与基础，也为国际社会普遍承认，李登辉公然抛出分裂国家的‘两国论’，背弃了这个原则，破坏了两岸关系发展最根本的政治基础，如果李登辉和台湾有关方面继续滑向分裂的道路，那么李登辉必须对破坏两岸关系的一切后果负全部责任。”中国社会科学院台湾研究所所长许世铨日前接受记者专访时作上述表示。

许世铨表示，7月9日，李登辉在接受“德国之声”采访时公然宣称，台湾当局已将两岸关系定位在“国家与国家，至少是特殊的国与国间的关系”。20日，他不顾海内外华人的谴责和国际舆论的批评，又在岛内一个公开场合为“两国论”辩解。李登辉的“两国论”实际上是他分裂分治思想的一次彻底暴露。

许世铨认为，李登辉之所以敢冒天下之大不韪，说出分裂国家的“心里话”，首先是他错误地估计了形势。一段时间以来，西方一些势力大肆鼓吹“主权过时论”、“中国威胁论”、“人权大于主权论”等，李登辉认为，在这种情况下，正是抛出“两国论”的好时机。他以为，这种分裂言论正好迎合国际上反共反华势力，会得到他们的呼应。但事与愿违，李登辉的分裂言论正受到包括美国、日本在内的世界各国的强烈批评。可以说，李登辉打错了“如意算盘”。

其次，自去年海峡两岸关系协会会长汪道涵与应邀来访的台湾海基会董事长辜振甫会面，并达成包括两会对话安排和汪道涵访问台湾的四项共识，两岸关系出现了积极的发展势头，这对李登辉“拖以待变”的两岸政策产生了极大的冲击，是他所不愿意看到的。李登辉抛出“两国论”，否定一个中国原则，破坏两岸关系基本的政治基础，实际上是关闭了两会交流对话的大门。

此外，由于近期岛内政局变化，只剩下10个月主政时间的李登辉，为了将其分裂分治的政治理念和政策继续下去，不惜以个人的意志凌驾于台湾同胞求稳定、求和平、求繁荣的根本愿望之上，强行破坏一个中国原则，把两岸关系推向极其危险的境地。

许世铨表示，对于李登辉这种极不负责任的作法，台湾同胞已开始认识到其带来的危害性。许世铨强调指出，在国际上，一个中国问题早在1971年，我国恢复在联合国的合法席位时就已解决。联合国的2758号决议对此有明确的表述。世界上只有一个中国，台湾是中国的一部分，为世界上大多数国家所承认。李登辉抛出“两国论”，企图改变这一现实，是“螳臂挡车”，不自量力。

（《人民日报》1999年7月23日）

一个中国是和平统一前提

江泽民主席五年前提出的八项主张明确了祖国和平统一的政策原则，但真正加以落实，需要两岸有识人士务实而创造性地实践。中国社会科学院台湾研究所所长许世铨教授在接受本报记者专访时作上述表示。

他强调，台湾岛内的某些政治势力一意孤行背离一个中国的原则，破坏和平统一，必然会给台湾同胞带来灾难，严重地损害台湾同胞期望过安居乐业日子的根本利益，进而破坏亚太地区的和平与稳定。

在纪念江泽民主席八项主张发表五周年之际，许世铨教授指出，五年来的实践充分表明，江主席的八项主张是反对台湾“台独”分裂势力的有力武器，确实对维护国家主权和领土完整发挥了重要作用，也是团结海内外热望民族振兴的中华儿女为国家统一而努力的旗帜，是推动两岸关系稳定发展的理性、务实的途径。

这位台湾问题权威进一步表示，江主席八项主张作为推进和平统一的政策原则，在具体落实时，祖国大陆一直采取非常灵活、开放和务实的态度。比如八项主张中提出作为第一步，两岸可以就结束敌对状态的政治谈判的程序性磋商来进行预备性磋商，考虑到台湾方面对预备性磋商仍然感到困难，大陆又提出在预备性磋商之前，可以先进行政治对话，类似这样的善意和弹性就推动了1998年两会接触的恢复。在未来，针对出现的新阶段、新问题，只要有利于两岸关系的发展，大陆方面一定会以江主席八项主张为框架，表现出更大善意和灵活性。

此时来纪念八项主张，许世铨教授认为具有明确的现实意义和对未来的指导意义。因为台湾正在进行更换地区领导人的选举，处在复杂的政治演变时期，选举气氛也是五十年来空前少有的激烈。将来两岸关系如何发展，国家统一事业的发展前景如何，都是大家关注的问题。

回顾过去五年两岸关系走过的跌宕起伏的路程，许世铨认为，有必要强调八项主张中的第一项主张：“坚持一个中国的原则，是实现和平统一的基础和前提。”他分析说，破坏一个中国的原则就破坏了和平统一的基础和前提，全体中国人民不会坐视不管分裂祖国的言论和行动。而且，祖国大陆经济在发展，综合国力在增强，国际地位在提高，台湾某些政治势力企图分裂祖国的危险言论和图谋，过去未能得逞，现在更不会得逞，永远也不会得逞。

犹记江泽民主席八项主张提出之时，正是台湾岛内分离倾向有所发展，某些外国势力进一步插手台湾问题，干涉中国内政，同时中国即将对香港和澳门恢复主权，已经到了中华民族完成祖国统一大业、实现全面振兴的历史性时刻。

因此，许教授指出，八项主张提出的一些非常具体的建议，既符合两岸关系的现状，也充分考虑到了台湾同胞当前和长远利益。江泽民主席提出，“这对台湾是个机会，对整个中华民族也是个机会”。当时岛内民调支持统一的比例有了明显上升，海外华侨华人反应更为积极强烈，国际社会也期待两岸以此为契机积极发展关系，进而为亚太地区的和平与稳定作出贡献。

然而，台湾岛内的分离势力慑于这一形势的发展却更为猖獗地进行分裂活动，妄图阻遏两岸关系朝着八项主张所倡导的方向迈进。1995年初，李登辉一方面抛出“李六条”回应江泽民主席的八项主张，另一方面又利用美国对外政策处于摇摆不定的调整期的时机，以及国会和行政当局的矛盾，耗费巨金进行游说，跑到美国的康乃尔大学大肆鼓吹他的分裂主张，妄图把美国作为突破一个中国原则的缺口，在国际上制造“两个中国”，从而引发了1995年至1996年的台海危机。

经过祖国大陆的不断努力，以及希望两岸关系缓和的台湾同胞的努力，1998年10月，海协会汪道涵会长和海基会董事长辜振甫实现了上海会晤，打破了持续三年多的僵局，开启了两岸政治对话，使两岸政治关系重新回到接触和商谈的轨道上来。人们期望着汪会长能在去年秋天顺利访台，期待着汪辜台北会晤能在上海会晤达成的四点共识的基础上，进一步取得建设性和实质性的进展。国际社会也希望能够借着汪会长访台的契机，使两岸局势更加稳定。

但是，许世铨教授指出，两岸关系的恢复和发展却使即将于今年5月交出权力的李登辉感到惶恐不安。他忧虑他所推行的分裂路线在其下台后难以为继，于是在去年5月发表“台湾的主张”一书，公然鼓吹分裂路线的“七块论”；7月9日进而撕下最后的伪装，抛出“两国论”，阻止汪会长访台，阻挠新的台湾地区领导人在一个中国的原则下改善两岸关系。

这位专家总结说，上述两次斗争，大陆方面就是依据八项主张中的一个中国的基本政策和原则，取得了对分裂分子和“台独”势力斗争的重大胜利。比如95年至96年斗争取得的重大成果就是使美国更加深刻地认识到台湾问题是中美关系中最敏感、最核心的问题，也警惕到台湾分裂势力企图把美国拖入台海危机，企图借重美国，达致“台独”的用心。危机过后的中美关系反而有了一个新的发展。两国领导人实现了互访，美方重申，坚持一个中国的政策，克林顿总统在上海重申了美国对台的“三不”政策，“台独”企图在国际上突破一个中国的阴谋没有得逞。

反“两国论”中，大陆方面迄今也取得了重要成果。“两国论”在岛内引起了新的政治斗争矛盾，从现在台湾一些重要候选人在大陆政策上的表述即可看出。虽然一些政治势力仍坚持“台独”主张，也不得不表示要维护海峡两岸的和平与稳定，发展与大陆的关系。大陆政策成为此次竞选争论的主要话题，说明李登辉要想使他的路线在其下台后继续延续，还是碰到了很多困难。

从国际上看，“两国论”更是四处碰壁，现在已有130多个国家重申了“一个中国”的政策。

许世铨教授认为，特别值得一提的是，在坚决进行反分裂、反“台独”斗争的同时，祖国大陆根据八项主张中“不以政治分歧去影响、干扰两岸经济合作”的政策，继续大力推动两岸经贸关系的发展及各领域内的人员交流。两岸经济联系的领域和规模都在不断扩大，人员往来逐年增加，直接通邮、通航取得局部进展，台湾同胞更强烈要求早日实现“三通”，工商界更强烈呼吁改变台湾当局执行的“戒急用忍”政策。两岸经济相互合作、互补互利的趋向进一步发展。

因此，许教授指出，展望未来，有理由相信，两岸同胞及海内外一切爱国人士，一定会以中华民族振兴为最高利益，共同努力，发展两岸关系，推动祖国和平统一进程。台湾问题一定能够解决，祖国最终统一一定能够实现。

（香港《文汇报》2000 年 1 月 29 日）

回到一中共识　两岸才有转机

大陆中国社会科学院台湾研究所所长许世铨昨天接受记者专访，就中共对台政策白皮书发表时机、对台动武三个“如果”的内涵、两岸关系如何恢复等，提出详细解读。以下是访问内容。

记者问：大陆既然已经有了对台“江八点”，为什么还要发表对台白皮书，而且挑选在台湾大选的最敏感时刻来发表？

白皮书不特别针对台湾选举

许世铨答：发表白皮书不是特别针对台湾选举，而是去年7月“特殊国与国关系”提出来之后，汪道涵先生不能去台湾，两岸又出现紧张僵持的局面，两岸和国际社会非常关注这件事，大陆才认为，有必要对“一个中国”原则和台湾问题的基本立场，再做一次全面的澄清。白皮书是政府对国际社会发表的政策文件，让国际社会更清楚中国政府在台湾问题上立场，便于增进了解、避免误判，两岸关系和国际局势也会因此取得稳定的发展。我认为即使台湾没有选举，大陆也会发表这份白皮书。

问：白皮书提出对台动武三个“如果”，这已经很接近一般观念上的最后通牒？

三个“如果”不是新说法

答：我不认为如此。白皮书讲的都是大陆一贯立场，大陆的基本政策仍是“和平统一、一国两制”、“江八点”，至于最后通牒，台湾和国际的解读不确切。哪怕是三个“如果”，也是一贯政策，不是新的东西。大家很关切无限期拖延统一这一点，邓小平早在

1984年10月便说过这问题，“江八点”讲话的最后一段也提出无限期拖延国家统一，是所有爱国人士所不能接受的。白皮书只是用精确的语言，把大陆的立场说清楚、讲明白，用意还是使和平统一的方针得以实施。

问：白皮书所谓“台湾被以任何名义从中国分割出去的重大事变”，像李“总统”访问美国并发表有关言论，提出“特殊国与国关系”，算不算是大陆方面所认为的“事变”？

答：这要就事论事，case by case，李登辉访美我们采取什么反应，大家也看见，我觉得岛内政治人物要采取面对现实的态度，不能只是关起门内说硬话。大陆也是现实的存在，大陆的政策主张，也是不能忽视的。如果一再对大陆的基本政策进行挑衅，测试大陆的决心和底线，是徒劳的做法。最好的办法是双方坐下来谈，甚么意见都可以谈，透过对等协商，才能解决问题。

问：两岸的局面如何挽回，台湾有些看法认为，回到“一个中国，各自表述”，两岸关系起码不会再恶化下去，这行不行得通？

答：首先要澄清，两岸两会共识是双方以口头形式表达，坚持“一个中国”原则，因为对“一个中国”的内涵，两岸的分歧是很明显的，不可能一时之间达成共识。至于“一个中国”的内涵，双方可以对话、交换意见，没达成共识便求同存异；但对“一个中国”，双方要有共同承诺，两岸关系便会出现很大的转机。大陆方面所求不多，回到“一个中国”的共识，相信两岸关系会出现好的发展；我研判大陆会做出非常务实和灵活的反应，使两岸关系往前推进。钱其琛在纪念“江八点”5周年上的讲话，外面也注意到他提出了5个议题，特别是利用两岸加入世界贸易组织的契机，使两岸关系有很大的发展，希望台湾将来新的领导人多采取积极的措施。

问：两岸关系紧张，台湾的危机感更深，自然会去国际上寻找更多的武器和支持，两岸关系可能又再进一步紧张，大陆方面如何看待？

答：美国有自己的政治、经济考虑，国共内战时，美国提供蒋先生多少武器和金钱，结果如何呢？

台湾安全 不在加入TMD

问：你的意思是？

答：台湾的安全不在于购买武器、加入TMD，而是和大陆进行艰苦的谈判和痛苦的让步。同样，大陆这方面也是一样，愿意做出艰苦谈判和痛苦让步。但是如果台湾搞“台独”、搞“公民投票”，这对大陆是严重的挑衅，一定会采取有力的手段来挫败这样的做法。台湾政治人物不要怀疑大陆这方面的决心和能力。

问：国际上有传言说，如果台湾加入TMD，大陆会使用反制措施，白皮书是警告？

大陆民气已成

答：大陆的立场很清楚，美国如果这样做，两岸关系只会恶化，并影响亚太地区的和平与稳定。但不管出现什么情况，大陆维护国家统一的决心是毫不动摇。以现在大陆的民气来看，大陆民众也愿意付出一切的牺牲，绝不让另一个“马关条约”出现。

（台湾《联合报》2000年3月3日）

两岸关系　球在台湾这边

——大陆智囊不寄望5·20谈话解决两岸问题
关键在台湾领导人不能制造新问题

中共重要对台智囊，北京中国社会科学院台研所所长许世铨上午接受本报专访，对5·20陈水扁就职后，两岸发生战争可能几率的问题，他表示，大陆当局目前的对台方针仍是和平统一，除非被逼到无路可退的情况，才会使用包括武力的断然措施。

他强调，对于5·20的讲话，大陆并不寄望台湾新领导人一席谈话能解决两岸间多年来存在的问题，关键是“不能制造新的问题”，只要不制造新的问题与障碍，“大陆会做出合情合理的反应”，大陆对新台湾当局做出积极表示，采取有利两岸关系的行动，预留了时间和空间，但这时间空间是“有限的”，新领导人要“善用时间”，“现在球在台湾新领导人这边”。

对于陈水扁不提一个中国，两岸是否仍有谈判“三通”的空间，许世铨认为，陈水扁对“三通”的表态仍是停留于口头，缺乏实行的条件和诚意。对于5·20后大陆当局是否将制定统一时间表，他则指出，统一时间表是根据客观环境而制定，“不是人为坐在家中想象的问题”，台湾化解对时间表的忧虑，最好的办法是在一个中国原则下，回到谈判桌上。

（新加坡《联合晚报》2000年5月10日）

关键是确认一个中国原则

距台湾新领导人“5·20”就职的时间只有几天了，由于他一贯的“台独”背景和言论，使得两岸关系已处于严峻、关键的时刻。两岸间是战是和，系于一念之间。日前，中国社会科学院台湾研究所所长许世铨出现在厦门召开的“两岸关系研讨会”。他认为，两岸同胞需要和平，但关键是台湾的新领导人要尽快确认一个中国原则。因为，两岸当今的严峻现实已不允许我们蹉跎岁月，延宕时间。

两岸面临敌对加剧危险

由于国民党败选，民进党执政，岛内一些分裂势力就声言：政党轮替了，国共内战的历史旧账也就此结束了，作为内战遗留下来的台湾问题也不存在了。对此，许世铨尖锐批评道：这种说法是站不住脚的，不过是自欺欺人。作为中国内战遗留下来的台湾问题，在最终统一之前，既不会因为时间的拖延而消失，也不会因为台湾地方政权的更替而不复存在。散布这种论调的人无非是想用些似是而非的“道理”为所谓“台湾已是主权独立国家”、“中国是中国，台湾是台湾”等分裂主张提供“论据”。这种作法当然不可能改变两岸的现实，也很少能影响公众舆论，但它却会产生危险的后果，也就是有些“台独”分子在欺人不成而自欺的情况下，会不理性地采取“台独”行动，从而给两岸关系带来严重的损害，进一步恶化两岸尚未结束的敌对状态。因此，对这种论调必须予以澄清。

“各自表述”非两岸共识

对于台湾最近有些人提出“一个中国，各自表述”是两岸共识的问题，许世铨指出，1992年海协、海基两会在香港达成的共识是“双方均坚持一个中国的原则”，而不是“一个中国、各自表述”。对此，海协会常务副会长唐树备最近已多次澄清，毋须赘述。所要指出的是，“一个中国、各自表述”也不能说是台湾同胞的共识。比如“台湾已经是主权独立国家”、“两岸两国”、“两个华人国家”、不承认台湾同胞是中国人等等的“表述”，六成以上的台湾同胞已经用他们的选票表示不能接受，大多数的海外华侨、华人也不能接受，大陆的12亿5千万同胞同样不能接受。同意“台独”势力对一个中国做出他们的“表述”，就等于同意公开地进行分裂国家的宣传和活动，这样做的后果绝不会是所有中国人所期待的和平、发展、繁荣，而是动荡、冲突、甚至战争。因此，在对待这个问题时，我们应采取认真、负责任的态度。

一个中国不能是议题

对于有人提出一个中国原则可以作为议题讨论，但不能作为两岸谈判的前提这个问题，许世铨指出，台湾新当局显然认为，这样说，可以使它表现得态度“温和”、立场“灵活”，有利于争取舆论的同情。其实，这样做恰恰会在世人面前表明，它在处理两岸关系上既不尊重事实，也无视国际法则和宪政原则。中国政府发布的“一个中国的原则与台湾问题”白皮书已就为什么世界上只有一个中国，从历史、现实和法理上作了详细地阐述。一个中国是不以人的意志为转移的事实，台湾新领导人要把一个中国当作议题来讨论，显然是无视国际上绝大多数国家都承认中国只有一个，台湾是中国一部分的事实。此外，作为一个政治领导人，他也没有任何的法律授权来把国家主权、疆域这样的重大宪政问题作为议题来讨论。即使根据台湾的地方法律，这样做也是没有法律授权的。维护中国的主权和领土的完整是包括台湾同胞在内的所有中国人的神圣职责，是全体中国人民的共同义务，它当然容不得作为议题来讨论。

许世铨在谈到未来两岸经贸发展的问题时说，台湾民进党在其为竞选而发布的“中国政策白皮书”中，把“发展经贸合作关系”作为其大陆政策的一个主轴。白皮书一方面说“不要再为了主权之争妨碍双边关系的发展”，另一方面又说“两岸经贸关系必须兼顾国家安全与经济利益”。这就是说，在发展两岸经贸关系时，民进党一方面要大陆放弃对台湾的主权，另一方面又在“国家安全”的借口下，坚持它自己的分离立场。凭这种既无诚意，更无道理的态度，还能谈什么“年内实现‘三通’”，其显然是意在宣传、欺骗内外舆论。如果台湾新领导人真的想在年内开放“三通”，那么，是否准备取消台湾为阻挠“三通”而制定的所有“法规”呢？所以，鉴别真“三通”还是假“三通”，不只是听其言，还要观其行。两岸同胞都真诚地希望台湾当局采取实际行动，消除对“三通”设置的障碍，在一个中国的基础上，早日实现“三通”，使两岸经贸关系蓬勃发展，惠泽两岸同胞。许世铨认为，对于台湾当局来说，这并非难事。在香港回归祖国前，港台航运、航空协议的达成可以作为先例来参考。

两岸经贸发展的基础

许世铨认为，两岸问题的关键是一个中国原则的问题，这是一个回避不了、否定不了的问题。台湾当局必须现实地面对这个问题。在过去50年中，两岸同胞均坚持一个中国原则。李登辉主政后，开始时也不敢否定一个中国原则，在其执政后期提出“两国论”，企图破坏一个中国原则，结果是提早结束了自己的政治生涯。台湾新领导人最近表示，他至少不会制造新的麻烦，那就不要违背两岸50年来存在的、也是国际社会所普遍承认的一个中国原则，拿出行动来改善两岸关系。如果是这样，两岸和平有望，两岸发展有望，两岸繁荣有望。

（香港《大公报》2000年5月13日）

大陆从未在两岸间讲“谁代表一中”

对于一个中国内涵，台湾可以利用“国统纲领”或“国统会”决议的说法，但一个中国是不会变的。

从3月18日迄今，两岸多次隔空喊话及互助，仍无法打开僵局。大陆方面究竟如何看待当前两岸形势以及两岸如何重启对话，记者专访北京社科院台湾研究所所长许世铨，深入了解大陆立场和看法。以下是专访内容。

记者问：“陆委会”主委蔡英文把“一个中国，各自表述”换成“各自表述，一个中国”说法，大陆对此看法如何？

许世铨答：在一个中国问题上，台湾有些人还在继续玩弄文字游戏，但本质上并没有变化。大陆的政策是“听其言，观其行”。如果台湾方面有关部门继续玩弄文字游戏，只会使自己更陷入被动，无法自圆其说。1992年海峡两岸两会达成的共识很清楚，台湾当时对一个中国内涵的解释，是“国统纲领”和当年8月1日“国统会”通过的一个中国内涵的决议。对于一个中国的内涵，台湾可以用“国统纲领”或“国统会”决议的说法，但一个中国原则是不会变的。

陈水扁曾表示，他不可能解决50年来两岸遗留的问题，也不会制造新的麻烦。但现在来看，否定1992年两岸两会共识和否定一个中国原则，不但没有解决遗留问题，反而制造新的麻烦，为两岸关系带来新的困难。在这种情况下，我对两岸关系发展形势不感乐观。

问：对台湾新政府的“听其言，观其行”会持续多久？若其4年任期都没有承诺“一中”原则，观察期会持续4年？两岸4年都不接触？

答：大陆提出的“听其言，观其行”政策是为推动两岸关系，为两岸关系改善预留时间和空间，这个机会十分宝贵，希望台湾当局善用此难得的机会和时间，作出积极回应。两岸关系关系到两岸人民根本利益和福祉，采取拖延政策或对抗政策，对两岸人民都不利。时间是有限的，大陆方面不会听任台湾采取拖延政策，双方都应对此有紧迫感，尽早就一个中国原则作出明确承诺，以使两岸关系朝向好的方向发展。

问：大陆表示不放弃使用武力是针对“台独”，而陈水扁“总统”则表示，大陆不动武，就不会宣布台湾独立；美国方面也建议过，两岸可就“中国不动武，台湾不独立”达成协议，北京对此接受可能性如何？

答：大陆政策很清楚，首先是“和平统一，一国两制”，同时也表示绝不放弃使用武力，这一立场很坚定。不放弃使用武力的原因，主要是台湾还有一股主张“台独”的力量，国际上也有分裂中国、反对中国的势力，这种情况没有根本改变前，大陆不会放弃使用武力。

另外，以台湾不宣布独立来换取大陆不动武，这是把两个不同性质的问题摆在一起，这两个问题不能用来交换。大陆的最终目标是实现国家的统一，我想，两岸真正问题还是在“一个中国”原则；只要有“一个中国”原则，就有和平统一和解决问题的希望。

问：台湾方面曾表示不能接受一个中国，主要原因是因为一个中国是陷阱，一个中国是指中华人民共和国，大陆对此有何看法？会不会对一个中国解释提出更具弹性的说法？

答：这样的说法是一籍口，并没有理由和事实依据，完全是不想为两岸关系作出任何积极努力。根据台湾现行法律，有哪一条讲“中国不是一个”？有哪一条法律讲“两个中国”？台湾现在拒绝承认一个中国，事实上也违反台湾现行的法律。

另外，关于台湾政治定位问题，大陆政策十分明确。即在两岸实现统一之前，在两岸进行对话协商的过程中，一个中国就是世界上只有一个中国，台湾是中国领土的一部分，中国的主权和领土完整不容分割。事实上，两岸两会多年来的对话和磋商，大陆只坚持一个中国原则，从来没有在两岸之间讲“谁代表一个中国”。大陆同时建议，不对一个中国内涵进行讨论，这完全表现出很大的弹性，台湾过去也采取务实弹性立场。上述问题，双方过去已有很好的处理方法，希望台湾新当局不要破坏过去既有的可行做法，制造新的麻烦。

问：两岸在今年将先后加入世贸组织，大陆是否愿意在世贸组织架构下，与台湾谈判有关议题，诸如两岸“三通”？

答：如果大陆和台湾先后加入世贸组织后，根据自由化贸易精神，两岸间贸易、航运、空运应该是直接的，不存在谈不谈的问题。如果说，台湾作为中国的一个独立关税区加入世贸组织后，再作出违反世贸组织规则，后果要自负。

另外，大陆提出的两岸“三通”，就是以一个中国原则为基础，没有一个中国原则，就没有谈“三通”的可能。台湾若想以“三通”作为筹码，迫使大陆在没有一个中国原则情况下与台湾谈判，是不切实际的幻想。

我认为，当前大家的着眼点应该是利用两岸加入世贸组织的契机，推动及加强两岸经贸往来，进行直接“三通”，最大的获利者还是台湾。若台湾当局出于政治考量，不开放两岸直接“三通”，可能将面对更大的压力。

问：如果两岸有机会复谈，海基、海协两会是否会仍是两岸唯一正式谈判渠道，会不会有其他的第二管道？

答：两岸无论是任何渠道接触，基础都是一个中国原则；在一个中国原则下，大陆愿与台湾各党派团体和个人往来。海基、海协两会之所以能获授权协商对话，就是基于有一个中国的共识。没有这一共识，两会不可能继续进行授权的接触和协商。至于其他第二管道，也是要在一个中国原则下进行。

（台湾《联合报》2000年7月9日）

若无一中原则　两岸难以对话

——批陈水扁破坏过去取得的基础　指新“政府”否认92年一中原则共识　使两岸关系明显倒退

陈水扁“总统”就职将近两个月，但两岸互动关系仍处于僵局，两岸两会的复谈时机依然遥遥无期。大陆社科院台研所所长许世铨在接受本报专访时强调，坚持一个中国原则是两岸和平对话的基础，“如果没有一个中国，对不起，两岸两会就没有接触，没有对话。”

大陆社科院台研所、全国台研会与全国台联等涉台机构，12日至14日在杭州举办两岸关系研讨会。作为涉台主要幕僚机构负责人，许世铨在受访时并强调，陈水扁新政府否认92年两岸达成均坚持一个中国原则的共识，是两岸关系的一项倒退，相当不利于两岸的长远发展。以下是许世铨接受访谈的内容摘要：

问：台湾新政府已成立将近两个月，北京方面如何解读陈水扁、唐飞、蔡英文等决策者，最近对有关处理一个中国问题的发言？

“一中各表、各表一中”立场矛盾

答：两岸关系的症结就在一个中国原则，但陈水扁就职以来，台湾执政当局持续在玩弄一个中国的问题，“一个中国、各自表述”或“各自表述，一个中国”，采取前后不一致，甚至矛盾的立场。在初期阶段，或许有人认为陈水扁的谈话是有善意的，但经过一段时间的考验，民进党的政策，并不能满足两岸同胞普遍希望稳定交流发展，并改善两岸关系的愿望。

问：陈水扁曾表达期待两岸共同处理“未来一个中国的问题”，这项表述方式，是否可作为两岸两会复谈的基础或起点？

答：我不但不觉得它是一个起点，还是一项倒退。陈水扁都说过，50年来所存在的问题，不能期待一夕之间获得解决，他也无意成为“麻烦制造者”，旧的问题还没解决，不会制造新的问题。但从陈水扁最近的谈话看来，他不但无意解决旧问题还在破坏过去所取得的共识和基础，就像新“政府”否认92年所建立的坚持一个中国原则的共识，这是明显的倒退。

但丘宏达、马英九等相关当事人，都曾确认曾达成共识，而且有书面文字为凭。事实上，这些共识是存在的，否则，不会有两岸两会3年17次的协商交流，更不会有新加坡的汪辜会谈，道理是很清楚的。现在否认这个共识，否认这个基础，这不是倒退，那是什么呢？

质疑国亲两党怎可能为“台独”背书

问：陈水扁的大陆政策作为，将依据“跨党派小组”凝聚朝野共识后，再进行两岸谈判接触，对台湾新“政府”的政策逻辑，有何评价？

答：这只是一个托词。所谓“全民共识”、“跨党派共识”形成后再处理两岸关系，本质上是拖延的战术，谁都看得很清楚。岛内统“独”要形成具体共识，首先要问陈水扁能不能先说服吕秀莲女士？这是很现实的问题。这次的选举结果表明，支持“台独”的选民，最多不超过20%，而国民党有国民党的政策，亲民党有亲民党的政策，要国亲两党为民进党的“台独”政策背书，怎么可能呢？同样的，民进党内部也有不同的主张，因此，陈水扁说要形成跨党派的政策共识，这无异是天方夜谭。

问：新“政府”呼吁两岸坐下来谈，而统一、“独立”、维持现状，都是新“政府”有效的选项，大陆为何坚持一中原则，却又不愿坐下来商谈一中的问题？

答：这样的思考是不合逻辑的。没有坚持一个中国原则，两岸就没有和平谈判的共同基础。从台湾大大小小的“宪法”、纲领、法律规定等文件来看，要否定一个中国原则，是没有根据的。尤其，主张“台独”的人，说台湾的“固有疆域”仅及于台澎金马，就是无视于一个中国原则，无视于台湾现实法律的存在。

问：美国因素一直是两岸关系互动的核心变数，而今年底的美国总统大选结果，对今后美中台的三边互动发展，将造成哪些影响？

答：美国的中国政策或对台政策，是基于美国的根本利益的，美国不愿被“台独”势力拖入与中国大陆的冲突，这是美国的根本利益所在。今年底不管是共和党或民主党的候选人当选，美国在大选后的对华政策与对台政策，已经过20年的实践，基本上会延续下去。

中美外交焦点仍集中在台湾问题

从本质上来讲，台湾问题是中美关系中的核心部分，在中美外交关系的发展过程，有很多事件的交涉都是集中在台湾问题上，今后中美的交涉还是台湾问题。尽管中美仍存在极大的分歧，但相信两国会从根本利益出发，找出共同点，冷静处理台湾问题。过去在出现危机的时候，双方都会找到化解危机的作法，今后的中美关系会在摩擦中求发展，并在斗争中求进步，中美关系好也好不到哪里去，坏也坏不到哪里去。

问：两岸两会的协商功能，目前受限于一个中国原则的前提未能突破，始终未能发挥沟通协商作用，两岸如何超越这项障碍？

答：海协会并不存在着这些问题，海协会一直在扮演积极角色，过去与现在都是如此。但5·20之后，两岸政治情势出现变化，海基会的协商功能必须看台湾当局的立场而定。大陆的立场很清楚，只要在一个中国原则之下，无论任何机构、团体、个人，大陆方面都很乐意坐下来谈，如果没有一个中国原则，对不起，没有接触，没有对话。

问：5·20之后，对台部门声明对陈水扁新“政府”将“听其言，观其行”，但又表示不可能无限期拖延，究竟有没有具体的观察期限？

答：这是一个非常复杂的政治问题，不能用机械式的、数学的概念来思考它。我所体会到的是，大陆方面希望两岸情势早一点“柳暗花明”，两岸关系早一点获得突破，并朝向好的方向发展。大陆要求的不多，就只是四个字，“一个中国”，不多也不少。

（台湾《中国时报》2000年7月13日）

美国无论谁上台 都会遵守“一中”政策

美国总统大选即将有分晓，北京究竟如何评估戈尔或小布什上台后对中美关系的影响？

中国社科院台研所所长许世铨研判，不论谁上台，美国政策都不会“愚蠢”到在“一个中国”政策上作调整否则后果肯定有损美国国家利益。

这位熟悉美国政情又是北京重要的台湾问题智囊接受《联合早报》专访时说，如果美方制造困难，中国也会作出“相应的反应”。

以下是专访的答问。

问：这次美国大选会给台海两岸关系带来什么影响？戈尔和小布什在对华政策上有哪些差异？小布什从克林顿政府的对华承诺中倒退吗？

许：我觉得不会有重大的影响。现在美国的对华政策基本形成了两党的共识。美国过去的6届总统虽然对华政策的侧重点不同，但是基本政策是一致的。

我相信在美国大选之后，美国基本上还是会遵守一个中国的政策，因为这最符合美国的国家利益。具体涉及台湾的政策，美国大体上也会继续现在克林顿政府的“三个支柱”政策（一个中国、两岸对话、和平解决）。

在侧重点上，如果小布什当选，他可能会根据《与台湾关系法》强调对台湾安全的承诺，可能在军售的问题上有新的动作。

如果戈尔当选，他可能会在军售问题上更谨慎一些。但是美国基本的对华政策不会改变，对台海地区不会有太大的影响。

美国对华政策在本质上不会变化，但可能在措词、在优先次序的安排上有不同。

不管如何，美国对台政策的制定是以美国在整个亚洲和远东的根本利益为基础的，任何由美国方面挑起的台海地区的不稳定和不安全都将损害美国的本身利益。

美国对华政策的调整不会在“基本面”上，而只是在“技术面”上。美国不会这么愚蠢，在“一个中国”政策上作调整。

有人认为大陆喜欢戈尔，其实是误判。我认为两人都可以，都无所谓。谁上台都可以，我们都可以跟他打交道。

问：小布什表示过要保卫台湾，如果他当选，会不会动摇现在的美国政府的“三个支柱”政策？他是否会扩大对台军售，从而对两岸关系产生严重影响？

许：从现在看，小布什或者他的竞选班子并没有明确表示，一旦台海有战事，美国要怎么样。他仍然是表示要遵守《与台湾关系法》。

美国在介入台海地区冲突之前，会做各方面的评估，因为这不仅涉及亚太地区的稳定，也涉及美国切身的国家利益，我想他们会非常谨慎对待这个问题。

大陆坚决反对美国向台湾出售武器，大陆认为，美国要通过军售来确保所谓台湾的安全，实际上是一个不合逻辑的政策，也可以说是错误的政策。对台军售的结果将导致台海地区的不稳定，也就会影响到台湾所谓的安全。这个政策的设计和它的目标相反，因此这个政策不能长期坚持下去。

如果小布什上台，美国在对台军售问题上的态度可能会强硬一些。但根本的问题在于，对台军售的政策所引发的后果将对于美国的决策层产生影响，如果有一天他们看到这个政策的效果与他们的愿望相反，他们就会不得不调整这个政策。

如果美国进一步违反中美之间的“八一七”公报，中国的反应必然会很强烈，美国应该会考虑这个后果。

任何美国单方面破坏中美关系的行动必然要影响到中美关系的其他方面，过去的情况是这样，现在和将来也还是这样。如果美国方面在对台军售问题上一意孤行，不顾中国政府的警告，美国政府要对后果负责任。

问：如果戈尔当选是否有利于继续克林顿的对华政策？

许：我对布什或戈尔没有任何偏好，两人不论谁当选，他们的对华政策还是要从美国最根本的利益来考虑。美国的对华政策一直是在现实主义和理想主义之间相互交替。

如果戈尔当选，中美双方相互比较熟悉，对对方的政策也比较了解，但大陆对布什的政策也并不陌生，也会很正常地与美国新政府打交道。

我们的基本对美政策也不会有大变动。中国政府有信心有能力处理好与美国新政府的关系。我判断，中国政府一定会拿出诚意为中美关系的良性发展作出贡献。

如果美方制造困难，相信我们也会作出相应的反应，特别是在台湾问题上，我们不会对一个中国原则作任何让步的，这是我们的底线。如果美国要挑战这个政策，特别是在一个中国问题上作本质性的改变的话，美国政府必然要对中美关系的恶化承担全部的责任。

问：目前台湾的政局比较混乱，美国大选会对陈水扁政府产生什么影响？

许：台湾问题是中美关系中最核心、最敏感的问题。在今后的中美关系中，台湾问题仍将是最重要的问题。中美之间在台湾问题上有过冲突、摩擦，也有过双方的妥协，但总的看，中美关系还是向前发展。

台湾问题必须解决，也准备付出任何代价去解决台湾问题，美国人在这个问题上不能抱不切实际的幻想，而要正面面对这个问题。

陈水扁政权采取的亲美、靠美的路线非常明显。现在陈水扁政权面临空前的困难，特别在他单方面废除“核四”之后，进一步引发了台湾的经济和公众信任危机，促成了在野党的联合，这是民进党的政策造成的。在这种情况下，如果美国出来单方面支持民进党，是不切实际、不符合民意的，这是美国到目前为止表态非常慎重的原因

我不敢说美国会不会“抛弃”陈水扁。如果陈水扁不配合美国的基本政策，他会使自己处于一个“麻烦制造者”的地位，正像李登辉搞“两国论”，实际上挑战了美国执行的一个中国政策，所以美国普遍把李登辉看成“麻烦制造者”。

美国的对台政策也可以说是“三不”，即“不统”、“不独”、“不战”，实际上是维持现状。

美国在两岸问题上的明智政策是不要人为地阻碍两岸关系的发展以及和平统一。如果美国阻碍两岸关系的发展，其后果是和美国的政策目标相违背的，也就是导致中国最终不得不通过非和平的手段来解

决台湾问题。这样的后果肯定也有损美国的目标和利益。美国助理国务卿罗斯（陆士达）说过，台湾的安全不在于从美国购买多少武器，而在两岸进行对话。这个看法是比较客观的。

问：美国民众和舆论比较支持台湾的民主体制，美国会为保卫台湾的民主而干涉中国的统一吗？

许：民主问题，从美国建国的背景来看，美国确实有民主的传统，这是事实。美国同情台湾的民主，认同台湾的选举和意识形态，这都可以理解，但民主和美国的国家利益毕竟是两回事。

美国有些学者讲，如果在美国搞民调，问“你是否支持台湾的民主”，很多人都会说“是”，但如果你问“你会不会派你的孩子到台湾去流血，来保卫那里的民主”，答案肯定不大一样。

如果台湾当局不顾大多数国家确认的一个中国，不顾岛内大多数人希望维持现状的民意，一意孤行搞“台独”，那么台湾岛内的民意、美国以及国际舆论会使搞“台独”的人陷入空前的孤立，美国民众不可能在这种情况下同意美国当局去“保卫台湾”。

美国在武力介入台海冲突时，会根据当时的具体情况作出政策选择，我不认为美国当局会给台湾开出一张空白支票。

问：美国的台海政策主要是要维持现状，到底能维持多长时间？时间对谁有利？

许：大陆的白皮书已经提出台湾问题不能无限期地拖下去。台湾问题肯定不会像有些人期待的那样无限期地拖下去。比如“一国两制”，四年前台湾政治大学做民调，认同一国两制的不到1%，而最近《联合报》的民调结果表明，认同一国两制的民众已达到25%，这种发展是相当令人鼓舞的。

至于时间究竟对谁有利？现在有人说时间对台湾有利，也有人说时间对大陆有利，我看最好的办法是“时间对两岸都有利”，也就是说用和平办法解决两岸的问题：大家在一个中国的原则基础上恢复谈判，台湾的很多要求，如安全问题、国际空间问题等等都可以谈，大陆会拿出诚意来，在必要时会作出让步，正如朱镕基总理讲的，“让步给中国人”。两岸同胞应该共同争取使时间对双方都有利。

（新加坡《联合早报》2000年11月6日）

台湾当局搞“小三通”自欺欺人

纵观台湾现时的乱局，对大陆而言，陈水扁的上台是否可用“塞翁失马，焉知非福”来看待呢？为给主政台岛半年的陈水扁及其民进党年终“盘点”，本报记者特地采访了中国社会科学院台湾研究所所长许世铨。

记者问：你们研究台湾问题的人士如何研判陈水扁上台这半年的台湾局势？

两岸关系恶化存危机

许世铨答：2000年台湾政局发生了重大变化，民进党的陈水扁借助国民党的分裂，以少数选票赢得了选举。陈水扁上台后拒绝“一中”原则，使得两岸关系比李登辉推出“两国论”后更加恶化，呈现出危险的局面。两岸关系不稳定，蕴含着很大的危机。我们注意到，台湾方面进行的民意测验显示，陈水扁上台施政以来，支持“台独”的人员下降了17%，赞成“台独”的人仅剩1.5%，这一现象也说明，物极必反。“台独”势力上台后，其言行有悖于台湾大众的基本利益，股市大跌，经济不景，两岸关系呈现不稳，与民众期待的经济发展、生活提高、两岸关系稳定恰恰相反，现当局不但未能促进政经局势的转好，反而进一步趋恶，所以说不得民心。

问：你觉得陈水扁上台后，比之以前，大陆与台湾之间是离得远了，还是靠得近了？

两岸接触往来不可挡

答：从统计数字看，2000年两岸间经贸关系有了新的增长，除了传统产业外，资讯产业也纷纷过来投资，地域也在进一步扩大；人员往来方面也有了新的突破，总数上超过250万，政党政治人物来大陆创下历史新纪录，这对突破两岸政治僵局也有利。今年两岸出现的这种经贸及人员增长，是在台领导人坚持“台独”立场的困难情况下出现的，因而也可从一个侧面看出，两岸的接触与往来是不可阻挡的。

问：2001年之始，“小三通”终于推出，针对“大三通”，你怎样评价“小三通”？

答：大陆提出“大三通”已经20多年，台湾一直拖延，这实际上也损害了台湾人的利益。如果“大三通”得以实施，台湾对大陆的投资可大大降低成本，高雄港口的优良地理位置也能得到更好的利用，但是台湾当局一直把“大三通”作为制造“一中一台”或“两个中国”的筹码，至今搞出个根本不能称其为“三通”的“小三通”，实则自欺欺人，不过是“除罪化”而已。

陈水扁一些表演拙劣

问：陈水扁上台伊始，大陆提出“听其言，观其行”，现在陈水扁其言其行已表现得颇清楚，大陆下一步会怎样呢？

答：目前为止，只听到陈水扁说他不做什么，而没听出他要做什么，上台后他没有采取过一项推动两岸关系朝好的方向转化的实际行为。他的一些表演是拙劣的。一个中国原则是标准，除此之外大陆不会答应。

问：毛泽东曾经说过，天下大乱，越乱越好，乱才能达到治，大陆方面看到台湾现时的乱象，是不是也有一种期待，等着陈水扁坚持不下去时自动下台？

答：根据“一国两制”的精神，我们不对台湾（内部事务）进行评论。我们没有看热闹的心理，相信最后会有个解决办法。

问：海外风传，军委张万年副主席曾表示，5年内解决台湾问题，真有这样的事吗？

答：大陆一直希望和台湾以对话及谈判的方式解决问题，但是也从未表示放弃武力解决的方法，到时候会按照需要和步骤加以解决。

问：对小布什入主白宫，台湾当局好像曾经流露过幻想，你认为两岸美国关系今后会有出现变化吗？

答：美国现行的对华政策符合美国的利益，是民主党与共和党的共识，我认为基本政策不会出现变化，至多在语气或优先顺序安排上有些调整。如果说要改的话，可能会朝更积极的方向，即更符合美国利益的方向调整，美国迟早会看到，发展而稳定的中国是亚太地区的和平力量。

台湾宝贵时间在流失

问：前一阵对“时间到底在哪一方”曾有争论，你认为时间最终站在大陆和台湾的哪一方呢？

答：对这个问题，大陆和台湾都有不同看法。我认为，时间不会自动站在谁的一方，关键要看你的努力争取，时间也不会自动来到大陆一方，如果大陆违反了改革开放与发展的政策，时间就不能站在我们这方。事实上，时间对双方都有利，现在两岸政治经济的往来接触越来越密切，如果能很好地优势互补，使双方都得到发展，时间便会对两岸都有利，使双方出现双赢。有必要抛弃零和、此消彼长、非此即彼的观念，但是要看到，陈水扁上台后，台湾宝贵的时间在流失。

问：2001 年的两岸关系你预测会是什么走向？

答：新的一年里，如果台湾当局仍然抱着“台独”立场，台湾的政争还会继续下去，经济也不会发展。这一年台湾还将面临“立法院”、县市长的选举，为政党斗争提供了舞台，如此这般的话，前景堪忧。但如果台湾领导人拿出政治智慧，努力排除政治障碍，回到“92 共识”上来，那么两岸的前景还是光明的。

（香港《大公报》2001 年 1 月 3 日）

只要接受“一中”两岸即可复谈

大陆的中国社会科学院台湾研究所所长许世铨日前强调，只要台湾接受一个中国原则，中共将立刻恢复与台湾方面的协商；协商议题，将是台湾方面最关心的议题，包括撤离在福建的飞弹，台湾的国际生存空间等。

许世铨表示，中共对于陈水扁“总统”执政一年来的执政，特别是在两岸关系上，虽然很希望给予积极评价，但是经过一年“听其言，观其行”，认为陈“总统”的“台独”立场没有改变，所提出的“统合论”、“新五不”等都是在玩文字游戏，没有任何足以改善两岸关系的具体行动。

许世铨指出，中共已随时做好复谈准备，希望两岸恢复商谈，任何时间都可以复谈，只要台湾方面接受一个中国原则及“92 共识”。只要恢复协商，台湾就会发现中共的善意，中共也将在复谈中提出许多具体建议和行动，促进两岸关系改善。

许世铨说，基于台湾同胞利益，两岸复谈后，中共将先就台湾同胞最关心的议题进行谈判，从福建撤除飞弹的问题，当然也可以谈。许世铨认为，在一个中国原则下，台湾的国际生存空间问题可以提出来谈，中共会充分考虑。而陈“总统”目前进行各种外交，只会使事情更坏。

关于今年底台湾选举问题，许世铨表示，中共的态度是，根据“一国两制”精神，这是台湾内部的事，不论出现任何变化，都希望台湾的乱象能停止，台湾经济能够复生，两岸能够发展合作。

（台湾《联合报》2001 年 6 月 8 日）

接受一个中国原则　两岸问题迎刃而解

中国社会科学院台湾研究所所长许世铨日前在接受专访时表示，经过一年的“听其言，观其行”政策，中共认为陈水扁的“台独”基本立场没有改变，所提出的“统合论”、“新五不”等都是在玩文字游戏。不过，只要台湾接受一个中国原则，中共将立刻恢复与台湾方面的协商。在商谈时，将以台湾方面最关心的议题来谈。而且在一个中国原则下，台湾的国际生存空间、自福建撤除飞弹等问题，都可以谈。

对于今年底台湾选举，许世铨表示，中共认为这是台湾内部自己的事，不作任何干预。但是不论出现任何变化，都希望台湾的乱象能停止，台湾经济能够复生，两岸合作能够发展。他也认为，美国当前是错估形势所以支持陈水扁。如果美国是有意干涉台湾内部的政治纠葛，想扶一派压一派，后果将不是美国所期望的。

记者问（以下简称问）：北京对陈水扁政府执政一年的总体评价如何？陈水扁今年元旦提出的“统合论”，和日前在瓜地马拉提出的“新五不”是否有值得肯定之处？

许世铨答（以下简称许）：根据我们的观察，打破两岸僵局是大陆同胞所期待的，也是台湾民众对前途有没有信心的重要因素。因为台湾面临的问题是经济问题、信心问题，不知道台湾要往何处去，缺乏安定感。

我们对于陈水扁一年来的执政，特别是在两岸关系上，虽然很希望给他积极的评价，但是经过一年的“听其言，观其行”政策，实在很难给他积极评价。我们认为陈水扁的“台独”基本立场没有改变，所提出的“统合论”、“新五不”等理论，都是在玩弄文字游戏，释放空话。他说的都是“不做什么”，更重要的“能做什么”却很少说，也没有采取任何足以改善两岸关系的具体行动。

而且，陈水扁说的“新五不”是要说给国际听的，想把责任推给大陆，同时也是说给台湾内部听的，来回应一些批评。他讲自己想玩棋，不是棋子，是解决不了问题的。大家都看得出来，陈水扁的政策是没有能力下棋的。

两岸问题的关键还是一个中国原则。1992 年海协会与海基会曾就一个中国原则有过共识。如果回到 1992 年一个中国原则的共识，问题不难迎刃而解。

问：有人认为陈水扁无法在两岸问题上提出具体政策，是因为台湾内部共识不足。

许：我并不这样认为。因为从台湾各项民调及事实来看，台湾绝大多数人是主张两岸在一个中国原则基础上恢复对话、交往，和处理两岸间的问题。“陆委会”的民调也显示，自民进党上台后，支持统一和一国两制的人不降反升，说明了这是一个发展趋势。另一方面，虽然两岸政治关系处于僵局，但是经贸和人员往来一年来仍大幅发展，说明两岸人民都希望扩大交流。至于“92 共识”，两会因为在 1992 年达成共识，才会有近 20 轮的会谈及辜汪新加坡会谈。这是不容否认的。

现在绝大多数台湾民众都希望维持现状。从 1949 年到现在的绝大部分时间，台湾都是坚持一个中国的原则。所以一个中国原则是不存在问题的。想要改变现状的不是大陆，先是李登辉，后是陈水扁。如果台湾要顺应民意，应回归一个中国原则，恢复两岸对话与交流。

台湾领导人说，一国两制是要消灭“中华民国”，这种说法是欺人之说。钱其琛提出的新三句话中指出，台湾与大陆均属中国的一个部分。至于名称，钱其琛也说过不是“非此即彼”。国旗、国歌、国号可以在两岸平等基础上对话解决。双方最后谈判结果，如果国名不是中华人民共和国或“中华民国”，大陆也是可以接受的。关键是要拿出诚意，以民众利益为重。

问：北京认为李登辉目前在台湾的影响力如何？未来“亲李派”与民进党可能结合会对台湾政局产生什么影响？

许：李登辉是国际公认的麻烦制造者。很遗憾的是，在他退出政坛后，也并未像他过去说的要过退休的生活、去布道，却还在积极的干预台湾内部政治。最近《李登辉执政告白实录》就说明这个问题。

但是他这样做的效果会适得其反。就像核四问题促成国亲合作与团结，这本书对台面人物说三道四，在野党也更看出李登辉在分裂反民进党的力量，继续为陈水扁保驾护航。面对这样的阴谋，在野势力会作出什么反应是不言而喻。顺应台湾民众求安定、求发展，希望生活更好的主流要求，才是问题的关键，也是影响台湾选举的因素。

问：北京对台湾今年年底选举的看法与评估？年底后，台湾政局会如何发展？

许：对于台湾选举问题，大陆官方历来的态度是，根据一国两制精神，这是台湾自己解决的事，无意干预。只是希望不论台湾出现任何变化，台湾的乱象能停止，经济能够复更，两岸合作能够发展。也不管台湾政局如何发展，希望两岸能够在一个中国原则及“92 共识”基础上恢复协商和对话，维护两岸关系的稳定和发展，维护这个地区和平与稳定。

至于台湾选举，台研所作为一个研究机构虽然很关心，但是台湾选举的变数还是很多。现在要作评论还为时过早。台湾很多人认为“三党不过半”，不过据选举还有半年，不能排除会有新的变数。

问：两岸复谈的可能性多大，什么时候是最佳时机？大陆在复谈后最想谈什么？结束两岸敌对状态吗？

答：就我理解，任何时候复谈大陆都是很欢迎的。只要陈水扁今天接受一个中国原则及“92 共识”，我想大陆愿意今天就恢复复谈。大陆在意的是一个中国，国家主权和领土不容分裂。在这个基础上，任何时机都是好时机，我们都愿意立即和陈水扁坐下来谈。

大陆已随时做好复谈的充分准备。只要两岸复谈及恢复协商，台湾就会发现大陆的善意，大陆也将在复谈中提出许多具体的建议和行动，来促进两岸关系的改善。如果陈水扁有诚意重开两岸对话，只要他重新宣读一次海基会所作的承诺。

至于谈什么，我们现在也在着力研究台湾同胞出于切身利益最想解决什么问题。复谈后大陆也将先就台湾同胞最关心的议题来谈。

结束两岸敌对状态是台湾同胞最关心的问题之一。因为台湾同胞目前最关心的是和平发展繁荣，如果两岸能结束敌对状态，就可以降低军事因素。其他像外交、军事、经济问题都可以谈。

问：大陆主张在一个中国原则下什么都可以谈，大陆是否会愿意接受两岸商谈自福建撤除飞弹的问题？

许：个人认为当然可以谈。在谈的时候，双方也应保持相互谅解，考虑对方立场，来达到双方满意的双赢结果。

问：有人认为如果中共成功申办2008年奥运，两岸关系可以维持相当一段长的和平期。您如何看中共申奥成功对两岸关系的影响？

答：大陆希望两岸关系不只在2008年之前，而是从今天起就永远的稳定、和平、健康发展。这和奥运没有关系。但是另一方面也不要轻忽大陆维护国家主权和领土完整的决心。维护国家主权和领土完整，反对“台独”、反对分裂，是全体中国人民最高利益的体现。不要对此有任何幻想。

问：大陆已与马其顿复交，有许多人一直主张两岸外交休兵。北京能接受吗？

许：在一个中国原则下，两岸坐下来谈，台湾提出自己的看法和希望，大陆都会充分考虑。如何处理好两岸在对外及国际事务，都是可以谈。像陈水扁目前进行各种外交，只会使事情更坏。过去两岸对外关系史来看，五〇年代和大陆建交的国家是少数，但是现在马其顿的事已定案，双方建交国的比数就是162比28。李登辉主政12年推行务实外交，并没有扭转这个局势，未来还会朝着有利于大陆的情况发展。为了两岸共同利益，关键还是要坐下来谈，也一定可以找到解决的方法。

问：当前中美关系不太好，有人认为台湾可以从中得利？

许：这是一个判断问题，而且是很重要的判断问题。如果作出错误的判断，受损害的还是台湾同胞。我认为，对于美国对华政策，应该有一个全面的历史分析，美国政策的基本出发点是本身的利益。在对台湾的立场上是很清楚的。熟悉美国对华政策的人都知道，美国对华政策是摆来摆去，但是基本政策不会改变，是为其根本利益服务。目前中美关系是有困难，但自尼克森上台以来的基本对华政策，是不会有本质上的调整。

问：北京对美国对台军售及美台关系发展的看法如何？

许：中国对于美国对华政策向来不抱任何幻想，也不会误判整个形势。不管中美关系出现任何困难，大陆都会很冷静、务实的对待问题，而且头脑清楚，胸有成竹，这样才不会犯政治性错误，才是下棋的人而不是棋子。

就我所接触的一些美国学者，美国目前认为陈水扁当局是一个弱势政权，大陆建立“反独促统阵线”是要搞垮陈水扁，最近美国同意他过境美国、售台武器都是出于这样的判断。

但是这样的判断有盲点，因为大陆不干涉台湾的地方事务，陈水扁当不当选、年底选举如何，是台湾内部的事。我们对陈水扁当局在意之处，是他不接受一个中国原则，不承认自己是中国人。而且美国现在介入台湾内部的政治纠葛，是很不明智的。如果美国是有意干涉台湾政治，想扶一派压一派，后果将不是美国所期望的。

台湾当前发放国民年金都已成问题，而且内需不振时，还花那么多钱向美国买武器，成为世界最大军火采购商，而不是在一个中国基础上和大陆复谈来缓和两岸关系，是对台湾老百姓不负责任做法。

陈水扁现在是想把他自己绑在美国右翼围堵中国的战车上，这是相当危险的。如果置身危险中反而不知道危险，这就更危险。

（台湾《两岸双赢》月刊 2001 年 7 月 5 日）

陈水扁言论已“毫无意义”大陆要看陈水扁的行动

中国社会科学院台湾研究所所长许世铨昨天警告，如果台湾有人以为这次“立法委员”选举民进党大胜就可以进一步朝着分裂国家的方向走，那将是一种“非常危险”的误判。

至于选后台海发生冲突的危险是否增加，许世铨说，要看台湾当局怎么做。大陆方面认为，陈水扁的言论已经“毫无意义”，大陆没有兴趣再听，现在最重要的是陈水扁的行动。

在北京各涉台机构经过两天闭门密集研究台湾选举结果后，领导台研所的许世铨接受本报专访，发表上述看法。

社科院台研所是北京最主要的涉台研究机构。以下是专访的主要内容：

问：您对台湾这场选举的结果满意吗？

答：并不出乎意料之外。从区域“立委”得票来看，民进党的票是33.38%，比1998年的29.56%增加了大约3个百分点，和1995年的33.17%则基本持平。国民党方面，得票28.56%，和1998年、1995年的46%相比是减少较多，但是，前两次选举都没有亲民党。如果把这次亲民党得票18.57%与国民党的得票加在一起，恰恰也是46%多。这就是说，泛蓝军的版图没有太大的变化。

这次的变数是台联党，得到7.76%。这次泛绿的票略有增加3至4个百分点，这是值得我们注意的问题。

回顾一下台湾过去的选举得票曲线，即台湾一些学者讲的，是“钟摆效应”，一次选好一次选坏，大概就在5个百分点的范围内。所以，从政治版图来看没有发生大的变化。

不过，民进党在“立法院”的实力有所增长，在组阁权的争夺、搞“安定联盟”问题上出现了更有利于民进党的变化。

但是，反对党还有115席勉强过半的多数，再加上无党籍“立委”当中也有一些带有泛蓝色彩的。可以预期“立法院”的争端还是会很激烈，在野党制衡的能力不能小视，在议题上连横合纵的局面会更复杂。

台联党将来和民进党如何处理彼此的关系是复杂问题。搞得太近或太远，都会失去台联党的价值。如果它完全和民进党站在一起，它就只能是民进党的附属品。

这次选民结构和“立法院”政党席次的比例不吻合，主要是竞选策略得当或失误的问题，即民进党低提名和配票策略成功，而国民党高额提名，想力保第一大党，要得票高过民进党10个百分点，任务目标过高，造成最后很多好立委以微差被淘汰。

李登辉的影响力大约就是7%或8%

台湾媒体也有报道，调查局在选前的报告不看好民进党。民进党自己也没有料到得到那么多席次。所以，技术层面的作用不能忽略。

问：您如何看李登辉的光环和新党的泡沫化？

答：台联党原本吹嘘能拿下25席，实际上是13席，而且是在李登辉强力辅选之下才得到这个结果，没有什么值得李登辉骄傲的地方。而且，从这次投票结果来看，李登辉的影响力和岛内学者的事前评估相符，大约就是7%或8%，他的影响力就是这样了。台联党很可能是昙花一现的党。很明显，它是一个“个人党”。

新党的泡沫化主要是竞选策略错误

新党的泡沫化主要是竞选策略错误。它把策略定在超过5%的门槛，是一种打乱仗的方法，是“兄弟登山，各自努力”，想冲高票，最后就出现了全军覆没的结果。因此，败选与它的大陆政策关系不是太大，和“一国两制”没有关系，我不认为是代表“一个中国”理念在台湾没有票房。

问：标榜“本土化”的政党选得好，不标榜“本土化”的得票差？

答：我不认为这样的分析是符合实际的。当然，在台湾南部地区这种情绪是非常强烈的，他们一些人只考虑“本土”的人，一些人甚至讲，即使做乞丐，也要投阿扁一票，这是很情绪化、非理性的行为。这样对台湾将来的发展没有任何好处。

在南部，情绪化投票比较强烈，但在北部，经济议题还是受到重视。所以出现“北部更蓝，南部更绿”的现象。台湾选举文化有问题存在，从长远看不利于台湾的发展。族群更对立，岛内就更不稳定，更动荡，不是一个好苗头。

国民党今后的发展还有很多地方需要观察和分析。一说是国民党已经分裂到了谷底；另一说是国民党还会继续被分化；还有一说是国民党会东山再起。从这次选举国民党的挫败来论定国民党的前途，还为时过早。

未来政治焦点，很快会转到2004年的（“总统”）选举。岛内的连横合纵，都会围绕着2004年的选举展开，到时就看国民党有没有顺应情势发展的正确策略。被泛绿军“撕裂”的危险有多大，要看国民党是否能正确把握形势。当前最直接的问题就是如何应对所谓“安定联盟”的问题。

问：为什么两岸经贸密切却没有使更多台湾民众支持泛蓝军？台海两岸的危险是否在增加?

答：这次选举还是一次地方性选举，不论选举结果如何，不会改变台湾和大陆同属一个中国的事实。大陆方面在“一个中国”的原则上是坚定不移的，而且有能力和信心来维护一个中国的原则。

民进党有人可能会认为，这次选举之后可以更进一步朝着分裂国家的方向走，这是一种非常危险的判断，大陆是绝不会容忍分裂中国的图谋得逞的，大陆会采取一切必要的措施来维护国家的主权和领土的完整。

另一方面，台湾当局可能还会继续搞两面手法，即过去台湾领导人讲的“绵里藏针”的手法，一方面在分裂国家，另一方面又玩弄文字游戏，制造两岸平安无事的假象。这种策略我们看得很清楚。

通过一年多的“听其言，观其行”，台湾当局的有些话已经完全失去了信誉，尽是朝三暮四、出尔反尔。他今后再讲什么软化的话、“善意”的表达，已经没有任何意义，重要的是要拿出行动来。实质的行动要胜过一千句好话。别玩文字游戏了。

至于说经贸关系越来越密切，政治关系越来越远，我倒不觉得是这样。实际上，李登辉的“戒急用忍”政策，在某种意义上是加速了两岸经贸关系的发展。没有“三通”，台湾对大陆的出口的运营成本就增加。营运成本持续居高不下而不能解决，台商没有别的办法，只能到大陆投资以减少运营成本。这样，他赚的钱也不愿意汇回台湾，因为一回去，要出来就困难了。

围堵是不符合经济发展潮流的。如果还有疑问，就看历史吧。所以，我预期两岸经贸关系会进一步发展。

问：您的意思是台海冲突的危险或台湾宣布独立的危险并没有提高？

答：我没有这样讲。搞不搞“台独”不是我决定，是台湾方面决定的。至于他们怎么判断局势，采取什么政策，是他们的事。但是我对两岸的前途，特别是对大陆推动统一大业向前发展，我是充满信心。这次选举绝对不会逆转这种发展趋势。如果以为这场选举意味着“台独”的图谋能够得逞，那么他们是想错了。

（新加坡《联合早报》2001年12月4日）

大陆只要陈水扁承认是中国人

中国社会科学院台湾研究所所长许世铨，18日在洛杉矶就台湾问题发表讲话。他说，中国大陆只要求陈水扁做一件事，就是承认自己是中国人。他认为目前来说，两岸关系进入不稳定期，至于大陆有无办法对付日益明显的“台独”势力，许世铨说，物理学方面，作用力等于反作用力，如果“台独”势力一直这样嚣张下去，大陆方面一定会采取包括武力在内的一切手段维护国家的统一。

许世铨是在中国驻洛杉矶总领事馆，面对洛杉矶侨界人士发表的这番言论。他说，陈水扁最近的做法是在测试美国的底线，因为大陆的底线已经很清楚了，就是如果“台独”势力一直这样嚣张下去，中国大陆会采取包括武力在内的一切措施，维护国家的统一。

许世铨表示，大陆方面其实只要求陈水扁做一件事，就是承认自己是中国人。而陈水扁最近的讲话，使两岸关系进入一个不稳定的时期。对于侨界人士的担心，问陈水扁这样的挑衅行为，大陆是否采取强硬措施？许世铨的回答是肯定的。他说，如果陈水扁继续这样发表态度言论和推行“台独”，大陆一定会有相应措施。

许世铨继续表示，现在的美国政府是一个非常亲台的政府，但即使如此，美国的学者对于陈水扁故意拿美国这一张牌，误导舆论认为如果大陆对台湾不利，美国会为台而战，感到非常不满。

至于大陆方面，许世铨说，自陈水扁发表“一边一国”讲话后，更多的人认识到在台湾问题上不能掉以轻心，对于包括台湾会采取“公投”等推向“台独”的行为，予以高度警惕。

最后，许世铨还幽默地说，现在的民进党政府有点像大陆当初的

"四人帮"，只拼政治，拼选举，而对于台湾岛内最重要的经济问题不闻不问，这最终会把台湾带到民不聊生的境地。

（《星岛日报》2002 年 9 月 19 日）

大陆对台湾大选做好准备

——新政府对台政策不变，“高政治”部分难实现、“低政治”部分可以做

新一届中共政府成立，两岸关系能否突破？新任中共全国政协委员、前中国社科院台研所所长许世铨认为，新一届政府在推展两岸关系上不会停步不前；大陆已对台湾明年“总统”大选结果做好准备。以下是专访内容。

记者问：您对今年中共总理朱镕基政府工作报告中，台湾问题部分如何解读？

许世铨答；报告两处提到台湾问题。第一处是谈五年对台工作总结，总的结论是国家统一进程取得新的进展；另外在结束语的部分，用的是强调语气来谈台湾问题。这一部分虽只有一个段落，有两个问题值得注意。

一是新一届政府对台政策，还是“和平统一，一国两制”及“江八点”，政策有连续性和稳定性。二是谈了新政府可能要做的四件事：第一，大陆还是希望能在一个中国基础上，早日恢复两岸政治对话与协商，这是一重要表态；当然，大陆还会继续反对一切“台独”、“两个中国”及“一中一台”的言行。第二，还会继续推动两岸人员交流，及文化方面的合作与交流，特别是推动三通。第三，加强和台湾各党派及人士，就和平统一问题交换意见；第四，支持世界上华侨华人反“独”促统活动。

这四件事一部分是所谓“高政治”，就是两岸政治对话。新政府立场还是一个中国原则，此问题从现在台湾形势来看，要台湾当局接受“一中”原则，恐怕不是很现实。在这种情况下，其他三项内容，应说是属于“低政治”，是可以做的。大陆会采取具体行动推动“三

通”。我估计大陆坚持政经分离的原则，就是不让政治干扰两岸“三通”的推动，大陆还会坚持由民间来协商“三通”。

第二应注意的是党派协商。报告提及和各个党派及人士协商和平统一问题，我理解应包括民进党，去年钱其琛副总理提出的欢迎民进党党员以适当身份来大陆访问，此政策还会继续。实际上从钱其琛讲话后，民进党到大陆来的各界人士很多。

问：谈到大陆会积极促进“三通”，台湾将进行“总统”大选，这点大陆有没有列入考虑？

答：大陆最关切的是“一中”原则，对台湾政党竞争，根据一国两制精神，大陆没有偏好。谁接受“一中”原则，大陆就愿意跟他谈。大陆也做好了应对台湾明年选举出现任何结果的准备。至于明年台湾选举，大陆不会说三道四，不会干涉台湾政治，除非是搞“台独”，大陆一定要说话。

问：大陆对明年台湾选举结果已做好准备，能否详细说明？

答：这是涉台主管单位的事情，作为学者，无非是两种准备：一种是民进党继续执政，一种是再次政党轮替。大陆的基本政策还是一样，即和平统一，一国两制及“江八点”，而且还会积极推动朱总理说的四件事。若民进党继续执政，我预期民进党的基点还是会放在拼政治上；而且“总统”选举后年底又有“立委”的选举，台湾这样拼政治，没有时间拼经济，我觉得忧虑的不是大陆方面，而是台湾局面怎么收拾。

问：今年“三通”会有实质进展？

答：从现在民进党当局表现来看，基本上还是用“拖”的政策，能拖到什么时候，就拖到什么时候。陈水扁要考量若在“三通”上有所松动，对他来讲能够赢得选票，还是输掉选票，现在很明显算盘还没算清楚，还在等待着。因此其基本政策，能拖就拖；拖不下去就谈，谈了再拖，谈判可能三年、五年。从大陆来看，台湾越拖越不利，但彼此思维方式不一样，陈水扁可能觉得拖对他有利，就让事实做结论。

（台湾《联合报》2003年3月6日）

解读台湾“民主”政治

在台湾的政治生活中，民主已经被标榜为神话。没有制约的“民主”为台湾政治带来了什么？它如何在此次“大选”中得到表现？“台独”势力今后将朝什么方向发展？台湾的前途又系于何处？

我们邀请新加坡国立大学东亚研究所研究员郑永年与中国社会科学院台湾研究所前所长许世铨就这些问题进行讨论。

政治人物“挟民主以令人民”

郑永年：我们先要从台湾的制度环境和政治环境来看这次“选举”的背景。虽然说民主政治本身是一种政治制度，但这一制度的有效运作、生存和发展需要一种良好的制度环境，一是法治，二是中立的官僚体系。因为没有良好的法治体系，使得台湾的激进民主化为可能。台湾也没有中立的官僚体系，这对民主化以后的政治产生了非常负面的影响。我们时常说，政治是政治，行政是行政，两者必须分开来。在民主化以后就更难分开了。所以，台湾现在是只有政治，而少有行政。除此之外，台湾选举还有一种最主要的政治背景，那就是民进党的“台独”背景。

这些大环境决定了台湾的选情。4 年前，陈水扁赢得了选举的胜利，主要有两个因素。一是在李登辉主导下的国民党内部解体和分裂，二是有一个很有效的选举议题。当时陈水扁设定的议题是台湾的“黑金政治”。这一议题非常有效，这也就是当时一些大商人和学界领袖如李远哲等出面支持陈水扁的主要原因。因为大家对国民党的黑金政治痛恨已深，想改朝换代。

陈水扁上台以后，并没有用心从事内部经济建设。尽管当了“总统”，他一直还停留在反对党领袖的心态和做法上。有时即使意识到民进党已经是台湾执政党了，但又不自觉地扮演起大陆共产党的反对党的角色来。总之，岛内问题使得陈水扁的前景不好，国民党和亲民党的联盟对陈水扁更是一个重大的威胁。为了挽回不利的局面，在没有岛内成绩的情况下，陈水扁一开始就把两岸关系作为其选举的一个最重要议题。

许世铨：的确，今年台湾的“大选”和2000年相比有很大不同：2000年选举有多组人马参选角逐，但主要是一出连战、宋楚瑜、陈水扁之间的“三国演义”。由于李登辉逼走宋楚瑜，国民党一分为二，致使陈水扁坐收渔人之利，以不到40%的少数票当选。这次的选举则从一开始就摆下了两军对垒的阵势。连、宋“相逢一笑泯恩仇”，组成“连宋配”，“泛蓝阵营”分而复合。民进党方面由“陈吕配”打这场“政权保卫战”，并以李登辉的台联党为奥援，组成“泛绿军”。由于这次是蓝、绿两军的对决，握有政权但在“立法院”和选民中仍处于少数地位的“泛绿军”就面临一场恶战，因此，它采取了不同于2000年的选举策略。

上次，由于李登辉分裂国民党、暗助民进党，陈水扁得到了攻陷经营了50年的国民党城堡的“特洛伊木马”。他打出“新中间路线”以争取部分中间选民，在两岸关系上尽量淡化统“独”问题，把竞选的焦点聚集在反“黑金”和进行改革上。但是，这次陈水扁是反其道而行之，以统“独”作为竞选主轴，打的是一场前所未有的“割喉战”。阿扁为什么这样做？2000年陈水扁得到了39.4%的选票。这次他必须得到50%以上的选票才能当选。这就是说他必须增加12%的选票。李登辉的台联党大约能动员6%，其余6%则只能来自游离不定的中间选民。如果陈水扁打上次的“中间路线”，那么他不但将引起基本支持者的动摇，同时也会因为“中间路线”的诉求和“泛蓝”重叠而达不到拉选票的目的。于是他就走出一着险棋，抛出以“一边一国”对抗一个中国，以“台湾人”对抗“中国人”的竞选主轴，逼迫台湾选民二者选其一，使选民两极化，压缩中间选民的空间。陈水扁为了一人之私和一党之私出此“独”招之后，就把台湾推到了一场前所未有族群对立、政治恶斗的漩涡之中，而且也使他自己骑上了一只恶虎，在“台独”的路上越走越远，不但提出了“台独”时间表，而且在“防卫性公投”问题上玩火。陈水扁这样做却造成他始料不及的另一个后果，那就是威胁到亚太地区的和平，引起国际社会的关切和反对。这是上次选举中所没有的现象。

郑永年：从内部环境来说，陈水扁可以说没有任何制约，他要走多远就能走多远。中国古代有“挟天子以令诸侯”的故事，这也就是今天台湾陈水扁所用的选举策略，当然，这里已经没有了“天子”，取而代之的就是“民主”。

因为民主化，台湾的民众也基本接受了本土化的趋势。这种局面就给本土派政治人物创造出了一种刚才所说的“挟民主以令人民”的条件。这个策略可说具有相当杀伤力，不仅民进党要使用这个策略，就连国民党和亲民党这些本来是反对“台独”的政党也不得不加入本土化的浪潮。当然，这一对政治人物非常有用有效的策略并不见得符合台湾的长期、中期甚至是短期的利益。

能够制约陈水扁的更多是外在力量，主要是美国。没有美国就不会有台湾问题的存在。这个就是现实。美国有很大的一部分力量历来就坚持“台独”，在陈水扁上台后已经变得变本加厉。要求“台独”的陈水扁的上台是美国人乐意看到的。现在美国不喜欢陈水扁这样做，因为不符合美国的眼前利益。

许世铨：陈水扁以“台独”作为竞选主轴，一方面是为了分化中间选民，逼他们选边站；另一方面他也是“玩真的”，因为很明显，如果他败选，那么他再继续搞“台独”就没那么容易了，他自己的政治生命也很可能画上句号。他要做最后的一搏。他提出的“台独时间表”绝非只是为了选票。大陆从一开始就揭露了其要害所在，但国际社会，特别是美国政府很长时间里认为那是陈水扁的“竞选语言”，并在他“过境”美国时当面向他发出了严重的错误信号。只是当陈水扁得意忘形要搞“防卫性公投”时，美国才恍然大悟陈水扁要“突破极限”，要改变“一个中国”现状。这就威胁到美国在亚太地区的一项根本利益，就是维持台海地区的和平与稳定。美国现在明白了两件事：一是，阿扁并不是一个“乖孩子”，他闹起来会触犯美国的利益；二是，他反复无常，不易掌控。在美国面对反恐的当务之急时，台海稳定至关重要，因此，布什总统自己出面对陈水扁发出警告，俄国、法国、日本等许多国家也明确表明了它们的立场。国际社会大大加深了对“台独”危险性的认识。

“台独”势力将如何发展

郑永年：自从台湾民主化以来，民主政治的发展异常迅速。但是台湾和其他民主具有很不同的地方。即使在西方民主发达国家，民主主要是作为一种调节政治生活的方式，并且只是其中一种方式。而在台湾，民主是一切，什么东西都要民主化，其他一切的存在理由都要以民主来衡量。民主已经被神圣化到了至高无上的地步，形成了一种可以称之为“民主原教旨主义”的意识形态。

把民主推向神圣化的第二个主要因素就是本土化。在国民党时期，台湾本地人被异化在政治之外，现在则是要反过来。本土化运动不仅在台湾内部人为地制造出了族群冲突，而且也要制造出台湾和大陆之间的冲突。所以，民进党的政治人物从前是国民党的反对派，现在则拼命充当大陆中共的反对派。当其他国家的领导人（如新加坡、马来西亚和印度尼西亚）为了整合国内不同族群而努力的时候，台湾的政治人物则为搞族群分化而乐此不疲。

这也就是“去中国化”运动的背景。一些台湾人把这种“去中国化”的政策称之为“文化大革命”运动。这个运动就是要给台湾人洗脑，灌输“台湾人不是中国人”的概念。“构造台湾民族”从前只是一些人的理念，现在已经变成了具体的政府政策。“去中国化运动”迫使两岸关系在发生本质性的变化，它是要从文化上甚至血缘和种族上把台湾和大陆切割开来。

许世铨：从近10年台湾研究机构进行的民调看，虽然主张维持现状的民众仍占大多数（60%），但“台独”势力呈上升趋势。特别是主张“台独”的民进党上台后，加快“渐进式台独”的步伐，加速“去中国化”的进程。现在陈水扁、李登辉又提出2008年实现“台独”的时间表，我们确实面对严重的挑战。但是，我认为“台独”思潮是在特定历史背景下的产物，而不是必然的发展趋势。权力影响价值，在“两蒋”时代，“台独”是非法的，支持统一的自然占压倒多数；自1994年以来，李登辉抛弃了伪装，越来越公开搞“台独”，纵容、支持“台独”势力，致使“台独”势力发展膨胀。但是，从李登辉到陈水扁加快“台独”步伐的事实恰恰说明，他们有一种时间不在他们一边的危机感。大陆改革开放之后迅速发展壮大，国际上奉行一个中国的国家越来越多，立场越来越明确，两岸经贸关系和人员往来越来越密切，使得“台独”势力惶惶不安。克林顿政府声明“三不”政策后，李登辉甚感形势严重，成立了所谓“强化主权”小组谋求对策，最后提出“两国论”。陈水扁的“一边一国”就是更露骨的“两国论”。李登辉提出2008年实现“台独”时间表时，毫不隐讳地说，如果错过了2008年的时机，“台独”就没有希望了。这是一种绝望的呼唤。我认为，只要大陆坚持“发展是硬道理”这一基本原则，“台独”思潮终将被证明不过是历史上的一段插曲。

台湾的前途系与大陆

郑永年：经济有经济的逻辑，政治有政治的逻辑。中国经济上的崛起当然有利于遏止台湾的“独立”，但这并不自动意味着统一。遏止“台独”和台湾统一是两件完全不同的事情。中国可以利用日益强大的经济力量来遏止“台独”，但统一还是一件政治事情。统一台湾的困难从根本上来说来自于美国。美国最大的利益就是台湾“和平的独立”，这也是台湾某些政治人物的理想，他们以为，在一定条件下，中国会被迫吞下“台独”这个苦果，从而达到最大程度上的制约中国的目标，“和平独立”的条件当然不存在，那么美国的次优目标就是维持现状，这同样可以起到制约中国的作用。因为本土化和民主化的进程，台湾内部不断会有“独立”力量的冒升，而这又必然引起大陆的紧张。一旦有可能，美国就会支持台湾的“独立”力量，如不可能，美国就会以和事老的身份来做些调解，从而牵着中国的鼻子走。

在维护台海和平问题上，中国和美国有共同的利益，但这不是美国最大的利益。只有认清美国在台湾的最大利益，才能制定出正确而有效的对美政策。随着中国的崛起，中美双方相互依赖性也越来越大，中国并非没有影响美国的因素。台湾问题必须纳入总体中美关系内加以考量。大陆必须避免的是，既让台湾牵着鼻子走、也让美国牵着鼻子走的双层被动局面。

许世铨：“台独”思潮的出现有其特定的历史背景，依我看，大概有这么一些背景：1895年清政府被迫把台湾割让给日本；日本统治时期的“皇民化”教育；“二二八”事件；国民党的高压统治；李登辉的“台独”宣传；国际上反华势力的支持等等。但是，时代毕竟在前进。随着两岸和国际时空的变化，“台独”思潮所借以孳生的“台湾悲情”不是在增长而是在消释。在和平与发展是时代主旋律的今天，越来越多的台湾同胞正从全球化和区域化的发展趋势中探索台湾的前途。台湾由于受客观条件的限制，其经济属“浅碟型”，对外界依赖很深。台湾的前途是系于“国家认同”，还是跟上发展大潮而不是被边缘化？这是不言自明的。大陆市场对全世界已表现出强大的磁吸效应，具有天时、地利、人和的独特优势的台湾怎么会听任“台独”势力把它从中国分裂出去呢？台湾著名的企业家王永庆不久前接受媒体采访时说：“大陆也是我们的，台湾也是他们的，那不是一样？干吗限制这些来，那些去的？打通不就好了？有本事的台湾人去作总理就好了!”这几句话朴实无华而又内涵深刻。台湾的前途不在“台独”，而在“你也是我，我也是你”的统一。

（《环球时报》2004 年 3 月 12 日）

《反分裂国家法》应是推动两岸关系发展的和平法律

全国政协委员、原中国社会科学院台湾研究所所长许世铨 3 日表示，《反分裂国家法》应是推动两岸关系发展的和平法律。许世铨今天在参加全国政协 10 届 3 次会议开幕会前遭遇“记者战”，一拨又一拨大陆及台湾记者向他询问本次“两会”热点议题《反分裂国家法》。

许世铨说，《反分裂国家法》不是动武法而是和平法。这部法律只会促使大陆更加切实遏制“台独”，稳定两岸关系，因为“台独”分裂活动加剧只会破坏稳定，因此只有遏制住“台独”分裂活动，和平才有希望。

有记者问，为何此时制定此法？许世铨认为，大陆制定《反分裂国家法》是台湾当局逼出来的。他说，近来台湾当局抛出“一边一国”论、“台独”时间表，诉求法理“台独”。《反分裂国家法》就是对“台独”行为猖獗作出的反应。他透露，其实大陆学界早年即有多位学者提出应制定此类法律。

许世铨委员说，尽管他还没看到即将审议的《反分裂国家法》草案，但此次人大立法将大陆过去 20 年来对台政策法律化，上升为国家意志，将有助规范两岸关系，促进两岸关系的发展与地区和平稳定，使反分裂、维护国家主权和领土完整有法可依。

一位台湾记者问，《反分裂国家法》是否会伤害两岸人民感情？许世铨笑着说：“不会。大陆人民希望和平。对台湾同胞来说，谁维护和平，谁能稳定、发展两岸关系，谁也就受欢迎，这是台湾社会的主流民意。台湾大多数老百姓并不希望改变现状！”他反问道：“若将‘两岸不因政治分歧干扰经济关系’入法，两岸百姓会不欢迎，不高兴吗？”

一位台湾摄像记者关心目前两岸关系。许委员说，台商春节包机实现后，大陆顺应两岸民意，已提出客运包机节日化、常态化，开放台湾农产品进口及旅游三个利好。他认为，若两岸同胞还需要其它领域的合作、发展，大陆会乐意促成。他希望两岸关系不断朝好的方向发展。

本报记者问许世铨委员今天遭记者围堵有何感想？许委员爽快地对记者说，这说明大家都希望两岸关系朝好的方面发展，这是好事！不关心才不正常！

“希望两岸能像今天一样（指记者热忱采访）热热闹闹，互相理解、互相支持。今年‘两会’关注和谐，我也希望两岸和谐！”说完，许世铨快步走向会议大厅。

（中新社 2005 年 3 月 3 日电）

通过反分裂法适逢其时

有人说，去年底、本年初两岸关系从剑拔弩张转趋缓和，以至出现微妙的互动，为何《反分裂国家法》会在这时候出台？许世铨认为，“台独”分裂势力根本没有放弃“台独”的主张，遏制“台独”、反对“台独”，仍然是两岸关系中的主流。

是台湾当局迫出来的

许世铨接受本报专访时坦言，《反分裂国家法》是台湾当局“迫出来”的。1999 年李登辉提出“两国论”时，很多学者与民众就提议通过法律手段遏制“台独”。2000 年之后，台湾政治生态发生了重要变化，局势越来越严峻，特别是陈水扁抛出“一边一国论”，提出“台独”时间表：2006 年“修宪”、2008 年“制宪”，通过“公投”成立“台湾共和国”。在这种情况下，大陆别无选择，只有通过法律手段来遏制、反对“台独”分裂势力以“宪政工程”谋求“法理台独”的图谋。

去年 12 月份台湾“立委选举”，泛绿没有达到预期目的，他们在“立法院”的实力与地位跟选举前基本没有变化，泛蓝依然控制过半数席位。很多人就认为，这一选举结果，将令陈水扁要通过“宪政工程”实现“法理台独”的难度增大。另一方面，两岸今年成功实现春节包机，现在提出了清明节包机的洽谈。可以说，当前两岸关系走向缓和，在这种情况下，大陆为什么要通过这部法律？会否增加两岸之间的不稳定因素，以至作出反制行动，引起恶性循环？

基本教义派步步进迫

许世铨指出，实际上，本月 4 日国家主席胡锦涛就新形势下发展两岸关系的讲话中，就提到“两岸关系出现了一些有利于遏制‘台独’分裂活动的新的积极因素，台海紧张局势出现了某些缓和的迹象。”据他研判，前者就是指“立委选举”的结果，后者就是指春节包机以及过后两岸之间的互动，包括孙亚夫、李亚飞代表海协会会长汪道涵前往台湾出席辜振甫的追思会。

从前一点来讲，在台湾民众求安稳、求和平、求发展的主流民意下，“台独”分裂势力在“立委选举”中虽然受到一定的挫折，但不代表他们，特别是基本教义派会因为这一次选举挫败而放弃“台独”主张，相反，近期他们步步进迫，向民进党施压，要求他们重新走到基本教义派的立场上，“台独”势力破坏两岸和平稳定的危机并没有过去，必须时刻警惕。

大陆采主动缓和局势

至于两岸的缓和现象，坦率地说，主要还是大陆采取主动的结果。春节包机，是大陆主动提出来，在协商过程中，大陆表现了一些弹性，也作了一些让步，是以在很短的时间促成。海协会委派要员前往台湾，也是大陆采取主动。现在，关于包机节日化、常态化的问题，台南地区农产品到大陆销售的问题，都是大陆主动提出。然而，在这些发展两岸关系的问题上，台湾当局采取什么态度？在包机节日化、常态化的问题上，过去是不表态，现在明确表示反对；关于解台湾农民燃眉之急、雪中送炭的农产品销售问题，以至不作回应，罔顾台湾农民的利益。台湾当局不但抵制两岸关系的正常发展，还计划组织大游行，“抗议”《反分裂国家法》，这些事例都暴露了“台独”分裂势力根本没有放弃“台独”主张。

许世铨表示，凡我国的重要法律，在立法程序时都是在12月经人大常委会通过，再提上翌年3月举行的全国人民代表对审议表决。《反分裂国家法》的通过，完全按照人大正常的立法程序。这部法律的出台，是势在必行，适逢其时。“虽然年底台湾还有县市长选举，但大陆有大陆的法律程序，不能跟着台湾的政治日程走。我们没有什么可以动摇。”

（《澳门时报》2005年3月16日）

两岸关系最大危险来自“台独”分裂活动

3月14日，十届全国人大三次会议“零反对”通过《反分裂国家法》，此后国家主席胡锦涛签署主席令，公布了这部法律。这部法律一经出台，立即引发海内外尤其是海峡两岸的广泛关注。如何认识这部法律，该法的出台会产生怎样的影响，昨日，记者就这些问题采访了全国台湾研究会常务副会长许世铨。

两岸关系最大危险来自“台独”分裂活动

新京报：我们处理两岸关系的政策经历过哪些调整？目前两岸关系中最大的危险和挑战是什么？

许世铨：台湾问题是历史遗留下来的，祖国大陆的对台政策根据情况的演变和时间的推移进行过调整。上世纪50年代初期，我们的政策是解放台湾，以后随着远东局势缓和，我们提出和平解放台湾；1979年中美建交，我们抓住机遇，提出和平解决台湾问题的政策。此后，叶剑英提出九点方针，邓小平提出“一国两制”构想，江泽民提出“八项主张”，现在胡锦涛提出“四点意见”，全国人大通过了《反分裂国家法》。

目前，两岸关系面临的最大危险和挑战，就是岛内“台独”分裂势力加快了他们的分裂活动。

新京报：两岸关系发展经历了哪些波折？《反分裂国家法》的出台有哪些背景？

许世铨：1992年，经过大陆海协会、台湾海基会协商，达成了只有一个中国的“92共识”，并在此基础上实现了1993年在新加坡的“汪辜会谈”，两岸关系实现突破。然而岛内“台独”势力很快就暴露出其本质，比如李登辉1994年与日本作家司马辽太郎进行了一次体现分裂企图的谈话，这使得海协会、海基会的会谈变得越来越困难。

1998年10月，经过两岸共同努力，辜振甫应邀到大陆会晤，两岸关系形势再次趋好。正当人们期盼汪道涵回访台湾时，李登辉推出“两国论”，使汪辜第三次会晤流产，此后两岸关系陷入僵持状态。2000年台湾政局发生变化，两岸关系进一步紧张。

此后，岛内“台独”势力加快了分裂活动，提出了“制宪公投”、“公民投票”等，试图以此改变台湾属于中国的事实。两岸关系处于危险境地，这是推出《反分裂国家法》的背景。

台湾问题至今未解决与外来干涉有关

新京报：《反分裂国家法》中提到“不受任何外国势力的干涉”，这些干涉主要有哪些方面？

许世铨：台湾问题至今没有解决，与外来干涉有很大关系。上世纪50年代朝鲜战争爆发后，美国派舰队到台湾海峡，阻挠我们解放台湾，此后，台湾问题成为中美关系中的重要问题。

新京报：如何应对所谓的“不统不独不战”？

许世铨：“不统、不独、不战”是国际反华势力的一厢情愿，实现统一是包括台湾同胞在内的全体中国人民的共同愿望。“台独”没有和平，分裂没有稳定，历史是挡不住的。

维护国家主权和领土完整是神圣职责

新京报：《反分裂国家法》提到的“非和平方式”意味着什么？

许世铨：对任何国家而言，维护国家的主权和领土完整都是神圣的职责。从古今中外的历史来看，搞国家分裂大都会引发战争，如美国的南北战争和俄罗斯的车臣战争等。要维护两岸的和平稳定，实现祖国统一，不反对“台独”分裂势力是不行的。

新京报：《反分裂国家法》的出台有什么意义？

许世铨：这次人大在没有反对票的情况下通过这部法律，就表明它是顺应民意的。从长远来看，这部法律一定会促进两岸关系健康发展，进一步遏制岛内的分裂势力，维护台海和平，维护两岸同胞的根本利益，也有利于亚太地区的和平与稳定。

（《新京报》2005 年 3 月 18 日）

对台工作进入新阶段

十届全国政协委员许世铨先生是著名的台湾问题专家，曾任中国社会科学院台湾研究所所长。他对本报记者说，《反分裂国家法》标志着对台工作进入一个新的阶段。

许世铨说，中国对台政策大致经历以下几个阶段：1949 年之后到 50 年代中期，是“解放台湾”；1954 年日内瓦会议之后，远东地区出现缓和，毛主席和周总理就及时提出了“和平解放台湾”的政策；后来，开始探讨和平解决台湾问题的途径，标志就是周总理总结的“一纲四目”；在中美建交之后，对台政策就进入了“和平统一、一国两制”的阶段。现在，对台工作由政策层面上升到了法律层面，因此可以说进入了一个依法处理台湾问题的时期。

许世铨说：“任何法律都有强制性，这些政策变成法律之后，不管是谁，不管什么时候，大家都应该依法来办事。同时，法律规定的条款，就要必须执行，因为它有强制性。比如说，如果出现使用非和平手段的那三种情况，就应该依法采取行动，第八条明确授权国务院和中央军委实施非和平手段。这既是有法可依、依法治国的新的步骤，又是一个以法律来规范我们行为的新阶段。”

许世铨认为，这个法律的出台是非常必要，非常适时的，只有遏制“台独”，才能维护两岸和平和稳定。任何分裂国家的行为，古今中外的历史告诉我们，没有不造成战争的。”越有效地遏制‘台独’，就越有效地维护和平，这个事情再也不能等了”，许世铨说，“根据台湾最新的民调，在全国人大通过《反分裂国家法》之后，支持‘台独’的比例就大幅下降了”。

（《国际先驱导报》2005 年 3 月 24 日）

台湾水果热销　热了两岸民众心

针对台湾农业生产和农民兄弟在农产品销售问题上遇到的困难，祖国大陆提出了加强两岸农业合作以及扩大台湾农产品在大陆销售的主张。近日，12种台湾水果将在大陆市场上销售。如何把握这一态势，使两岸农业的未来合作与发展走向良好，全国政协委员许世铨就此接受本报记者的专访。

“我们主动和台湾民间进行磋商，欢迎台湾农产品输入到祖国大陆，并尽可能提供方便。”许世铨对欢迎台湾12种水果在大陆销售的重大意义作了概括，“这是我们落实‘只要是对台湾同胞有利的事情，只要是对促进两岸交流有利的事情，只要是对维护台海地区和平有利的事情，只要是对祖国和平统一有利的事情，中央政府都会尽最大努力去做，并且一定努力做好。’这个讲话精神的一个具体的行动。”

台湾作为一个单独关税区域，加入世贸后，受冲击最大的就是农业。入世后第一年，台湾农产品贸易的逆差就增加了20%，大概有7亿美元。比如说大米的进口就增加了23倍，大米对台湾来讲是很重要的主食，对台湾农业的冲击很大。台湾的水果主要是热带水果，也受到了很大的冲击。台湾的水果应该说还是成本比较高，价钱比较贵，特别在台湾，市场又有限。如果丰产了却卖不出去，农民的损失就很大，台湾果农经常碰到这样的问题。

许世铨说，台湾水果目前大多通过第三地转运到大陆，两岸不直接“三通”是最主要原因。台湾有些水果保鲜期极短，据说莲雾在常温下极易腐烂，只能保存3至5天，所以目前进入大陆市场的都是一些耐储存、对温度要求不高的水果，同时因为不能直航，也加大了保鲜难度和贸易风险。大陆看到这种情况，主动伸出了援助之手，急台湾同胞所急，特别是急台湾农民所急。

许世铨对记者说，大陆在入世之后，原来估计大陆农产品的出口会更顺畅些，但农产品的逆差也增加了很多。在这种情况下，大陆还要买更多的台湾水果和农产品，那就说明大陆确实是牺牲了一些利益来帮助台湾同胞。这是我们的一个庄严承诺，这是我们给台湾同胞雪中送炭的一个举措。这种主动的行动，却受到了台湾当局的多方阻挠，但两岸交流是挡不住的，所以台湾果农到大陆的几大城市来推销12种水果，受到了热烈欢迎。

许世铨进一步解释说，台湾农产品进入大陆市场有很多有利条件，其中最主要的是两岸农产品有很强的互补性。以水果为例，大陆本地水果针对的多是中、低端市场；台湾盛产热带水果，主要瞄准大陆高端市场。在上海超市看到莲雾上打着台湾出产字样，4个就要52元人民币，但质量只和台湾市面上4斤100元新台币（4元新台币约合1元人民币）的差不多。这些水果一贴上台湾标签，价格竟上涨好几倍，证明大陆消费能力强。

在许世铨看来，最重要的是此举意义很大。两岸同胞是一家人，有难互相帮。大陆的市场大，人口众多，有消费能力，帮助台湾同胞解决一些他们的实际困难，是理所当然的。此外，从感情上讲，大陆人对台湾农产品还有一种亲切感和好奇心，这是外国农产品所不具备的优势。同时，两岸是一家人，一家人是一家亲，这样也有利于两岸的民众加强沟通和了解。许世铨特别指出，我们没有什么不可调和的矛盾，我们的根本利益是一致的。所谓大陆打压、欺负台湾，不过是台湾一小撮政客制造的悲情。

许世铨说，希望通过这样的不断交往，不断的互利互动，那些挑拨两岸关系、制造两岸民众对立的做法，迟早会被台湾同胞所摒弃。比如他们阻止台湾农民过来卖水果，但台湾农民还是过来了。比如他们进一步限制两岸的经贸往来，他们不要“三通”，而台湾同胞60％～70％都表示要“三通”，由此就能够看出台湾当局的政策与民意的差距有多么大。这样脱离民意的政策只能使台湾当局自己越来越孤立。

在其他领域内，只要台湾同胞有困难，大陆都会积极支援的。比如说我们在海南、山东、福建和西北的农业合作示范区，扩大这方面的交流。再比如说，海南岛和台湾的自然环境很相近，海南岛有很大的开发空间，台湾农民也可以来发展。大陆畅销的无籽西瓜的籽就是台湾农民在海南岛投资种植的，而且在海南岛有几万亩的大范围热带水果农场，在台湾用几万亩的土地来种植水果是很困难的。

许世铨认为，将来两岸可以签订一些农业方面的进一步协定，比如说两岸的农产品达到无障碍通行，都是可以讨论的，而且可以有很多合作，其中关键点还在于台湾当局的态度。

（《人民政协报》2005 年 4 月 28 日）

2005年的两岸关系浓墨重彩

对于刚刚过去的2005年，全国台湾研究会副会长许世铨给予的评价是四个字——浓墨重彩。“2005年是两岸关系具有转折意义的一年，总体感觉是‘轻舟已过万重山’”，评点起2005年两岸关系发展的重大事件，许世铨脸上的表情写满轻松和赞许。

《反分裂国家法》两岸关系的“小基本法”

许世铨认为，2005年两岸关系有诸多事件，而其中具有重大意义的就是《反分裂国家法》出台。《反分裂国家法》的通过标志着大陆对台政策的法制化，而且是由全国人大全体会议在无反对票的情况下通过的。有人称之为两岸关系的“小基本法”。许世铨认为《反分裂国家法》明确了两个基本点：第一，大陆会尽最大努力实现和平统一，并对如何推进统一有了具体的规定，且有一个详细的路线图。另外，他也表示了大陆决不容忍“台独”的决心，制定了反“台独”分裂活动的具体措施。“这把大陆的立场表达的更清晰了，不容误解，不论是对岛内的‘台独’分子，还是国际上支持‘台独’的反华势力都具有极大的震慑作用”。

“四点意见”体现了对台工作的“以人为本”

胡锦涛总书记在去年3月4日提出了对台四点建议，许世铨认为，这是中央在新形势下推出对台工作新的指导原则，“是与时俱进的具体体现”。许世铨认为，胡锦涛对台四点意见提出是我们领导人对当前形势的一个正确判断，抓住了岛内出现的“有利于遏制‘台独’，有利于两岸关系发展的积极因素”。正是有了这个基本判断，胡锦涛总书记适时提出："坚持一个中国原则决不动摇，争取和平统一的努力决不放弃，贯彻寄希望于台湾人民的方针决不改变，反对'台独'分裂活动决不妥协"，既坚持原则，又灵活务实。许世铨列举了15种台湾水果零关税，对台商的300亿基金，台生奖学金，春节包机等一系列惠台、利台的政策说明大陆是用实际行动来表明"四点意见"的诚意，也体现了"四点意见"中"以人为本"精神。

岛内出现要求和解的思潮

"2005年两岸关系的重大发展还不单单表现在大陆一方，岛内求和平与对话的力量也在增长，这不单表现在民间的经贸交流，政党间也有多次'破冰之旅'"。对于连、宋、郁台湾三个反对党的主席访问大陆的原因，许世铨引用连战的话说：这是历史的趋势和民意的驱动。许世铨认为去年3、4月间国、亲、新三党主席访问大陆是一个绝好的"风向标"，表明岛内有越来越多的人认识到两岸和解是大势所趋，"岛内越来越多的人反对敌对、隔阂，要求对话与和解。""当然，岛内的台湾基本教义派还是死守着'台独'不放，不顾时代的趋势和民意的变化，但正所谓'形势比人强'，开历史的倒车不会有好结果。"对于冥顽不灵"台独"分子，许世铨指明其命运。

美国对台是既支持又约束

台湾问题是中美关系中最核心和最敏感的问题。许世铨认为，过去一年中，美国对台政策有其两面性——既支持又约束，"维持两岸'不统'，'不独'，'不战'的局面，美国认为这符合它的利益"。许世铨说，布什政府刚上台的时候，其台湾政策是历届美国政府里最亲台的。但这个局面在2001年的"9·11"事件后发生了变化。这是因为"9·11"事件后，美国政府意识到，美国的敌人不是中国，而且中国在国际事务中发挥着越来越重要的作用，中美两国有着许多的共同利益，或者说，两国利益有了更多的交汇。

美国在这样一个认知前提下，也是在中国政府做出的增信解疑的努力下，美国坚持一个中国的原则，不支持"台独"，对陈水扁当局任何“台独”的过激举动，美国也有所约束，甚至反对。用美国学者的话说：陈水扁是麻烦制造者。而美国对陈水扁当局的“台独时间表”也是高度警惕，因为美国也明白中国政府的严正立场，而像陈水扁“公投制宪”这样的危险行为绝对不符合美国利益。“当然，我们必须得明确，当前美国对台湾问题的态度完全取决于当前的美国利益。”许世铨认为，只是因为美国和大陆的利益出现了交汇，决不是美国政府站在中国立场考虑问题。另外，美国政府当前的执政党共和党相当一部分保守势力是亲台的，他们也不能容忍美国政府放任台湾不管。因此，从这个角度讲，许世铨认为，2005 年，美国对台湾政策是既支持又约束，而且这种政策在相当长的一段时间内不会改变。

（《人民网》2006 年 1 月 19 日）

倒扁非关两岸　大陆不干涉

——不管“蓝、绿、橘”都是台湾的颜色
一中原则下愿与“所有颜色”打交道

倒扁静坐活动进行以来，中共官方始终沉默以对，媒体只引用台湾报道，不作评述；大陆全国台湾研究会副会长许世铨昨天表示，对于台湾内部问题，大陆不会介入或干涉。

许世铨强调，不管“蓝、绿、橘”那都是台湾的颜色，与大陆无关；在“92共识”、一个中国原则下，大陆愿与台湾“所有颜色”打交道。

许世铨重申，只要维护一个中国原则，台湾谁在台上，并不重要；只有涉及两岸政策，大陆才会表明立场，不涉及两岸，大陆不会干涉。台湾民众要选择谁，那是台湾自己的事，不过，如果搞“台独”，对两岸关系影响就很大，两岸没有办法发展和平正常的关系。

许世铨表示，大陆一贯的政策很清楚，即把台湾内部事务与涉及两岸关系的部分区别对待。在一中原则、“92共识”基础上，去年国共两党才能恢复中断60年的关系。只要符合一中原则，两岸什么事都可以谈。台湾要拓展国际空间，大陆可以与国民党、亲民党、民进党讨论，总能找到解决问题的模式，重点是台湾要承认一个中国。

对于陈水扁“总统”这次出访，过境关岛；许世铨说，美国在台湾的“蓝、绿”之间，仍会保持平衡政策，不会倾向于泛蓝阵营，也不会参与倒扁。如果台湾充分考虑美国的利益，那么美国在过境问题上，仍会按照方便、舒适、尊严这些原则来处理陈“总统”过境。

他强调，中共对美国的态度看得很清楚，从来不会对美国有不切实际的幻想。美国有美国的利益，不可能与中共联合。在“9·11”事件后，反恐成为全世界的重要问题，美国希望与中共建立建设性的中美关系，不想因为台湾问题增加中美摩擦。但是，民进党并没有认真看待美国的政策调整，美国不可能把台湾优先置于自身利益之前。

（台湾《联合报》2006 年 9 月 5 日）

“台独”分裂势力难阻两岸关系和平稳定发展

中国台湾网12月18日消息，近日，著名台湾问题专家、全国台湾研究会常务副会长许世铨在接受本网记者采访时指出，2006年两岸关系冲破台湾当局的阻力继续大踏步向前发展，民间往来全方位展开，岛内“台独”势力越来越不得人心，而且自身难保，这是2006年两岸关系总的特点。

许世铨说，回顾这一年岛内局势和两岸关系的总趋势，更证明了祖国大陆追求的目标是构建和平稳定的两岸关系。今年国共两党召开了经贸论坛；国民党名誉主席连战第二次来大陆正式访问；大陆方面今年又推出15项惠及台胞的措施；还推出了20项惠台农业新政策。这些都证明了两岸关系在合作、双赢的轨道上继续前进。台湾民众也看到了两岸合作对双方都有利。

许世铨说，尽管“台独”分裂势力仍在阻挠两岸关系发展，但其政策越来越不得人心。岛内民众对“台独”分裂势力的所作所为、政治主张会有新的认识。这对于两岸关系的稳定是非常有利的。2006年，民进党政经要人的贪腐案件像滚雪球一样越滚越多、愈演愈烈。陈水扁夫人吴淑珍被起诉，陈水扁也被认定为有同罪，民进党陷入了建党20年来最大的危机。民进党贪污腐败黑幕的大暴露，使台湾老百姓看到了“台独”势力的真实面目：他们打出的所谓“台湾民意”、“台湾人民当家做主”、“本土政权”、“爱台湾”的旗帜，不过是用来掩盖分裂路线的外衣，本质上讲完全是为了达到民进党和个人的私利，陈水扁的“绿色执政”质量保证也被证明了是个骗局。

许世铨指出，在这种情况下，正反两方面的教训会使台湾民众更期望两岸能够加强合作，为了和平和发展的共同利益，推动两岸关系的发展。两岸关系发展的这种良性趋势在2006年明显加强了，而且从中长期来看，这种趋势是不可逆转的。

许世铨也指出，尽管2006年两岸关系进一步朝着好的方向发展，但“台独”危险依然存在。深陷在弊案中的陈水扁为了摆脱困境，会进一步向岛内“极独”势力靠拢，在深绿丛中寻找“温暖”，企图通过取悦于“极独”势力来维护自己风雨飘摇的权位。他一再表示台北高雄两市选举之后还要推动“宪改”，最近又呼应一些“台独”分子，提出要冻结“宪法”，制定所谓的“第二共和国宪法”。这是两岸关系目前面对的一个巨大危险，对于“台独”势力这种冒险举动，任何人都不能够掉以轻心。我们决不容忍“台独”，决不容忍“台独”势力通过“宪改”来实现“法理台独”。

许世铨最后指出，就台湾问题的国际环境而论，两岸和平统一的主要障碍来自美国。出于自身战略利益的考虑，布什政府和共和党内的保守势力误认为中国的发展壮大，会和历史上的其他强权崛起一样，一定是以牺牲其他人利益来建立霸权的，这是对中国历史文化和我们现在的政策的极大错误解读。美国要利用台湾来牵制大陆，这在军事方面表现尤其突出：首先美国坚持压台湾当局购买美国的武器，其次，美国当局正在极力和台湾军方恢复所谓的软性军事合作，也就是说，和台军建立起一种所谓“协同作战”的能力，这是严重干涉中国内政的政策。另一方面，深陷在反恐活动和伊拉克战争泥潭的美国，并不希望台海地区出现动荡。因此美国仍然坚持一个中国的政策，也明确不支持台湾的“独立”，而且，为了防止台湾当局干扰它的整个战略部署，对一些嚣张的“台独”活动也有所约束。中国从维护地区和平稳定的大局出发，要继续做美国的工作，防止美国向台湾当局发出错误的信号。这样既符合中美两国的利益，也有利于亚太地区的和平稳定。

（中国台湾网，2006年12月18日）